Die Märchen der Weltliteratur

Begründet von Friedrich von der Leyen

Herausgegeben von Hans-Jörg Uther

Afrikanische Märchen

Herausgegeben von Carl Meinhof

Nachwort, Anmerkungen und Literaturverzeichnis von Herrmann Jungraithmayr

EUGEN DIEDERICHS VERLAG

Aus Umfangsgründen ist das Märchen »Sultan Darai« der Ausgabe von 1927, die der vorliegenden zugrunde liegt, entfallen.

CIP-Titelaufnahme der Deutschen Bibliothek

Afrikanische Märchen / hrsg. vom Carl Meinhof. Nachw., Anm. und Literaturverz. von Herrmann Jungraithmayr. – Erw. Neuausg. – München : Diederichs, 1991
(Die Märchen der Weltliteratur)
ISBN 3-424-01046-4
NE: Meinhof, Carl [Hrsg.]

Erweiterte Neuausgabe

Umschlaggestaltung: Ute Dissmann, München
Produktion: Tillmann Roeder, München
Satz: Uhl+Massopust, Aalen
Druck und Bindung: Wiener Verlag, Himberg

ISBN 3-424-01046-4

Printed in Austria

Inhalt

Swahili

Ostafrikanische Bantu

Südostafrika

Südwestafrika

Westliche Bantu

Westsudan

Zentralsudan und Berber

Nordostafrika

Ostafrika

1. Der kluge Arzt oder die Todesfurcht als Heilmittel

Es war einmal in alten Zeiten in Bagdad eine Frau, die war so dick, daß sie nicht gehen konnte. Und an einem Tage von den Tagen faßte sie einen Entschluß in ihrem Herzen und entschloß sich, zu einem Arzt zu gehen, um Medizin für ihre Fettleibigkeit zu suchen. Und sie ging bis zu dem Hause des Arztes. Und als sie dort angekommen war, lud der Arzt sie ein, näher zu treten, und sagte zu ihr:

»Tritt näher!«

Und sie setzte sich hin. Und er fragte sie, wie es ginge. Die Frau antwortete ihm:

»Es geht alles gut; ich bin zu dir gekommen, daß du meinen Zustand ansehest.«

Und er fragte sie:

»Was hast du denn?«

Die Frau antwortete ihm und sagte:

»Ich wünsche, daß du mir eine Medizin für diese meine Fettleibigkeit machest.«

Der Arzt sagte ihr:

»Wenn Gott will; aber ich muß zuerst das Orakel befragen, damit ich sehe, welche Medizin für dich paßt; und du gehe jetzt nach Hause zurück; morgen komme wieder und hole deine Antwort!«

Und die Frau sagte:

»Wenn Gott will!« und ging nach Hause. Am folgenden Tag kam sie wieder, um die Antwort zu holen. Der Arzt sagte ihr:

»Geehrte Frau, ich habe in dem Buche nachgesehen und habe gefunden, nach sieben Tagen wirst du sterben; gut, so bitte ich dich, du hast keine Medizin nötig, da du so bald in sieben Tagen sterben wirst.«

Als die Frau die Worte des Arztes hörte, fürchtete sie sich in ihrem Herzen und dachte, sie würde sterben, und kehrte nach Hause zurück, aß nicht, trank nicht und war sehr betrübt und wurde sehr mager. So erreichte sie nun die sieben Tage, aber sie starb nicht. Sie erreichte den achten Tag, aber sie starb nicht. Da ging sie zum Arzt und sagte zu ihm:

»Heute ist der achte Tag, und ich bin nicht gestorben.«

Und der Arzt sagte zu ihr:

»Bist du nun dick oder dünn?«

Sie sagte:

»Ich bin dünn, ich bin vor Todesfurcht ganz abgemagert.«

Der Arzt sagte zu ihr:

»Das eben war die Medizin, die Furcht.«

Und die Frau ging von ihm weg. Und Gruß!

2. Geschichte von Seliman bin Daud

Während Seliman bin Daud herrschte, gab Gott ihm die Fähigkeit, die Sprache der Vögel zu verstehen sowie aller Tiere, die auf dem Land und im Meere und in den Flüssen leben, ferner die Sprache der Winde und der Bäume, der Geister und der Fische in den Binnengewässern und im Meere. Darauf übte jener Sultan Seliman bin Daud seine Kunst bei seinen Leuten aus. Um Häuser für seine Soldaten zu bauen, befahl er allen Tieren des Landes, herbeizukommen und Arbeit zu leisten, Steine und Lehm zu tragen. Der Elefant sagte ihm:

»Ich bin ein König, ich arbeite nicht, ich werde jedoch meine Leute zu dir schicken, um für dich zu arbeiten.«

Die Leute des Elefanten kamen und schleppten Steine und Lehm heran, die Geister richteten das Grundstück her, auf welchem das Soldatenhaus gebaut werden sollte. Auch die Vögel und ihr König der Wiedehopf wurden gerufen zu kommen und für ihren Teil Häuser zu bauen.

Da rief der Wiedehopf alle Vögel herbei und sagte, sie sollten selber an ihren Häusern arbeiten. An jedem Gerichtstag kamen alle Vögel, um die Rechtsprechung anzuhören, ebenso die Geister und alle Tiere kamen, um die Urteile zu hören. Am Gerichtstag kamen die Elefanten, um gegen den Propheten Seliman Klage zu führen, sie verklagten ihn vor dem Propheten Daud und sagten zu ihm:

»Dein Sohn hat uns Tieren allen Arbeit gegeben; nun aber werden wir allein zum Arbeiten verwandt, alle Tiere werden nicht dazu angehalten.«

Da wurde das Kamel gerufen, und es wurde ihm gesagt:

»Morgen übernimmst du die Arbeit des Elefanten.«

Das Kamel antwortete:

»Meine Arbeit besteht darin, Milch zu geben, die trinken die Arbeiter.«

Dann wurde das Rind gerufen, es sagte:

»Ich gebe Milch, die trinkt der Prophet Seliman.«

Darauf wurden die Esel gerufen, und es wurde ihnen gesagt:

»Eure Arbeit besteht darin, Steine und Lehm zu tragen.«

Die Esel waren damit einverstanden; der Elefant wurde entlassen.

Lange Zeit arbeiteten die Esel. Da wurden sie müde und sagten zu dem Rind:

»Wir sind sehr müde infolge der Arbeit, aber wir fürchten uns, dem Sultan die Wahrheit zu sagen, drum wollen wir jetzt von dir einen verständigen Rat.«

Das Rind antwortete dem Esel und sagte:

»Ich werde dir einen klugen Rat geben, aber du darfst davon bei keinem anderen Menschen reden; wenn du ihm davon sprichst, dann verrätst du mich beim Sultan. Wenn morgen früh die Wärter kommen, dann stellt ihr Esel euch alle krank.«

Der Sultan hatte den Rat gehört, welchen das Rind dem Esel gegeben hatte. Als am andern Morgen die Eselswärter kamen, schliefen alle Esel und stellten sich krank. Die Wärter gingen zum Sultan zurück und berichteten ihm, die Esel wären alle krank. Der Sultan befahl, daß alle Rinder dazu verwandt werden sollten, Steine und Lehm zu tragen. Da fragten der Sohn des Sultans und seine Ratgeber:

»Warum schleppen die Rinder Stein und Lehm?«

Der Sultan antwortete:

»Warum fragt ihr mich?«

Sie erwiderten:

»Woher werden wir Milch zum Trinken bekommen?«

Der Sultan sagte:

»Ihr werdet Kamelmilch trinken!«

Das Rind wurde schon einen Monat in der Arbeit verwandt; es war sehr betrübt und sagte zum Esel:

»Du bist mein Freund, ich habe dir einen klugen Rat gegeben; stehe morgen auf und nimm mir die Betrübnis ab, in der ich mich befinde.«

Der Esel gab keine Antwort und stellte sich krank. Da wurde das Rind weitere sieben Tage zur Arbeit verwandt. Dann sagte es zu dem Esel:

»Ich habe gehört, wie der Sultan sagte, daß du morgen geschlachtet wirst, wenn du nicht aufstehst.«

Als der Sultan, der gerade mit seiner Frau zusammen war, die Worte des Rindes hörte, lachte er. Da fragte ihn seine Frau:

»Warum lachst du?«

Ihr Mann antwortete ihr:

»Ich lache wegen nichts.«

Seine Frau erwiderte und sagte:

»Gewiß ist es etwas, weswegen du gelacht hast.«

»Ich habe an die Dinge der Welt gedacht.«

»Sage mir, an welche Dinge du gedacht hast.«

Der Sultan schämte sich in seinem Innern, gelogen zu haben; und sein Weib sagte:

»Wenn du mir nicht den Grund sagen kannst, um dessentwillen du gelacht hast, dann wirst du mich freigeben, ich will dich nicht mehr.«

Aber der Sultan liebte seine Frau sehr und sagte ihr:

»Ich will sieben Tage Frist, dann werde ich dir die Antwort geben.«

Seine Frau entgegnete:

»Damit bin ich nicht einverstanden; du wirst mich freigeben.«

Und der Prophet Seliman antwortete:

»Warte, bis ich zwei Beugungen gebetet habe, dann werde ich dir sagen, weswegen ich gelacht habe.«

Als er gebetet hatte, rief er alle Tiere und alle Fische, alle Menschen und alle Wassertiere und sagte zu ihnen:

»Ich habe mich mit meiner Frau gezankt und will, daß ihr es einrichtet, daß wir uns wieder vertragen.«

Die Leute sagten zu der Frau des Sultans:

»Versöhne dich mit deinem Manne!«

Aber die Frau wollte nichts davon wissen und sagte:

»Wenn er will, daß wir uns versöhnen, dann muß er mir sagen, warum er gelacht hat.«

Der Sultan aber fürchtete sich vor Gott, welcher ihm einst gesagt hatte:

»Wenn du zu einem Menschen von der Fähigkeit redest, welche ich dir verliehen habe, nämlich die Sprache der Vögel und aller Tiere auf dem Land und im Wasser zu verstehen, dann wirst du sterben.«

Den Leuten gelang es nicht, sie zu versöhnen. Da rief der Sultan alle Vögel, aber auch sie hatten keinen Erfolg. Alsdann rief er alle Wassertiere, doch auch sie unterlagen. Da verlor der Sultan den Verstand, und alle Menschen und Tiere und alle Wesen auf der Welt trauerten, daß ihr Sultan sterben würde. Als dann der Morgen anbrach, krähten die

Hähne. Als der Sultan sah, daß der Hund die Hähne faßte, fragte er ihn:

»Warum faßt du die Hähne?«

Der Hund antwortete und sagte:

»Diese Hähne schämen sich nicht. Jedes Wesen auf der Welt trauert darüber, daß du sterben mußt, Sultan, der Hahn aber kräht, er liebt dich nicht, Sultan.«

Der Hahn sprach:

»Der Sultan hat keine Vernunft, ich habe viele Frauen und bin der einzige Mann unter ihnen; wenn eine einzige übermütig wird, dann schlage ich sie; den Sultan aber kriegt eine einzige Frau unter, und er will sterben wegen seiner Frau. Wenn er einen Stock nähme und sie prügelte, dann würde sie bereuen und nicht mehr wissen wollen, weshalb er gelacht hat.«

Als der Sultan das hörte, nahm er einen Stock und schlug seine Frau; die aber sagte:

»Ich bereue, ich will nicht wissen, warum du gelacht hast.«

Und alle Leute freuten sich, daß ihr Sultan gesund wurde durch den Verstand des Hahnes.

3. Eine Frau für hundert Rinder

Es war einmal ein Mann und eine Frau, und sie lebten viele Tage im Lande Pata, und sie bekamen einen Sohn. Und ihr Vermögen bestand aus hundert Rindern. Sie besaßen nicht ein einziges Kalb mehr als diese Rinder, welche sie hatten.

Und allmählich wuchs der Sohn heran und wurde ein großes Kind. Und als der Knabe fünfzehn Jahre alt war, starb sein Vater. Und nach einigen Jahren starb seine Mutte auch. So beerbte der Jüngling seine beiden Eltern, und er erbte die hundert Rinder, die man ihm hinterließ, und so blieb er und hielt die Trauerzeit für seine Eltern. Und als er ausgetrauert hatte, da verlangte ihn, nach einer Frau zu suchen, damit er sie heirate.

Und er sagte zu seinen Nachbarn:

»Ich möchte gern eine Frau heiraten, denn meine Eltern sind gestorben, und jetzt bin ich ganz allein; ich kann nicht allein bleiben, sondern ich muß eine Frau heiraten.«

Seine Nachbarn sagten zu ihm:

»Jawohl, heirate nur, denn du bist jetzt wirklich ganz allein, und wir werden uns für dich auch umsehen, damit du eine Frau zu heiraten bekommst.«

Und er sagte:

»Ja, so soll es sein.«

Und er sagte:

»Ich möchte gerne, daß jemand hinginge und für mich eine Frau suchte.«

Sie sagten:

»Wenn Gott will!«

So stand einer von den Nachbarn auf und ging hin und suchte nach einer Frau, die jener heiraten könnte, bis er eine fand. Und dann kam er und sagte zu ihm:

»Ich habe eine Frau gefunden, wie du sie willst, aber sie ist nicht aus dieser unserer Stadt.«

»Wo ist sie denn?«

»In einer anderen Stadt, ziemlich ferne, ich denke, es sind acht Stunden Reise von hier bis dort.«

»Wessen Tochter ist denn dieses Mädchen?«

»Es ist die Tochter Abdallahs, und ihr Vater ist sehr reich; diese Frau besitzt sechstausend Rinder; und er hat kein Kind als diese seine einzige Tochter.«

Als der Jüngling dies hörte, war er voll Verlangen, diese Frau zu bekommen, und er sagte zu seinem Nachbarn:

»Gehe doch morgen hin und überbringe dorthin meine Antwort, nämlich, daß ich ganz einverstanden bin.«

Da sagte der Nachbar:

»So Gott will, morgen werde ich hingehen, wenn Gott mir das Leben schenkt.«

Und als der Morgen graute, stand der Vermittler auf und ging, bis er zu dem alten Abdallah hinkam, und er überbrachte ihm die Botschaft jenes Jünglings, alles, wie es zugegangen war.

Schließlich antwortete der Vater und sagte:

»Ich habe deine Worte gehört, aber ich verlange, daß jeder, der meine Tochter heiraten will, mir hundert Rinder als Brautschatz geben muß; wenn er solchen Brautschatz gibt, so gebe ich ihm meine Tochter zur Frau.«

Der Vermittler sagte:

»So Gott will, ich werde gehen und die Antwort überbringen.«

»Jawohl, tue es!«

Da stand der Vermittler auf und ging zurück und antwortete dem Jüngling alles, was dort verhandelt war. Und der Jüngling sagte:

»Ich habe deine Worte gehört, aber er will als Brautschatz hundert Rinder, und ich habe nichts als hundert Rinder; wenn ich sie ihm alle gegeben habe, wovon soll dann meine Frau leben, wenn sie zu mir kommt? Und ich habe doch kein anderes Vermögen als diese hundert Rinder, die ich von meinem Vater ererbt habe.«

Schließlich sagte sein Nachbar zu ihm:

»Nun, wenn du sie nicht willst, so sage es mir, damit ich hingehe und Antwort bringe, oder, wenn du sie willst, so sage es mir endlich.«

Der Jüngling beugte sich nieder und dachte nach, und als er sich dann wieder aufrichtete, sagte er:

»Es schadet nichts, gehe hin und sage: ich bin damit einverstanden und werde ihm die hundert Rinder geben.«

So stand denn der Vermittler auf und ging zu dem Vater hin und sagte ihm:

»Der junge Mann hat darin eingewilligt, die hundert Rinder zu zahlen.«

Und der Vater sagte:

»So bin ich damit zufrieden, daß er die Tochter nimmt.«

So besprachen sie sich die Einzelheiten, und jemand wurde ausgeschickt, um den jungen Mann zu rufen. Dieser kam und wurde freundlich aufgenommen, und dann besprachen sie sich über die Heirat. Und er wurde getraut und zahlte die hundert Rinder, und man hielt das Hochzeitsfest.

Und dann nahm er seine Frau und zog heim. So blieben sie denn zunächst zehn Tage; und als der mitgebrachte Vorrat zu Ende war, da hatte der junge Mann nichts zu essen für seine Frau. Und er sagte zu seiner Frau:

»Liebe Frau, jetzt habe ich nichts zu essen mehr. Vorher hatte ich meine Rinder, die habe ich gemolken und so meinen Unterhalt gehabt; aber heute habe ich alle meine Rinder für dich hingegeben und habe nichts mehr. Liebe Frau, ich will nun zu meinen Nachbarn gehen und mir von denen, die Kühe haben, etwas Milch einmelken lassen, wieviel es auch immer sei, damit wir etwas zu essen haben.«

Da sagte seine Frau zu ihm:

»Jawohl, lieber Mann.«

Da stand der junge Mann auf und es war nun dies sein Geschäft: alle Tage ging er hin und ließ sich die Kühe anderer Leute melken, damit er irgend etwas für sich und seine Frau zu essen bekam. So trieb er es jetzt alle Tage.

Und eines Tages ging die Frau hinaus und stellte sich vor ihre Türe; da kam ein sehr schöner junger Mann dort an der Tür vorbei. Und als er die Frau an der Tür stehen sah, entbrannte er von Verlangen, sie zu verführen, und so schickte er nachher seinen Kuppler zu jener Frau.

Die Frau sagte:

»So Gott will, ich habe die übersandte Botschaft gehört, aber warte nur noch ein wenig, dann werde ich dir meine Meinung sagen; jetzt kann ich es noch nicht.«

So stand denn der Kuppler auf und ging heim.

Nach drei Monaten dachte der Vater der Frau:

»Ich will einmal hingehen und meine Tochter bei ihrem Manne besuchen.«

So begab er sich auf die Reise und wanderte seines Weges, bis er bei seinem Schwiegersohn ankam, und er klopfte an die Tür. Die Tochter stand auf und gab Antwort:

»Wer bist du denn da?«

Der Alte sagte:

»Ich bin hier, der und der.«

Da stand seine Tochter auf und sagte zu ihm:

»Tritt doch näher!«

So ging er hinein und begrüßte sich mit seiner Tochter, und sie nötigte ihn in die Halle, und der Alte setzte sich dort. Und der Vater fragte seine Tochter, wie es ihr gehe; und sie sagte:

»Ganz gut, mein Vater.«

Schließlich stand die Tochter auf und ging von dort fort, wo ihr Vater saß, und ging in ihr Zimmer hinein und dachte nach und weinte sehr, weil im ganzen Hause auch nicht das Geringste war, was sie ihrem Vater hätte kochen können. So ging sie dann aus der Hintertür hinaus, und wie sie hinter den Hof sah, bemerkte sie den jungen Mann, der sie verführen wollte, und er rief sie heran. Da ging die Frau zu ihm heran, und sie sagte zu ihm:

»Wie geht es denn, mein Herr?«

»Ich habe jemand zu dir geschickt, und du hast gesagt, daß du zu mir kommen willst, mich zu besuchen, aber du bist nicht gekommen; warum bist du so unbeständig? Und seitdem ich dich damals gesehen habe, wie du an der Tür standest bis jetzt, kann ich nicht mehr schlafen; wenn ich mich hinlege, träume ich nur alle Tage von dir in meinem Schlaf.«

Da antwortete ihm die Frau und sagte:

»So Gott will, will ich dich nicht mehr herumschleppen; wenn du nach mir verlangst, werde ich sogleich kommen; aber zunächst verschaffe mir ein Stück Fleisch, daß ich für meinen Gast etwas zu essen koche, hernach will ich kommen.«

Der junge Mann fragte sie:

»Wen hast du denn zu Gast bekommen?«

Die Frau antwortete und sagte zu ihm:

»Mein Vater ist es, der bei uns zu Gast ist.«

Da sagte er:

»So Gott will, so warte hier, ich werde dir sogleich das Fleisch bringen.«

So stand er auf und ging seines Weges, und die Frau blieb dort stehen. Da kam der junge Mann auch schon mit einem Rindsviertel und sagte zu ihr:

»Hier ist das Fleisch, aber nun halte mich auch nicht länger hin.«

»So Gott will, ich werde dich nicht hinhalten.«

So streckte er die Hand aus und gab ihr das Fleisch, und die Frau nahm es und ging ins Haus hinein. Und der, der das Fleisch gestiftet hatte, ging draußen hin und her und wartete auf die Erfüllung des Versprechens, das ihm die Frau gegeben hatte.

Und als die Frau hineingegangen war, nahm sie das Fleisch und zerschnitt es und tat es in den Topf. Als sie es kaum in den Topf gelegt hatte, kam ihr Mann herbei und fand seinen Schwiegervater in der Halle sitzen. Und als er seinen Schwiegervater dort in der Halle sitzen sah, gerann ihm sein Blut; er fand kein Wort zu sagen, noch wußte er, was er tun sollte. Aber er kam doch näher, bis er dort ankam, wo sein Schwiegervater saß. Und er grüßte ihn der Sitte gemäß und fragte ihn, wie es ihm ginge. Dann ging er zu seiner Frau hinein und fand sie bei dem Kochen des Fleisches und fragte sie:

»Meine liebe Frau, was kochst du da?«

»Ich koche Fleisch.«

»Wo hast du denn das Fleisch herbekommen?«

»Ich habe es von den Nachbarn bekommen, die haben es mir gegeben.«

Als ihr Mann dies hörte, schwieg er still, und er wurde betrübt, weil er so gar nichts hatte. Und er sagte zu seiner Frau:

»Meine liebe Frau, was sollen wir nun anfangen, und nun haben wir auch noch einen Gast.«

Seine Frau antwortete und sagte zu ihm:

»Ich weiß nicht, was wir tun sollen.«

Der Mann sagte:

»Ich will doch hinaus zu den Reichen gehen, bei welchen ich die Rinder melke, und will ihnen sagen: ›Ich habe jetzt einen Gast bei mir, nun möchte ich gern, daß ihr mir etwas, was es auch sei, gebet, daß ich es für meinen Gast kochen kann.‹«

So stand er auf und ging zu den reichen Leuten, bei denen er arbeitete, und teilte ihnen alles mit, wie es ihm gegangen war. Und diese reichen Leute nahmen es nicht übel auf und gaben ihm ein wenig Fleisch und ein wenig Milch, und er nahm es und ging damit weg.

Und dort hatte die Frau unterdessen das Fleisch, das sie von dem Verführer erhalten hatte, fertiggekocht. Da kam denn auch ihr Mann mit etwas Fleisch wieder zum Vorschein, und die Frau streckte die Hand aus und nahm das Fleisch von ihrem Manne in Empfang und legte es auf die Erde. Und dann stand ihr Mann auf und wusch sich die Hände und ging sogleich in die Halle. Und die Frau drinnen schöpfte das Fleisch aus dem Topf und legte es auf die Schüssel, von der man zu essen pflegte.

Und der Verführer war an seiner Stelle geblieben und dort hin und her gegangen, bis er sah, daß die Zeit vergangen war, die er mit der Frau abgesprochen hatte. Und er sagte zu seinem Herzen:

»Am besten ist es, ich gehe vorne an der Tür vorbei und sehe einmal nach, vielleicht bekomme ich da die Frau zu sehen.«

So brach er auf und ging dort vorbei und traf den Mann der Frau und den Schwiegervater dort sitzen und sich etwas erzählen.

Als das der Gottlose sah, grüßte er, und der Mann der Frau erwiderte den Gruß und bat ihn, näher zu treten, und der Gottlose kam und setzte sich.

So unterhielten sie sich, und der Mann der Frau wußte nichts davon, was jener für Pläne hatte und was er eigentlich wollte. So unterhielten sie sich miteinander, der Vater der Frau und der Mann der Frau und jener Schweinhund, welcher den Frieden im Hause des jungen Mannes stören wollte, und es waren also in Summa die drei Männer dort in der Halle.

Und als die Frau drinnen das Fleisch auf die Schüssel gelegt hatte, brachte sie es in die Halle hinaus. Und als ihr Mann aufstand und das Fleisch in Empfang nahm, sagte die Frau:

»So eßt nun, ihr drei Narren!«

Da erhob sich ihr Vater und sagte:

»Ei, worin besteht denn meine Narrheit?«

Seine Tochter antwortete ihm und sprach:

»Bitte, Vater, iß nur zuerst, hernach werde ich dir deine Narrheit mitteilen.«

Aber der Vater sagte:

»Nein, ich esse nicht, sondern du sollst mir zunächst meine Narrheit ansagen, hernach will ich essen.«

Da erhob sich die Tochter und sagte:

»Mein Vater, du hast eine teure Sache für etwas Billiges verkauft.«

»Was habe ich denn zu billig verkauft?«

»Mich hast du, mein Vater, zu billig verkauft.«

»Wieso denn?«

»Vater, du hast keine Tochter und keinen Sohn als nur mich allein; und du bist hingegangen und hast mich für hundert Rinder verkauft. Und du, Vater, hast doch sechstausend Rinder. Da hast du hundert Rinder für wertvoller als mich gefunden; darum habe ich gesagt: ›Du hast etwas Teures für etwas Billiges hingegeben.‹«

Und der Vater sagte:

»Das ist wahr, mein Kind, ich bin ein Narr gewesen.«

Da erhob sich ihr Mann und sagte:

»Nun bitte, sage auch mir meine Narrheit an.«

Die Frau sagte zu ihm:

»Du bist ein noch viel größerer Narr.«

»Wieso denn?«

»Du hast hundert Rinder von deinen Eltern ererbt, nicht ein Kalb hast du mehr ererbt. Da hast du nun sie alle genommen und mich dafür geheiratet, für alle deine hundert Rinder; und da waren doch so viel Frauen in eurer Stadt, für deren Brautschatz nur zehn oder zwanzig verlangt wurden, aber du hast sie nicht angesehen, du bist gekommen und hast mich für alle deine Rinder geheiratet; und nun hast du nichts, nicht einmal etwas zu essen für mich und dich und bist ein Diener fremder Leute geworden und gehst nun hin, und wenn du die Kühe fremder Leute melkst, dann bekommst du etwas zu essen; hättest du die Hälfte deiner Rinder behalten und für die Hälfte eine Frau geheiratet, dann hättest du etwas zu essen. Also das ist deine Narrheit, mein lieber Mann.«

Und da fragte auch jener Nichtsnutz:

»Und worin besteht denn meine Narrheit? Sage es mir!«

Da erhob sich die Frau und sagte:

»Du bist ein noch viel größerer Narr als die andern beiden.«

»Wieso denn?«

Sie antwortete und sagte zu ihm:

»Du wolltest etwas, was für hundert Rinder gekauft war, für ein einziges Rindsviertel bekommen; bist du da nicht ein Narr?«

Da sprang der aber auf und machte, daß er fort kam. Und Gruß!

Und ihr Vater blieb zwei Tage bei ihnen; am dritten Tage brach er auf und nahm seinen Abschied und ging heim. Und als er zu Hause angekommen war, machte er die Rinder los, die er von seinem Schwiegersohn bekommen hatte und schickte sie ihm zurück, und er ging zu ihm mit noch anderen zweihundert. So konnte seine Tochter mit ihrem Mann viele Tage in guter Ruhe leben. Und Gruß.

Und diese Geschichte ist mir von Omar bin Himidi bin Muhammed Ruwehi in Njandjale um drei Uhr nachts in seiner Halle überliefert worden. Nun ist sie zu Ende. Und jeder, der sie hören wird, wird gerne zuhören. Und der Name dieser Geschichte ist: Eine Frau für hundert Rinder.

4. Das Schwein und der Mensch

Es war einmal ein Schwein, das wohnte in einer Höhle mit seinen Kindern. Nun regnete es, und da ging das Schwein hinaus mit seiner Frau, und sie kamen an ein Maisfeld. Sie lauschten, aber der Feldwächter war da und war wach. Da stiegen sie am Berge herunter und trafen einen Mann, der auch wachte. Aber dieser Alte hatte eine Frau, die rührte Brei drinnen in der Feldhütte. Ihr Kind war bei ihr, und sie schickte es hinaus und sagte zu ihm:

»Dein Vater ist gerade dort draußen, du kannst ruhig hinausgehen, denn er sieht dich, und du kannst mir von unseren Kürbissen einige holen.«

Aber das Kind sagte:

»Dort draußen ist es finster, ich gehe jedenfalls nicht hinaus.«

Aber es hieß:

»Doch! Dein Vater ist dort draußen.«

Trotzdem wollte das Kind nicht, und da es sich weigerte, nahm die Frau einen Stock und schlug es. Da fragte der Vater draußen das Kind:

»Du, Hamba, warum wirst du so geschlagen?«

»Ach, ich wollte die Kürbisse nicht holen.«

Das Kind ging weinend hinaus, und die Mutter fluchte ihm und sagte:

»Du, Kind, du, ein Schwein soll dich greifen, gebissen sollst du werden!«

Der Mann aber sagte zu seiner Frau:

»Warum fluchst du dem Kinde denn so? Wenn dein Mund dich nicht an eine gute Stelle bringt, wird er dich ins Unglück bringen.«

Aber zu dem Kinde, das weinend wegging, sagte der Vater:

»Laß nur, ich will sie schon holen.«

Das Kind ging weinend dorthin auf das Feld und suchte mit den Füßen nach den Kürbissen und brach einen Kürbis ab. Nun lag aber das Schwein an dem Platz, wo die Maishüllen lagen, es sprang auf und stieß jenes Kind, daß es schrie. Die Frau im Hause hörte es sofort und der Mann sagte zu der Frau:

»Du redest nur so hin, aber das, was du gewollt hast, worauf du dich gefreut hast, das ist nun geschehen. Aber ich gehe nun nicht hin, um das Kind zu befreien. Du hörst ja doch nicht, wenn dir auch oft gesagt ist, daß das Fluchen schlecht ist.«

Der Mann hatte indes Mitleid mit seinem Kinde und nahm einen Speer. Die Frau aber fing an zu weinen. Er ging nun an der Berglehne entlang mit seinem Speer, und die Schweine polterten davon. Er hatte aber seinen Sohn am Arm und brachte ihn hin zur Feuerstelle. Als die Frau herauskam, da besah sie das Kind und fand, daß es sehr in den Fuß gebissen war. Der Mann sagte nicht ein Wort, er war böse und schwieg. Sie aber schrie, und es kamen Männer auf ihr Geschrei und fragten ihn, aber er sagte:

»Leute, ich kann nicht reden, fragt nur die Frau da.«

Die Frau aber konnte auch nicht reden, als sie gefragt wurde, sie weinte nur. Da sagte der Mann zu seinen Genossen:

»Diese Frau hat das Kind verflucht, als es aufs Feld hinausging, und nun ist es von einem Schwein gebissen.«

Mit den Leuten war ein alter Mann gekommen und der sagte zu ihm:

»Ach, Freund, rede doch nicht so; gegen dich, den Vater dieses Kindes hat sich ein Ahnengeist erhoben, sollte das Kind davon sterben, daß man ihm nur flucht?«

Und seine Genossen sagten:

»Nein!«

Der Alte fuhr fort:

»Unser Freund möge genau zusehen bei seinem Geschlecht, er hat gewiß einen bösen Ahnengeist.«

Und der Mann antwortete:

»Wenn diese Schweine nicht einen bösen Ahnengeist haben, dann werden sie nicht kommen und dies Kind nur so zufällig beißen.«

Dann gingen sie zum Schlafen an die Furt und in der Furt war eine große Steinplatte. Aber der Vater des Kindes war eigensinnig und ging nicht hin, das Feld zu bewachen. Die andern Männer paßten daegen den Schweinen auf, wie sie auf der Felsplatte oben zum Vorschein kamen. Sie schossen mit Pfeilen nach ihnen, aber sie trafen nicht. Ein Schwein war ganz zurückgeblieben, und als es dort auf der Steinplatte ankam, umzingelten sie es, und es stieg auf einen Felsen und stürzte in den Wasserfall. Da sagte der Mann, dessen Kind gebissen war:

»Das Schwein ist von dem Felsen gestürzt.«

Als er zu seinen Freunden kam, meinte er:

»Der Ahnengeist tötet zwar, aber er macht es wieder gut. Mein Kind ist gebissen und nun ist dies Schwein, das abgestürzt ist, auch von dem Ahnengeist geschickt.«

Als sie herumgingen, da trafen sie es, wie es in einem Wasserloch im Fluß herumschwamm und nicht herauskommen konnte. Da rief man den Mann:

»Komm und sieh, das Tier ist ins Wasser gestürzt, da ist es. Wenn dir dein Kind leid tut, dann gehe hinein und erstich das Tier.«

Er sagte zu seinen Genossen:

»Leute, ich will hineingehen und es am Hinterbein fassen, wenn ich es dann herausbringe, will ich es erstechen.«

Er griff es am Hinterbein und zog es heraus, aber als er es in den dichten Busch herausbringen wollte, biß es ihn in den Fuß. Unter den Freunden war sein Schwager, der rettete ihn und erstach das Schwein. Die andern Leute aber alle entflohen. Als es tot war, da kamen sie an und sagten zu dem Manne:

»Nun, Freund, wie ist es mit deinem Ahnengeist?«

Da schwieg er still und sann nach und meinte dann:

»Ach, ihr Leute, das ist lange her, mein Vater war noch nicht gestorben; da befahl er mir ausdrücklich: ›Gehe niemals auf die Schweinejagd und iß niemals etwas vom Schwein!‹ Aber ich habe es vergessen und habe den Schweinen aufgelauert, und auch mein Kind ist von meinem Vater getötet.«

Einer der Männer fragte ihn:

»Was war denn deinem Vater begegnet, als er dir das damals befahl?«

Er sagte:

»In alter Zeit hatten wir dort hinter dem Hause unser Bananenfeld, da starb der Großvater und wurde in dem Bananenfeld hinter dem Hause begraben. Vier Tage vergingen, am fünften ging mein Vater hin, um das Grab zu besehen. Als er ankam, war die Erde aufgerissen, und er wunderte sich darüber und sagte zu Hause zu den andern: ›Leute, das Grab ist aufgerissen.‹ Da war eine alte Frau, die sagte zu den jungen Leuten: ›Geht nicht gleich hin heute, um das Grab zuzuschütten, ihr wißt ja nicht, auf welchen Wege die Verstorbenen wandeln.‹ Also so war es. Als dann fünf Tage vorübergegangen waren, da war das Loch sehr groß geworden, und als sie genau zusahen, fanden sie Spuren von Schweinen, und die Leiche war verschwunden, es waren nur Knochen da. Aber die alte Frau sagte: ›Seht ihr wohl, was ich euch gesagt habe? Sie sind gekommen, um sich ihren Mann zu holen.‹«

Sie gingen zurück nach Hause, und als sie ankamen, sagte er zu seinen Freunden:

»Ich muß doch denken, daß der Ahnengeist die Ursache des Unglücks ist, ein Fluch genügt doch nicht, um einen Menschen zu töten.«

5. Die Ursache des Todes

Wie geschah's doch? Es ist Gott, der die Menschen geschaffen hat. Und da Gott Erbarmen hat, sprach er:

»Ich will nicht, daß die Menschen ganz und gar sterben. Ich will, daß die Menschen, wenn sie gestorben sind, wieder auferstehen.«

Und er schuf die Menschen und brachte sie in ein anderes Gebiet. Er aber blieb daheim. Und er sah das Chamäleon und den Webervogel. Aber als er drei Tage mit dem Chamäleon und dem Webervogel zusammen gewesen war, erkannte er, daß der Webervogel sehr viele Worte macht: Lüge und Wahrheit. Aber der Lügenworte waren viel, und der Wahrheitsworte waren wenig. Und er beobachtete das Chamäleon und erkannte, daß es großen Vestand habe. Es log nicht. Seine Worte waren wahr. Und er sprach zum Chamäleon:

»Chamäleon, geh in jenes Gebiet, wohin ich die Menschen, die ich geschaffen habe, gebracht habe und sage ihnen: Wenn sie gestorben sind, auch wenn sie ganz und gar tot sind, so werden sie doch auferstehen. Ein jeder Mensch wird, wenn er gestorben ist, wieder auferstehen.«

Das Chamäleon sagte:

»Ja, ich will dahin gehen.«

Aber es ging langsam; es ist ja seine Art, langsam zu gehen. Und der Webervogel blieb bei Gott zurück. Aber das Chamäleon ging, und als es angekommen war, sagte es:

»Mir ist gesagt worden, mir ist gesagt worden, mir ist gesagt worden...« aber es sagte nicht, was ihm gesagt worden war.

Und der Webervogel sprach zu Gott:

»Ich will ein wenig beiseite gehen.«

Er sprach zu ihm:

»Geh!«

Doch der Webervogel, er ist ja ein Vogel, flog schnell, kam an, wo das Chamäleon sprach:

»Mir ist gesagt worden...« und wo es zu den Leuten redete. Aber alle Menschen waren dort zusammen gekommen und hörten zu. Als nun der Webervogel angekommen war, sagte er:

»Was ist uns gesagt worden? Uns ist doch gesagt worden, wenn die Menschen tot sind, werden sie vergehen, wie die Wurzeln der Aloe.«

Aber das Chamäleon sagte:

»Uns ist doch gesagt worden, uns ist doch gesagt worden, und uns ist gesagt worden: Wenn die Menschen tot sind, so werden sie wieder auferstehen.«

Aber die Elster sprach:

»Der erste Spruch ist weise.«

Und sie gingen davon und kehrten zurück. So geschah's. Die Menschen aber sind alt geworden und gestorben, aber stehen nicht wieder auf.

6. *Das Märchen von der verlorenen Schwester*

Es war einmal ein Bruder und eine Schwester. Die lebten zusammen in einer Hütte. Der Bruder hieß Wagatscharaibu, und die Schwester hieß Mweru. Wagatscharaibu war sehr schön, besonders hatte er sehr lange Haare, und die Mädchen liebten ihn sehr. Wenn er fort war von Hause, um seine Freunde zu besuchen, dann war Mweru allein. Und einmal sagte sie ihm, er möchte sie nicht so viel allein lassen, denn in der Nacht wären drei Männer gekommen mit drei Speeren und drei Keulen, und sie fürchtete, die drei Männer würden wiederkommen und sie rauben. Aber Wagatscharaibu lachte darüber und ging doch wieder aus. Und in der Nacht erschienen wirklich wieder die drei Männer, ergriffen die Mweru und nahmen sie mit. Als Wagatscharaibu nach Hause kam, fand er die Hütte leer und hörte nur aus der Ferne die Stimme der Schwester, die um Hilfe rief. Er erwiderte ihren Ruf und sagte:

»Wer wird mir nun meine Haare auf dem Vorderkopf scheren, da du weg bist? Wir haben doch keine Nachbarn!«

Und er stürzte sich in das hohe Gras, um seiner Schwester zu folgen. Er hörte auch immer ihr Rufen, aber er konnte sie nicht erreichen. Als er einen Monat lang gegangen war, wurde er hungrig. Er trug aber einen großen Hut aus einem Stück Leder und fing an, den Hut aufzuessen. So ging er monatelang hinter seiner Schwester her, und als sein Hut aufgegessen war, aß er auch seine Kleider, die auch aus Leder waren.

Nach einem Jahr und vier Monaten waren auch die aufgegessen, aber seine Schwester hatte er nicht. Da kam er zu einem großen Gehöft und ging hinein und sah eine Frau Essen kochen. Und er bat sie um Speise. Sie gab ihm etwas in einem alten Scherben.

Am andern Morgen ging er dann mit dem kleinen Sohn der Frau aus, um die Vögel von den Getreidefeldern zu verscheuchen, denn das Korn war fast reif. Und er nahm Steine und warf sie nach den Vögeln. Jedesmal, wenn er einen Stein warf, sagte er:

»Fliege weg, fliege weg, kleiner Vogel, wie Mweru geflogen ist und kam nicht wieder.«

Und der kleine Junge hörte zu, und als er nach Hause kam, sagte er es heimlich seiner Mutter, was Wagatscharaibu gesagt hatte. Aber sie hatte nicht acht darauf. Am folgenden Tag geschah es ebenso, am dritten Tag ging die Mutter selbst mit und hörte, was Wagatscharaibu sagte. Die Frau aber hieß Mweru, und sie fragte ihn, warum er diese Worte redete. Und er antwortete:

»Ich hatte eine Schwester, die hieß Mweru, und ich bin viele Monate und Jahre ihr nachgezogen, aber ich habe sie niemals wieder gesehen.«

Und die Frau legte die Hand an die Augen und weinte, denn sie war seine Schwester und sagte:

»Bist du wirklich mein Bruder?«

Denn sie hatte ihn nicht erkannt, so hatten die Irrfahrten ihn verändert. Und sie fügte hinzu:

»Dein Haar ist ungepflegt, und deine Kleider sind nicht, wie sie waren, darum habe ich dich nicht gekannt. Aber du sollst gekleidet sein wie einstmals, und dann werde ich sehen, ob du wirklich mein Bruder Wagatscharaibu bist.«

Und sie ging zu ihrem Mann, demselben, der sie früher geraubt hatte, und sie erhielt vier Schafe und drei Ziegen. Und die Schafe wurden geschlachtet, und Wagatscharaibu aß das Fleisch und wurde wieder stark und groß, und seine

Schwester nahm das Fett und pflegte sein Haar und legte es ihm auf die Schultern. Und von den Ziegen waren zwei schwarz und eine weiß, und sie machte davon einen Rock, und sie nahm einen Speer und gab ihn ihm. Das war der Speer, den ihr Mann getragen hatte, als er sie raubte. Sie gab ihm Armbänder von Messing und von Eisen und Beinschmuck und Halsringe und sagte:

»Nun sehe ich, daß du wirklich mein Bruder Wagatscharaibu bist.«

Und ihr Mann liebte ihren Bruder herzlich und gab ihm zwanzig Ziegen und drei Ochsen. Das war viel mehr, als der Preis für seine Schwester war. Aber er gab es ihm aus Liebe und baute ihm eine Hütte neben der seinen und gab ihm dreißig Ziegen, daß er sich eine Frau kaufen konnte. Und Wagatscharaibu kaufte sich ein Mädchen und führte sie in seine Hütte, und seine Ziegen vermehrten sich sehr. Und er nahm zehn von den Ziegen, und sein Schwager gab ihm zwanzig dazu, und er kaufte sich eine zweite Frau. So kehrte denn Wagatscharaibu nicht mehr in seine alte Heimat zurück, sondern blieb da bei seinem Schwager und seiner verlorenen Schwester.

7. Die Geschichte von Kombe

Einst hatte das Land Madschame keinen Häuptling, es wurde beherrscht von den Reichen des Bezirks. Damals lebte dort ein Mann namens Kombe. Dieser bekam lauter Töchter, aber nicht so schnell einen Sohn. Seine Brüder verlachten ihn und sprachen: »Wer wird dein Erbe bekommen?« denn er hatte viele Rinder. Sie sagten zu ihm:

»Du bist ein mit Töchtern gesegneter Mann.«

Später nun wurde ihm ein Sohn geboren, den nannte er Muro. Er tat ihm einen Hüftkettenschmuck um, wie einem Mädchen. Und seine Brüder glaubten, es sei nur ein

Mädchen. Und sie fuhren fort, ihn zu verlachen und zu verspotten. Als das Kind entwöhnt worden war, nahm er es und versteckte es bei den Waro. Und das Kind blieb dort und wurde dort groß. Sein Vater mästete viele Rinder. Und der Sohn kam eines Tages, des Nachts, um seinen Vater zu besuchen. Und der Vater betrachtete seinen Sohn und fand, daß er ein kräftiger Jüngling geworden war. Sein Vater gab ihm die Erlaubnis, zu den Waro zurückzukehren, und zwar zur Nachtzeit, damit er nicht von den Madschame-Leuten erkannt würde.

Sein Vater schnitt viele Bierbananen ab, damit er jene Rinder damit (d. h. mit dem Bier, das er aus den Bananen bereitete) schlachten könnte. Als die Bananen reif waren, kochte jener Mann (Kombe) Bier. Nachdem er das Bier gekocht hatte, ging er hin und holte seinen Sohn (vom Meru) und kam des Nachts und versteckte ihn in seinem Hause. Vorher ging er hin und schloß Freundschaft mit Kasenge, dem Häuptling von Kiboscho, der ihm auf seine Bitte einen Speer gab. (In früheren Zeiten hatten die Leute keine Speere, sie kämpften nur mit Stöcken.) Nachdem er den Speer gebracht hatte, versteckte er ihn im Hause. Am folgenden Tage sollte das Bier getrunken werden. Er schlachtete sehr viele Rinder und lud alle seine Brüder und Großen des Bezirkes dazu ein. Er schlachtete zuerst die Rinder, die von den anderen Leuten kamen; die in seinem eigenen Hause waren, schlachtete er zunächst nicht.

Zur Mittagszeit, als die Sonne im Zenit stand, nachdem er seinen Brüdern Fleisch und Bier zugeteilt hatte und diese satt und betrunken waren, sprach er zu ihnen:

»Kommt und helft mir, meine Rinder aus dem Stalle treiben!«

Sie aber weigerten sich, verlachten ihn und sprachen zu ihm:

»Sage deinen Töchtern, sie mögen hingehen und die Ochsen festhalten.«

Als seine Brüder, die ihn verspotteten, sich weigerten, ihm zu helfen, bat er die anderen Leute, und diese halfen ihm die Ochsen austreiben. Da kam er und zählte seine Brüder, die ihn verspotteten, und als er bis ans Ende von ihnen gekommen war, pflanzte er dort einen Stock ein. Er ging ins Haus und unterwies seinen Sohn gut und sprach zu ihm:

»Wenn du an den Platz kommst, wo ich den Stock eingepflanzt habe, dort fange an, die Leute mit dem Speer zu töten, die anderen Leute aber rühre nicht an.«

Als die Ochsen aus dem Stalle herausgekommen waren, gingen die anderen Leute nach dem Versammlungsrasen und umtanzten die Ochsen. Und der Sohn ging mit dem Speer in der Hand und umzingelte die, die dasaßen, und tötete alle, die seinen Vater verachtet hatten.

Als er alle getötet hatte, sangen die anderen Leute das Lied:

»Wessen Sohn bist du? Der Sohn des Kivarja (des Vaters von Kombe).«

Die Leute, die dort waren, verwunderten sich und meinten, es wäre nicht der Sohn des Kombe, denn sie glaubten, er hätte keinen Sohn. Nachdem jener Sohn des Kombe die Leute getötet hatte, bemächtigte er sich des ganzen Bezirks und wurde ein großer Mann. Er kämpfte mit den Großen aller Bezirke, und sie wurden ihm untertan. Nachdem er sie unterworfen hatte, wurde er Rengua (Halsabschneider) genannt.

8. Das Märchen von Mrile

Ein Mensch bekam im Laufe der Zeit drei Söhne. Gut, und der älteste ging mit der Mutter, Kolokasienknollen auszugraben. Dabei sah er einen Samenknollen. Und er sagte:

»Ei, hier ist ein Samenknollen, so schön, wie mein kleiner Bruder.«

Seine Mutter aber sprach zu ihm:

»Wie kann ein Samenknollen so schön sein wie ein Menschenkind?«

Er aber versteckte den Samenknollen, und die Mutter band die Kolokasien zusammen zum Heimtragen. Und er versteckte den Samenknollen in eine Baumhöhlung. Dann sprach er zu ihm:

»msura kwivire-vire tsa kambingu na kasanga.«*

Des andern Tags ging er wieder hin. Da war der Steckling zu einem Kind geworden. Seine Mutter kochte Essen, und er trug es immer wieder hin. So trug er alle Tage Essen zu, er selbst aber magerte ab.

Sein Vater und seine Mutter sahen, wie er abmagerte, und fragten ihn:

»Sohn, was ist's, das dich so mager macht? Wo pflegt das Essen, das wir immer kochen, hinzukommen? Sind doch deine jüngeren Brüder nicht so mager geworden?«

Da sahen seine jüngeren Brüder einmal, wie Essen gekocht wurde. Er erhielt seine Portion aufgelegt, aß sie aber nicht, sondern trug sie fort, als ob er sie aufzuheben ginge. Seine Brüder folgten ihm von ferne nach, indem sie ihn belauerten. Da sahen sie, wie er es in eine Baumhöhle schaffte. Sie kehrten nach Hause zurück und sagten seiner Mutter:

»Wir sahen, wie er das Essen in die Baumhöhle schaffte und es einem Kindchen brachte, das sich dort befindet.«

Sie aber sagte zu ihnen:

»Wessen Kind pflegt in einer Baumhöhle zu wohnen?«

Da sprachen sie zu ihr:

»Wohlan, wir wollen gehen, dich dahin zu weisen, Säugerin!«

* Unverständlicher Zauberspruch.

Und sie führten ihre Mutter dahin und zeigten ihr den Platz. Siehe da, dort in der Höhle befand sich ein kleines Kind! Und seine Mutter traf das Kind und tötete es. Als sie das Kindchen getötet hatte, trug Mrile Essen dahin und fand es nicht mehr, sondern fand es getötet. Er kehrte nach Hause zurück und gab sich dem Weinen hin. Da fragte man ihn:

»Mrile, warum weinst du?«

»Es ist der Rauch.«

Da sagten sie zu ihm:

»Setze dich hierher nach der unteren Seite.«

Er gab sich aber weiter dem Weinen hin. Sie aber sagten zu ihm:

»Warum weinst du immerzu?«

»Es ist nichts als der Rauch.«

»Nimm dir deines Vaters Stuhl und setze dich damit auf den Hof!«

Er nahm den Stuhl, setzte sich damit auf den Hof und gab sich weiter dem Weinen hin. Da sagte er:

»Stuhl, reiche in die Höhe, wie das Seil meines Vaters, mit dem er das Honigfaß aufhängt im Urwald und in der Steppe.«

Da stieg der Stuhl in die Höhe und blieb an einem Baum hängen. Er sprach zum zweitenmal:

»Stuhl, reiche in die Höhe, wie das Seil meines Vaters, mit dem er das Honigfaß aufhängt im Urwald und in der Steppe.«

Da traten seine jüngeren Brüder auf den Hof und sahen, wie er gen Himmel fuhr. Sie verkündigten seiner Mutter:

»Mrile ist zum Himmel aufgefahren.«

Sie aber sagte:

»Warum sprecht ihr mir davon, daß euer ältester Bruder zum Himmel auffahre? Gibt es denn einen Weg, auf dem er in die Höhe stieg?«

Sie aber sprachen zu ihr:

»Komm, und siehe, Säugerin!«

Da kam seine Mutter, nachzusehen und fand ihn in die Höhe gefahren.

Da rief seine Mutter:

»Mrile, kehre zurück,
kehr' zurück, mein Kind,
kehr' zurück!«

Mrile aber gab zur Antwort:

»Ich kehr' nicht mehr zurück,
ich kehr' nicht mehr zurück,
Mutter, und ich,
ich kehr' nicht mehr zurück,
ich kehr' nicht mehr zurück.«

Da riefen seine jüngeren Brüder:

»Mrile, kehr' zurück,
kehr' zurück, unser Bruder,
kehr' zurück!
komme nach Hause,
komme nach Hause!«

Er aber sprach:

»Und ich,
ich kehr' nicht mehr zurück,
ich kehr' nicht mehr zurück,
meine Brüder,
ich kehre nicht mehr zurück,
ich kehre nicht mehr zurück.«

Da kam sein Vater und sprach:

»Mrile, da ist deine Speise,
da ist deine Speise!
Mrile, da ist's!
Mrile, da ist deine Speise,
da ist deine Speise!«

Er aber antwortete selbst und sprach:

»Ich will nicht mehr,
ich will nicht mehr,

mein Vater, und ich,
ich will nicht mehr,
ich will nicht mehr.«

Da kamen die Geschlechtsgenossen und sangen:

»Mrile, komm nach Hause!
komm nach Hause!
Mrile, komm!
komm nach Hause!
komm nach Hause!
Mrile, komm!«

Da kam sein Oheim und sang:

»Mrile, komm nach Haus,
komm nach Haus!
Mrile, komm!
komm nach Haus,
komm nach Haus!«

Er aber sang zur Antwort:

»Und ich,
ich komm' nicht mehr zurück,
ich komm' nicht mehr zurück,
Oheim, und ich,
ich komm' nicht mehr zurück,
ich komm' nicht mehr zurück!«

Und er entschwand, so daß sie ihn nicht mehr sahen. Da traf er Holzsammler. Er grüßte sie:

»Holzsammler, guten Tag! Zeigt mir doch den Weg zum Mondkönig.«

Sie aber sprachen zu ihm:

»Sammle etwas Holz, dann wollen wir dich hinweisen.«

Da brach er für sie Brennholz. Und sie sagten ihm:

»Gehe nur so weiter, so triffst du auf Grasschneider!«

Darauf ging er weiter und traf auf Grasschneider.

»Grasschneider, guten Tag!«

Sie erwiderten ihm:

»Zeigt mir doch den Weg zum Mondkönig.«

Sie aber sagten zu ihm:

»Schneide etwas Gras, so wollen wir dich hinweisen!«

Da schnitt er etwas. Darauf sprachen sie zu ihm:

»Gehe nur so weiter, so wirst du Ackernde treffen.«

Da ging er und traf Ackernde.

»Ihr, die ihr da ackert, guten Tag!«

Und sie sagten zu ihm:

»Guten Tag!«

»Weiset mich doch zum Mondkönig!«

»Ackere etwas, so wollen wir dich dahin weisen.«

Da ackerte er etwas. Darauf sprachen sie zu ihm:

»Gehe nur so weiter, so wirst du auf Hütende treffen.«

Er ging weiter und traf auf Weidende.

»Ihr, die ihr da weidet, guten Tag!«

»Guten Tag!«

»Weiset mich doch zum Mondkönig!«

»Weide eine Weile, so wollen wir dich dahin weisen!«

Da half er ihnen eine Weile weiden.

Dann sagten sie ihm:

»Gehe nur so weiter zu den Bohnenerntern!«

»Ihr, die ihr da Bohnen erntet, guten Tag! Weiset mich doch zum Mondkönig!«

»Hilf uns ein wenig Bohnen pflücken, dann wollen wir dich hinweisen!«

Da pflückte er ein wenig. Darauf sagten sie:

»Gehe nur des Weges weiter zu den Hirseschnittern!«

Da traf er die Schnitter.

»Ihr Schnitter, seid gegrüßt! Weiset mich doch zum Mondkönig!«

»Hilf uns etwas Hirse schneiden, dann wollen wir dich hinweisen!«

»Gehe nur des Wegs weiter zu den Leuten, die Bananenstengel suchen!«

Und er grüßte sie:

»Ihr Bananenstengelsucher, seid gegrüßt! Weist mich doch zum Mondkönig!«

»Hilf uns einige Bananenstengel suchen, dann wollen wir dich hinweisen!«

Und er suchte ihnen einige. Da sprachen sie zu ihm:

»Gehe nur so weiter, bis du zu Leuten kommst, die Wasser holen!«

»Ihr Wasserförderer, seid gegrüßt! Zeigt mir doch den Weg zum Mondkönig!«

»Gehe nur so weiter bis zu den Leuten, die eben bei sich zu Hause essen!«

»Ihr Hausbesitzer, seid gegrüßt! Weiset mich doch zum Mondkönig!«

»Iß da etwas, dann wollen wir dich hinweisen!«

Gut, da traf er Leute, die rohe Speisen aßen. Und er sagte ihnen:

»Warum kocht ihr nicht mit Feuer?«

Sie aber sprachen zu ihm:

»Was ist das, Feuer?«

Er sagte zu ihnen:

»Man kocht damit die Speise, bis sie gar ist!«

Sie aber sprachen zu ihm:

»Wir wissen nichts vom Feuer, Herr!«

»Wenn ich euch wohlschmeckendes Essen mittels Feuer bereite, was werdet ihr mir geben?«

Der Mondkönig sprach:

»Wir werden dir Rinder und Kleinvieh zinsen.«

Und Mrile sagte ihnen:

»Sammelt viel Brennholz, so will ich das Feuer bringen.«

Da sammelten sie Brennholz. Sie gingen aber hinter das Haus, wo sie nicht von Leuten gesehen wurden. Mrile aber brachte einen Feuerquirl und ein Feuerbrettchen hervor und schlug Feuer, da hinter dem Hause. Sie zündeten an, und er legte grüne Bananen hinein, zum Rösten. Dann sagte er zu dem Mondkönig:

»Versuche diese Bananen zu essen, die ich im Feuer geröstet habe.«

Der Mondkönig verzehrte die Banane und sah, wie sie schmeckte. Darauf setzte er Fleisch an und sagte zu ihm:

»Iß auch gekochtes Fleisch!«

Und er sah, wie es schmackhaft war. Da kochte er alle eßbaren Dinge vollständig durch. Darauf ließ der Mondkönig die Leute rufen. Und er sagte zu ihnen:

»Es kam ein Medizinmann von den Ihrigen, ja, von den Ihrigen.«

Dann sprach der Mondkönig:

»Diesem Mann sollen Abgaben entrichtet werden, um ihm sein Feuer abzukaufen.«

Sie fragten ihn:

»Was soll an ihn entrichtet werden?«

Er aber sagte:

»Einer bringe ein Rind, einer bringe eine Ziege, einer bringe Sachen aus dem Speicher!«

Da schafften sie alle diese Dinge dahin. Und er teilte ihnen Feuer aus, an dem sie ihre Speisen kochen gingen.

Er aber überlegte:

»Wie kann ich nun wieder heim gelangen, wenn ich nicht Botschaft hinsende?«

Und er tat allen Vögeln Befehl, da kamen sie an den Ort, wo er sich befand. Da fragte er den Raben:

»Wenn ich dich als Bote in meine Heimat sende, was wirst du dort sagen?«

Der Rabe sagte zu ihm:

»Ich werde sprechen: Kuruu, kuruu, kuruu!«

Da jagte er ihn fort, und der Nashornvogel kam.

»Du, Nashornvogel, wenn ich dich sende, wie wirst du sagen dort?«

»Ich werde sagen: Ngaa, ngaa, ngaa!«

Da jagte er ihn weg, und der Habicht erschien:

»Tschiri-i-i-o!«

Da jagte er ihn fort. Hierauf sprach er zum Bussard:

»Wenn ich dich sende, was wirst du sagen?«

Der Bussard sprach:

»Ich werde sagen: Tscheng, tscheng, tscheng!«

Da jagte er ihn weg. Und er prüfte alle Vögel, die ganze Reihe herum, ohne einen Vogel zu finden, der etwas verstand. Da rief er endlich die Spottdrossel.

»Du, Spottdrossel, wenn ich dich sende, was wirst du ausrichten?«

Sie sprach:

»Mrile wird kommen übermorgen,
den Tag nach morgen,
Mrile wird kommen übermorgen,
den Tag nach morgen,
den Tag nach morgen.
Heb' ihm Fett auf im Löffel!
Heb' ihm Fett auf im Löffel!«

Da sagte er ihr:

»So gehe nun!«

Die Spottdrossel ging und gelangte bis zum Gehöfttor bei dem Vater des Mrile und sie sprach:

»Der Mrile läßt dir sagen:
Er wird kommen übermorgen,
den Tag nach morgen,
Er wird kommen übermorgen,
den Tag nach morgen:
Heb' ihm auf Fett im Löffel!«

Und Mriles Vater machte sich auf nach dem Hof und sagte:

»Was ist denn das für ein Ding, das hier im Hofe schreit und mir sagt, daß Mrile übermorgen komme? Er ist doch schon lange verloren gegangen!«

Er vertrieb sie, und sie verschwand. Sie ging zu Mrile und sagte:

Er vertrieb sie, und sie verschwand. Sie ging zu Mrile und sagte:

»Ich bin dort gewesen.«

Mrile aber sprach zu ihr:

»Nein, du bist nicht da gewesen. Wenn du hingekommen bist, was befindet sich dort in meiner Heimat?«

Und er sagte ihr:

»Gehe zum zweitenmal, und wenn du hinkommst, so raffe ja meines Vaters Stock auf und komme mit ihm zurück, damit ich erkenne, daß du dort warst.«

Die Spottdrossel kehrte zum zweitenmal zurück, raffte den Stock auf und trug ihn fort. Die Kinder dort im Hause sahen sie, konnten ihn ihr aber nicht entreißen. Und sie brachte ihn Mrile. Da erkannte Mrile, daß sie wirklich hingekommen wäre. Nun sagte Mrile:

»Ich will mich also auf den Heimweg machen.«

Man ließ ihn ziehen mit seinen Rindern. Da kam er mit seinen Rindern. Auf dem Weg aber wurde er müde. Er hatte aber dabei einen Stier. Der Stier sprach zu ihm:

»Da du so ermüdet bist, wenn ich dich mir auflade, was tust du mir? Wenn ich dich auf den Rücken nehme, wirst du mich da verzehren, wenn man mich schlachtet?«

Er aber sprach zu ihm:

»Nein, ich werde dich nicht verzehren.«

Da bestieg er den Rücken des Stiers und er nahm ihn auf sich. Er kam aber singend:

»Nichts fehlt von Gütern,
Das Vieh ist mein, juchhe!
Nichts fehlt von Gütern,
Die Rinder sind mein, juchhe!
Nichts fehlt von Gütern,
Das Kleinvieh ist mein, juchhe!
Nichts fehlt von Gütern,
Der Mrile kommt, juchhe!
Nichts fehlt von Gütern.«

So kam er nach Hause. Als er daheim anlangte, bestrichen ihn Vater und Mutter mit Fett. Er aber sprach zu ihnen:

»Diesen Stier sollt ihr füttern, bis er alt wird. Auch wenn er alt wird, werde ich sein Fleisch nicht essen.«

Als der Stier alt wurde, schlachtete ihn der Vater, da sagte die Mutter:

»Soll dieser Stier, mit dem mein Sohn so Mühe hatte, ganz aufgezehrt werden, ohne daß er davon ißt?«

Und sie verbarg das Fett, sie verbarg es im Honigtopf. Als sie wußte, daß das Fleisch zu Ende gegangen war, mahlte sie Mehl, nahm das Fett und gab es dazu. So überbrachte sie es ihrem Sohn, und Mrile kostete. Als er mit dem Mund kostete, da redete das Fleisch mit ihm:

»Du wagst dennoch mich zu genießen, der ich dich doch auf den Rücken genommen habe?«

Und es sagte ihm:

»Werde also verzehrt, wie du mich verzehrst!«

Da sang Mrile:

»Meine Mutter, ich hab' dir gesagt:
Reich mir nicht das Fleisch vom Stiere!«

Als er zum zweitenmal kostete, da versank sein Fuß.

Er aber sang:

»Meine Mutter, ich hab' dir gesagt:
Reich mir nicht das Fleisch vom Stiere!«

Darauf verzehrte er das Mehl vollständig. Plötzlich versank er.

Hiermit hat es also ein Ende.

9. Geschichte von den Steppentieren und der Ratte

Es war einmal eine Ratte, die hatte eine Kuh. Da beredeten sich alle Tiere der Steppe, der Löwe und der Elefant, das Flußpferd und der Leopard und auch das Kaninchen:

»Wir wollen hingehen, und uns die Kuh ergaunern.«

Und der Löwe ging hin, um die Kuh der Ratte zu ergaunern und traf die Ratte daheim. Der Löwe sagte:

»Weißt du, Ratte, ich bin gekommen, um dich um deine Kuh zu betrügen.«

Die Ratte sagte:

»Ja natürlich, gewiß. Aber wenn du mich um meine Kuh betrügst, dann schlage ich dich mit meinem Stock tot.«

Da sagte der Löwe:

»Meinetwegen.«

Dann aber ging er zu seinen Freunden zurück und berichtete ihnen:

»Die Ratte redet vom Schlagen.«

Darauf sagte der Elefant:

»Dann werde *ich* sie betrügen.«

Er ging hin und traf die Ratte zu Hause und sagte zu ihr:

»Ich komme, um dich zu betrügen.«

Die Ratte erwiderte:

»Wenn du mich betrügst, dann schlage ich dich mit meinem Stock tot.«

Da fürchtete sich der Elefant. Aber das Kaninchen meinte:

»Dann will ich sie betrügen.«

Da sagten der Löwe und der Elefant, der Leopard und das Flußpferd:

»Sie hat uns überwunden, und du willst sie betrügen?«

Da sagte das Kaninchen:

»Jawohl, ich werde sie betrügen.«

Und dann machte es sich auf.

Es traf die Ratte zu Hause und sagte zu ihr:

»Bruder meiner Mutter, wie geht es bei der Arbeit?«

Die Ratte antwortete:

»Ja, ja!«

Das Kaninchen meinte:

»Gib mir einen Stock, ich will das Vieh hüten.«

Die Ratte stimmte zu und gab ihm einen Stock. Das Kaninchen hütete, bis es Nacht wurde und die Rinder heimkamen. Sie kamen ins Haus, wo sie hingehörten. Und die Ratte melkte die Kühe. Das Kaninchen aber setzte sich ans Feuer und tat, als ob es schliefe. Als die Ratte das Kaninchen schlafen sah, weckte sie es. Das Kaninchen wollte aber gar nicht aufwachen. Da holte die Ratte Wasser und bespritzte es. Und das Kaninchen fuhr auf und schlug die Ratte mit dem Stock. Da floh die Ratte und schlüpfte ins Loch. Das Kaninchen aber holte einen Stein, deckte das Loch zu und führte die Kuh heraus und nahm sie mit.

Als es nun zu den andern hinkam, traf es dort den Löwen und den Elefanten, den Leoparden und das Flußpferd. Sie sagten zu ihm:

»Weißt du, Kaninchen, die Kuh nehmen wir dir weg.«

»Ja, natürlich, ihr könnt sie behalten und euch alles Fleisch nehmen, gebt mir nur die Blase.«

Da schlachteten sie die Kuh, zogen die Blase heraus und gaben sie ihm. Sie selbst nahmen sich das Fleisch. Das Kaninchen bekam nur die Blase und ging damit fort. Als es damit draußen war, blies es sie auf und dann holte es seinen Stock und schlug dagegen. Als es dann dagegen geschlagen hatte, schrie es:

»Vater, ich will es nicht wieder tun, mein Herr!«

Und der Löwe, wie er so das Kaninchen schreien hörte, da lief er mit den andern davon, der Löwe und der Elefant, das Flußpferd und der Leopard. Als das Kaninchen hörte, daß sie wegliefen, da kam es und traf sie nicht mehr da. Es fand aber all das Fleisch. Dann band es das Fleisch zusammen und rief sie zurück. Und als sie kamen, zog es den Löwen heran, ging zu einem Korbe und sagte:

»Nun gehe hin und schöpfe Wasser!«

Und der Löwe ging auch zum Wasser. Dann holte es den Elefanten heran und sagte:

»Nun, vorwärts und spalte Steine, das gibt Brennholz zum Kochen.«

Dann zog es das Flußpferd heran und sagte:

»Du, mach dich auf und hole Bambusrohr, das keine Knoten hat, darauf wollen wir das Fleisch aufspießen.«

Als der Löwe nun zum Wasser kam, da schöpfte er Wasser in den Korb, aber es leckte alles hindurch. Der Elefant wollte Steine spalten, aber die Axt zerbrach. Das Flußpferd suchte Bambusrohr, das keine Knoten hat, aber das war nicht da. Als sie wiederkamen, fragte es sie:

»Wo ist denn das Wasser?«

Sie sagten:

»Das Wasser haben wir geschöpft, aber es leckte hindurch.«

Darauf das Kaninchen:

»Und wo sind die Steine?«

»Wir haben Steine gespalten, aber die Axt ist zersplittert.«

Und es fragte weiter:

»Wo ist der Bambus?«

»Wir haben gesucht, aber er ist nicht da.«

Da holte es einen Stock und seinen Speer hervor und verjagte sie. Das Flußpferd verjagte es bis zum See, und es wohnt bis heute im See. Den Löwen jagte es in die Waldsteppe und den Elefanten jagte es in den Wald. Das Kaninchen war es, das das Fleisch behielt. Das ist ihre Geschichte. Wirklich, so war es mit ihnen.

10. Imana und der habgierige Sebgugugu

Es war einmal ein Mann, der hieß Sebgugugu. Er hatte keine Brüder weder vom Vater noch von der Mutter. Er war ein sehr armer Mann. Er nahm ein Weib, und sie gebar ihm Kinder. Sein Besitz war eine einzige weiße Kuh. Sie bekam ein Kalb. Die Frau ackerte, er selber nicht. Eines Tages kam ein Vögelchen, das setzte sich aufs Torholz. Sebgugugu saß gerade vor der Tür auf einem Schemel. Der Vogel sprach:

»Sebgugugu, schlachte die Weiße, so bekommst du hundert!«

Sebgugugu sah ihn an. Als seine Frau vom Ackern nach Hause gekommen war, sagte er ihr:

»Imana war hier und befahl mir, ich sollte die Weiße schlachten und hundert wiederbekommen.«

Seine Frau antwortete:

»Laß die Weiße am Leben, du ackerst nicht; die Weiße zieht mit ihrer Milch deine Kinder groß, schlachtest du sie, so werden sie sterben.«

Der Mann antwortete:

»Geh!«

Da nahm er sein Beil und schlug die Kuh damit tot. Das Fleisch aßen sie, es ging zu Ende. Am folgenden Tag kam der Vogel wieder und sprach:

»Sebgugugu, schlachte auch das Kalb, so bekommst du hundert andere.«

Sebgugugu schlachtete es, sie aßen das Fleisch. Drei Monate vergingen, da fingen sie an, Hunger zu leiden. Er sagte zu seiner Frau:

»Nun tötet mir der Hunger die Kinder.«

Sie antwortete:

»Sagte ich es nicht, du solltest die Weiße am Leben lassen? Aber du wolltest nicht hören und schlachtetest die, welche uns die Kinder groß gezogen hat.«

Er band die Kinder in Papyrusmatten ein, andere tat er in einen Korb, einige nahm die Frau auf den Kopf, andere er, so zogen sie fort. Bei einer Rast auf dem Wege sagte er:

»Was soll ich machen mit meinen Kindern?«

Imana kam, der da heißt der Schöpfer, und sprach:

»Sebgugugu, was ist es?«

Sebgugugu antwortete:

»Wir sind des Todes, ich und meine Kinder, wir sterben Hungers.«

Imana sprach:

»Höre, dort drüben ist ein Kraal, in dem Rinder übernachten. Geh dort hin! Die Rinder werden von einem Raben geweidet, trink' ihre Milch und gib dem Raben davon. Schimpfe nicht auf ihn und schlage ihn nicht!«

Sebgugugu ging dort hin, fand Milch, trank sie und gab davon seinen Kindern und seiner Frau. Abends kehrten die Rinder heim, ein Rabe brachte sie nach Hause. Sebgugugu holte sich Feuer und zündete einen Reisighaufen für die Rinder an.

Er brachte einen Melkeimer, molk, gab dem Raben; die übrige Milch gab er Frau und Kindern. Zehn Tage vergingen. Sebgugugu sprach:

»Ihr seht, ich habe Kinder, die für mich weiden können; wenn der Rabe nach Hause kommt, schlag ich ihn tot.«

Seine Frau sagte ihm:

»Wie unvernünftig willst du handeln! Du siehst, Imana hat uns geholfen und gesagt, du solltest dem Raben nichts zuleide tun, nun willst du ihn töten.«

Sebgugugu erwiderte ihr:

»Schweig still!«

Dann nahm er seinen Bogen, machte die Schnur fest und legte einen Pfeil auf die Sehne. Der Rabe trieb inzwischen die Herde heim. Der Mann sah ihn, er schoß auf ihn einen Pfeil ab. Der Rabe flog auf und ließ sich auf dem nahen Hügel nieder. Sebgugugu jagte hinter ihm her und schoß zum zweiten Male auf ihn. Der Rabe flog fort. Sebgugugu kehrte zurück. Die Kühe fand er nicht, die waren fort mit ihren Kälbern. Er fragte seine Frau:

»Wo sind die Kühe?«

»Ich weiß es nicht.«

Nach drei Tagen war Sebgugugu in Verzweiflung und sprach:

»Was soll ich machen?«

Seine Frau entgegnete:

»Das kommt von deinem Übermut.«

Einige von seinen Kindern nahm er auf seinen Rücken, andere seine Frau, so zogen sie fort. Am Abend saß Sebgugugu am Wege und sagte:

»Imana in Ruanda, was soll ich nun anfangen?«

»Sebgugugu, was willst du schon wieder?«

»Ach, du Gott Ruandas, was soll ich tun?«

»Höre, dort drüben ist eine Kürbispflanze, die hat viele Ranken. An einer Ranke reifen Kürbisse, an der anderen Melonen. An noch einer anderen sind Süßkartoffeln. Aber die Pflanze darf nicht beackert und nicht beschnitten werden. Sie steht im Walde. Ich bin Imana, der Schöpfer. Ich bin's, der die Kürbispflanze hat entstehen lassen. Iß, was daran ist. Wenn es zu Ende ist, wird sie neue Speise reifen lassen.«

Sebgugugu sprach:

»Jawohl.«

Er ging, schnitt sich Stangen und baute sich dort eine Hütte. Seine Frau nahm die reifen Kürbisse und kochte sie, am folgenden Tage kochte sie Bohnen. Nach zehn Tagen schliff sich Sebgugugu sein Buschmesser und sprach zu seiner Frau:

»Ich gehe, um die Kürbispflanze zu beschneiden.«

»Was hat dir Imana gesagt?«

»Sei still, ich will sie beschneiden, daß sie reichlicher trägt.«

Er ging hin, beschnitt sie, und sie vertrocknete. Drei Tage lang konnten sie noch etwas Gemüse von ihr holen, dann war es zu Ende. Sebgugugu sprach:

»Was soll ich machen mit meinen Kindern?«

Er nahm einige von ihnen auf den Rücken, die anderen nahm die Frau auf den Rücken, so zogen sie davon. Am Abend legte Sebgugugu die Kinder am Wege nieder und sprach:

»Vater, Imana Ruandas, was soll ich mit meinen Kindern machen? Sei mir noch einmal gnädig und dann nicht wieder.«

Imana kam und sprach:

»Was sagst du?«

»Ich sage nichts.«

Er schämte sich. Imana sprach zu ihm:

»Dort drüben ist ein Fels, der hat viele Spalten. Aus einer kommt Milch, aus einer anderen Bier, aus einer anderen Rispenhirse, aus einer anderen Kolbenhirse, aus einer anderen Bohnen.«

Sebgugugu ging, nahm Milch und Bier, trank und aß, was er wollte. Seine Frau kochte für die Kinder. Nach zehn Tagen sagte er zu seiner Frau:

»Ich will mir Brechstangen am Feuer härten, um sie in die Felsspalten zu tun, damit mehr Speise herauskommt.«

Die Frau antwortete:

»Steh ab davon, wir wollen uns von dem nähren, was da ist; so hat Imana es bestimmt.«

»Keineswegs.«

Er härtete sich Brechstangen und stemmte sie in die Felsspalten. Da verstopften sich die Spalten. Die Frau sprach:

»Hab ich dir nicht gesagt von deinem Ungehorsam gegen Gott?«

Sie blieben zwei Tage noch da, dann band Sebgugugu die Kinder in die Matten, einige lud sich die Frau auf, andere er. Unterwegs konnten sie nicht weiter. Sebgugugu sprach:

»Was soll ich tun? Ach, daß doch Imana noch einmal hülfe!«

Imana hörte es und sprach:

»Sebgugugu, was belästigst du mich? Ich gebe dir immer wieder, aber du bringst dich selber darum. Geh dorthin zu dem Kraal! Dort drinnen lebt ein wildes Tier, es hat die Kraalbesitzer umgebracht. Geh in das Gehöft, bereite dir und den Deinen ein Lager unter dem Dach! Es sind Rinder im Kraal, die haben keinen Hirten, sie weiden sich selber und kehren von selber zurück. Wenn sie heimkehren, so melke sie und trink, koche am Tage! Wird es Abend, so steige hinauf auf den Boden! Das wilde Tier frißt nur Menschen, sprich nicht mit ihm, sondern verhalte dich schweigend!«

Sebgugugu sprach:

»Jawohl.«

Er ging, molk, trank, kochte Bohnen und aß mit Frau und Kindern. Am Abend stiegen sie auf den Boden und schliefen. Noch waren nicht zehn Tage um, da kam das Tier und schleppte Leichen ins Gehöft. Es ging, um seine Lasten abzusetzen, und sagte bei sich:

»Wer hilft mir und nimmt mir die Last ab!«

Sebgugugu sagte zur Frau:

»Ich will sie ihm abnehmen.«

»Tue es nicht! Imana hat es verboten, mit ihm zu sprechen.«

Sebgugugu stieg vom Boden herunter, kam und nahm ihm die Last vom Kopf. Es fragte ihn:

»Wo kommst du denn her?«

Sebgugugu antwortete:

»Vom Dachboden.«

Das Raubtier sagte:

»Bleib hier wohnen, ich will auch hier bleiben.«

Sebgugugu antwortete:

»Jawohl.«

Das Raubtier brachte die Leichen ins Haus und sagte zu Sebgugugu:

»Reinige den Kochtopf, um das Menschenfleisch darin zu kochen.«

Sebgugugu reinigte ihn, dann stellte er ihn auf die Herdsteine. Das Raubtier zerstückelte die Leichen, tat sie in den Topf und sagte zu Sebgugugu:

»Steig hinauf, damit ich sehe, wie du auf den Boden hinaufkommst.«

Sebgugugu stieg auf die unterste Sprosse und wollte die zweite nehmen, da zerriß es ihn jäh in zwei Stücke, die fielen in den Topf. Es kochte ihn und aß ihn. Die Frau und seine Kinder flohen.

11. Imana und die kinderlose Frau

Es war einmal eine Frau, die war kinderlos. Eines Tages kam sie und sagte:

»Ich komme, um Imana zu befragen.«

Sie kam und sprach:

»Gib mir Bescheid!«

Imana fragte:

»Was willst du?«

»Ich möchte ein Kind haben, ich bin unfruchtbar.«

Imana sprach zu ihr:

»Geh, wenn du einem kleinen Tier begegnest, so nimm es mit deinen Händen, heb' es auf, habe keinen Widerwillen dagegen.«

Die Frau ging zu ihrer Schwester. Da spielten gerade deren Kinder im Lehm, kleine unverständige Kinder. Eines kam und näherte sich der Frau, die wies es ab und stieß es zurück mit den Worten:

»Geh fort, mach mich nicht mit dem Lehm schmutzig!«

Die Mutter nahm es an sich und reinigte es vom Lehm.

Die Frau wartete vergeblich, ob sie ein Kind gebären würde in jenem Jahr. Da kehrte sie um zu Imana und fragte ihn:

»Weshalb habe ich kein Kind bekommen?«

Imana sagte:

»Hast du das Tierchen, von dem ich dir sagte, nicht gesehen?«

»Nein.«

»Du hast es gesehen, aber hast es nicht mit deinen Händen angefaßt.«

»Ich habe keines gesehen.«

»Höre, du gingst zu deiner Schwester. Da spielten gerade die Kinder im Lehm. Du wolltest von ihnen nichts wissen, eines stießest du beiseite. Die Mutter war es, die es trotz seines Schmutzes voll Liebe aufhob.«

Imana sprach:

»Du wirst kein Kind bekommen, die kinderliebe Frau wird Kinder gebären.«

Jene Frau ging und gab die Hoffnung auf, Kinder zu gebären.

12. Ein Mann und seine Freunde

Ein Mann namens Nahama züchtete Ziegen. An jedem Tage, wenn seine Freunde kamen, schlachtete er eine Ziege. Wenn er auf das Feld gegangen war, gingen die Ziegen in sein Haus, nahmen Kleidungsstücke weg, zogen sie an, nahmen die kleinen und großen Tanztrommeln und trommelten. Die Leute, die aufs Feld gegangen waren, hörten die Trommel in der Stadt. Da kamen sie um zuzuschauen, fanden aber die Ziegen schweigend vor. Eines andern Tages sah ein Mann, wie die Ziegen in das Haus ihres Herrn hineingingen. Sie nahmen die Kleidungsstücke an sich und sagen:

»Der Bart des Nahama geht in diesem Jahr verloren, mämä, mämä! Der Bart des Nahama geht in diesem Jahre verloren, mämä, mämä!«

Als die Leute hinkamen und fragten:

»Woher schallen die Tanztrommeln?«

Sagte der Sohn des Nahama:

»Die Ziegen haben unsere Kleider genommen, sie haben die kleinen und die großen Trommeln genommen, und ihr hört die Trommeln vom Felde her erschallen. Unsere Ziegen tanzen!«

Von nun an ließ Nahama das Schlachten von Ziegen sein. Er wußte nun, Ziegen sind ein Vermögen, und er hörte auf, für seine Freunde zu schlachten.

13. Der Löwe und der Hase

Es war einmal ein Löwe und ein Hase, die schlossen Freundschaft miteinander. Der Löwe sagte zu dem Hasen:

»Laß uns zu den Schwiegereltern meiner Frau gehen!« Und weiter: »Mache für den Reiseweg sieben Brote!«

Der Hase machte sieben Brote. Der Löwe sagte:

»Morgen laß uns aufbrechen!«

Und sie gingen vorwärts und sahen einen Fluß. Der Löwe sagte zu dem Hasen:

»In diesem Wasser haust ein böser Geist. Jeder, der hier vorbeikommt, muß ihm etwas schenken. Wenn du den Geist rufen hörst: ›Bringe, bringe!‹ wirf ihm alle Brote ins Wasser!«

»Ja.«

»Warte auf mich, ich gehe erst in den Busch, um meine Notdurft zu verrichten.«

Aber der Löwe ging und verbarg sich im Wasser. Der Hase sah es. Als der Hase rufen hörte: »Bringe!« (es war der Löwe, der so rief), las er Steine auf und warf sie ins Wasser. Der Löwe wurde durch die Steinwürfe getroffen. Der Löwe weinte:

»Es schmerzt. Du hast mich getroffen.«

Sie gingen weiter. Sie sahen Beeren. Der Löwe sagte zu dem Hasen:

»Lies die weißen auf, die schwarzen gehören dem Besitzer des Landes.« (Er wollte, daß der Hase weiße, das sind unreife Früchte, auflesen sollte; die schwarzen, reifen Früchte wollte er allein haben.) Der Löwe las auf seiner Seite die Früchte auf und der Hase auf seiner. Der Löwe las schwarze Früchte auf und der Hase las auch schwarze Früchte auf.

Sie gingen vorwärts. Der Löwe sagte:

»Ich will niedersitzen.«

Der Hase sagte gleichfalls:

»Ich will niedersitzen.«

Sie schütteten beide schwarze Früchte aus. Nun ärgerte es den Löwen, daß der Hase dasselbe getan hatte wie der Löwe, nämlich schwarze Früchte aufgelesen.

In seinem Ärger wollte er nichts essen und sagte zum Hasen:

»Iß du die Früchte allein!«

Sie gingen weiter. Der Löwe sagte dem Hasen:

»Sollte mir nachher der Leib wehe tun, so gehe und hole mir diese, hier wachsende Arznei!«

Er wollte einen Grund haben, um nachher den Hasen für einige Zeit wegschicken zu können. Der Hase merkte die Absicht des Löwen. Er dachte:

»Ich nehme jetzt schon von der Arznei mit, dann brauche ich nachher nicht einen weiten Weg zurückzulegen«, und verabschiedete sich vom Löwen unter dem Vorwande, seine Notdurft verrichten zu wollen.

Er kehrte zurück an die Stelle, wo die Arznei wuchs, und grub. Die Arznei bestand in Wurzelknollen, von denen er einige nahm und unter dem Gürtel seines Gewandes verbarg. Als er zum Löwen zurückkehrte, sagte er:

»Laß uns aufbrechen!«

Sie gingen, bis sie bei den Schwiegereltern des Löwen ankamen. Dort blieben sie.

Der Besitzer des Hauses kochte Essen und sagte:

»Schwiegersohn, komm herein und iß!«

Sie gingen ins Haus. Der Löwe hätte gern alles allein gegessen und wollte den Hasen entfernen. Er sagte dem Hasen:

»Ich habe Leibschmerzen, geh und hole mir die Arznei!«

Der Hase sagte:

»Die Arznei habe ich bereits geholt.«

Der Löwe ärgerte sich, daß ihm auch diese List fehlschlug und sagte:

»Iß du, ich mag nichts.«

Sie blieben bis zum Abend.

Den Löwen schmerzte der Hunger. Dort, wo er schlief, war ein Ziegenstall. Der Löwe ergriff, da er hungerte, in der Nacht eine Ziege und fraß sie. Das sah der Hase, als er schlafend dalag, da er ja beim Schlafen die Augen nicht zumacht. Um den Verdacht von sich abzuwälzen, als ob er die Ziege geholt hätte, ging der Löwe hin, nahm ein Stück Ziegenfleisch und band es dem Hasen, den er schlafend glaubte, an die Hüften. Doch der Hase merkte dies.

»Warum bindet er es an mich? Er hat gestohlen. Ich werde das Stück Fleisch entfernen. Ich werde es dem Löwen, wenn er schläft, unter die Kleider binden.«

Als er es sich losgebunden und dem Löwen angebunden hatte, schlief er weiter mit dem Löwen bis zum Morgen.

Am Morgen ging der Besitzer des Hauses in den Ziegenstall und sah, daß eine Ziege geholt war. Er sagte:

»Meine Gäste, ihr habt meine Ziege gegessen.«

Der Hase sagte zu ihm:

»Laß uns einen Fluß suchen. Dann wollen wir über den Fluß springen. Dabei muß jeder seine Kleider aufnehmen. Dann wirst du sehen, wer etwas von dem Ziegenfleisch hat.«

Sie suchten einen Fluß. Er ging zu dem im Hause zurückgebliebenen Löwen zurück und sagte:

»Laß uns aufbrechen zum Fluß!«

Dort am Flusse ging der Hase voraus und sprang über den Fluß. Er fragte den Besitzer der Ziegen:

»Was hast du bei mir gesehen?«

Der Besitzer sagte:

»Nichts.«

Dann sprang der Löwe über den Fluß bis ans andere Ufer. Dabei nahm er seine Kleider auf. Da wurde das Stück Ziegenfleisch auf seinem Rücken sichtbar. Da sagten die Leute:

»Laßt uns aufbrechen, daß wir den Löwen ergreifen!«

Sie ergriffen ihn und töteten ihn.

Das ist eine Matumbierzählung, nicht von mir. Sie ist schon früher erzählt worden.

14. Der Frosch und der Löwe

Ein Frosch sah einst den Löwen, da er faules Fleisch fraß. Da sprach der Löwe:

»Frosch, daß du's nicht sagst!«

Der Frosch erwiderte:

»O, nein!«

Eines Tages reifte nun das Bier bei dem Hasen. Sie trinken. Da machte der Frosch im Halse:

»dokudoku.«

Der Hase sprach:

»Du willst wohl was sagen, Frosch!«

Da brachte der Löwe einen Krug vom Biere und gab es ihm. Der Frosch nun sprach:

»Nein, Vetter! Daß ich so mache, ist eben meine Sitte.«

Da erwiderte der Löwe:

»Nein, nein, du willst was sagen!«

Der Löwe kam auch ein andermal und sah den Frosch wie er eben machte:

»dokudoku.«

Der Löwe sprach zu sich selber also:

»Der Frosch da will nur sagen, daß er mich gesehen hat, wie ich faules Fleisch gefressen habe.«

Der Löwe sah:

»Er wird es sagen, und alle Tiere werden lachen.«

Da faßte der Löwe alle Tiere, tötete sie und verbot es ihnen, daß sie über ihn lachten.

15. Die Reiherfeder

Einst machten sich zwei Knaben auf den Weg, ihre Verwandten, die weit entfernt wohnten, zu besuchen. Der eine von ihnen hatte sich mit einer Krähenfeder geschmückt, der andere mit einer Reiherfeder. Sie gingen weiter und immer weiter, da sahen sie einige Mädchen auf einem der Nebenhügel ihnen entgegenkommen; diese riefen sie nun an und sagten:

»Ihr Mädchen dort drüben, welchen von uns beiden mögt ihr wohl leiden?«

Die Mädchen antworteten darauf:

»Wir mögen den mit der Krähenfeder am besten leiden.«

Die Knaben gingen weiter. Nicht lange danach sahen sie wieder einige Mädchen und riefen auch ihnen zu:

»Welchen von uns beiden mögt ihr wohl leiden?«

Auch diese antworteten:

»Den, der die Krähenfeder trägt.«

Darauf gingen beide Parteien ihres Wegs. Da sahen die Knaben auf einem anderen Hügel wieder mehrere Mädchen ihnen entgegenkommen; auch ihnen riefen sie zu:

»Welchen mögt ihr wohl von uns leiden?«

Wieder lautete die Antwort:

»Wir mögen den leiden, der die Krähenfeder trägt.«

Da sprach der andere:

»O weh, mich verschmähen sie, wir wollen nun einmal die Federn vertauschen.«

So vertauschten sie denn die Federn; der mit der Reiherfeder gab diese seinem Freunde, und dieser gab ihm dafür die Krähenfeder. Auf dem nächsten Hügel sahen sie wieder eine Anzahl Mädchen; diesen riefen sie nun wieder fragend an:

»Welchen von uns beiden mögt ihr wohl leiden?«

Die Mädchen antworteten:

»Den, der die Reiherfeder trägt.«

Die nächste Schar Mädchen, die sie sahen und ebenfalls fragten:

»Welchen von uns mögt ihr leiden?« antwortete wieder:

»Den, der die Reiherfeder trägt.«

Da sprach der andere:

»O weh, sie verschmähen mich alle; ich bin der Häßliche, ich allein; denn dich mögen sie alle leiden; ich aber werde wohl niemals eine Frau bekommen.«

So gingen sie denn weiter und weiter, bis sie zu einem Wasserlauf kamen, der in einer Schlucht dahinrauschte. Da sprach der, der nun die Krähenfeder trug:

»Laß uns Wasser trinken!«

Der andere sagte:

»Gewiß.«

Und so tranken sie. Darauf sprach der erstere:

»Laß uns eine Grube graben!«

Sein Freund war damit einverstanden. So gruben sie denn und gruben. Die Grube wurde immer tiefer. Da warf der mit der Krähenfeder die Reiherfeder hinein und sagte zu seinem Freunde:

»Hole sie wieder!«

Der stieg hinein, holte sie und kam dann wieder heraus. Dann gruben sie wieder weiter. Die Grube wurde immer tiefer. Da warf der mit der Krähenfeder wieder die Reiherfeder hinein und sprach:

»Hole sie, wir wollen einmal sehen, wie tief die Grube ist.«

Der aber sagte:

»Nein, so geht es nicht! Jetzt hole du sie nur!«

Der holte sie denn auch und stieg dann wieder herauf. Nun gruben sie tiefer und tiefer. Als die Grube tief genug erschien, sprach der mit der Krähenfeder zu seinem Freunde:

»Nun steige einmal hinein und hole die hineingeworfene Feder!«

Dieser stieg denn auch hinein. Als nun der mit der Krähenfeder sah, daß sein Freund vollständig in der Grube verschwand, auch sein Kopf gar nicht mehr zu sehen war, nahm er schnell Erde, begrub ihn und verdeckte die Grube gut; darauf ging er, seine Verwandtschaft zu besuchen. Als er dort ankam, fragte man ihn, ob er denn allein gekommen wäre.

»Ja«, sagte er, »ich war ganz allein.«

So blieb er denn bei ihnen lange Zeit. Eines schönen Tages machte er sich wieder auf die Heimreise. Als er nun zu Hause ankam, fragten sie ihn dort:

»Wo ist denn dein Freund?«

Er antwortete:

»Ach, das weiß ich nicht, der ist wohl noch zurück, wahrscheinlich geht er noch.«

Darüber gingen sie zur Ruhe. Am nächsten Tage fragten sie ihn wieder:

»Wo ist dein Freund?«

»Ja, das weiß ich auch nicht; ich habe ihn zurückgelassen, der geht wohl noch.«

Auch am nächsten Tage war es dieselbe Sache; der Freund aber kam nicht. Da sahen sie einen Vogel, der dort stand und sang:

»Euer Sohn ist nicht da; den beschuldigen sie, die Reiherfeder getragen zu haben, und haben ihn deshalb im Morast vergraben.«

Als sie das hörten, fragten sie ihn wieder:

»Wo hast du deinen Freund gelassen?«

»Ich ließ ihn zurück, er geht gewiß noch.«

So schwiegen sie denn und gingen wieder zur Ruhe. Am nächsten Morgen kehrte der Vogel wieder und sang:

»Euer Sohn ist nicht da; sie beschuldigen ihn, die Reiherfeder getragen zu haben, und vergruben ihn im Moraste.«

Da fragten sie ihn:

»Wo hast du deinen Freund gelassen?«

»Ach was, ich habe ihn zurückgelassen, er geht wohl noch, gewiß kommt er morgen.«

»Und der Vogel, der da ist, was singt der?«

»Ach«, antwortete er, »das weiß ich auch nicht, der ist gewiß betrunken und singt sich nun selbst was vor.«

So schwiegen sie denn wieder und gingen abends zur Ruhe. Am nächsten Tage sang der Vogel wiederum:

»Euer Sohn ist nicht da; sie beschuldigen ihn, die Reiherfeder getragen zu haben, und haben ihn im Morast vergraben.«

Da fragten sie ihn abermals:

»Wo hast du deinen Freund gelassen?«

»Ich habe ihn zurückgelassen, er ist noch auf dem Wege und wird gewiß morgen kommen.«

»Und der Vogel da, was singt der?«

»Ach was, der ist betrunken und singt sich selbst nur etwas vor.«

»Auf, laßt uns gehen, daß wir sehen, was es zu bedeuten hat!« –

So gingen denn die Mutter des Getöteten und einige andere und forschten nach. Als sie noch gar nicht weit gegangen waren, trafen sie mit Leuten auf dem Wege zusammen und fragten sie, ob sie die Knaben zusammen gesehen hätten, als diese zurückkamen.

»Nein«, antworteten die Leute, »das haben wir nicht gesehen, sondern wir sahen nur diesen, den Mörder allein.«

So gingen sie denn weiter. Als sie wieder Leute trafen, fragten sie, ob sie noch beieinander waren, als sie hier durchgingen; diese antworteten:

»Gewiß, wir sahen sie beide, aber der eine ist dort in der Schlucht verschwunden, den sahen wir nicht wieder.«

Als sie nun in die Schlucht kamen, sahen sie Morast an der einen Stelle; da fragten sie den Übeltäter:

»Was ist dies für Morast?«

Der antwortete:

»Den Morast fanden wir schon vor, als wir uns hier amüsierten, der ist von hier, ist alt.«

Die Mutter des Getöteten sagte:

»Aber der Morast sieht doch so aus, als ob jemand frisch gegraben hätte. Da wollen wir doch einmal nachgraben und sehen.«

Da grub sie denn nach und sah bald einen Kopf sichtbar werden. Da sagte sie:

»Wer ist denn dies hier? Du hast ihn hier begraben!«

Da ergriffen sie denn auch ihn, gruben eine Grube, warfen ihn da hinein und verschlossen die Grube mit Erde. Dann gingen sie nach Hause. Als sie zu Hause angekommen waren, fragte seine Mutter:

»Wo ist mein Sohn?«

Sie antworteten:

»Ja, den haben wir auch getötet, nachdem wir ihn erkannt haben als den, der unsern Sohn getötet hat.«

Da weinte sie und sprach:

»Weshalb habt ihr ihn, meinen Sohn, getötet? Doch nur, um sagen zu können, ich soll bezahlen, deshalb habt ihr nun einen Menschen getötet.«

Sie aber sagten:

»Wir haben ihn als den erkannt, der unsern Sohn getötet hat; da sagten wir uns, nun, dann mag auch er sterben.«

16. Die Schildkröte und der Elefant

Die Schildkröte begegnete dem Elefant am Wege:

»Du, Elefant, du bist also wirklich der Meinung, daß du eigentlich recht groß bist.«

»Ja, hast du mich denn nicht gesehen?«

»So, also du bist groß.«

»Ja, wieso denn?«

»Ja, hast du da deinen Kopf einmal gesehen?«

»Was?«

»Wenn ich springe, springe ich darüber weg.«

»Du?«

»Ja, ich!«

»Du bist doch nur so klein.«

»Natürlich, du.«

»Los denn, wir wollen uns nun wundern wie du nicht springen kannst.«

»Nein, heute komme ich von weit her, da bin ich müde.«

»Da können wir uns ja gleich über die Aufschneiderei wundern.«

»Du denkst, ich bin ein Aufschneider?«

»Ja, du bist ein Lügner, weshalb suchst du Ausflüchte? Du kannst ja doch nicht laufen.«

»Dann komm, komm morgen, und stell dich gerade hierhin, dann sollst du dich wundern, wie ich springen kann.«

Darauf ging der Elefant weg. Die Schildkröte aber lief, um ihre Frau zu holen und versteckte sie im Gebüsch am Wege. Als es Tag wurde, da kam der Elefant.

»Willkommen!« sagte die Schildkröte.

»Jawohl!«

»Du bist also gekommen, Elefant?«

»Ja, ich bin gekommen, ich dachte, ich will mich wundern, wie die Schildkröte laufen kann.«

»Komm her, stelle dich gerade hierhin!«

Darauf stand der Elefant in der Mitte, die Schildkröte auf der einen Seite und ihre Frau auf der andern und der Elefant dazwischen.

»Nun, zu denn, Schildkröte, springe!«

»Hopp!« so machte die Schildkröte auf dieser Seite, als ob sie spränge.

»Ehe!« so machte das Weib auf der andern Seite. Der Elefant dachte:

»Ich muß doch einmal dort hinsehen«, und wirklich findet er die Schildkröte da.

»Der Tausend, das ging ja schnell, mache es doch noch einmal, denn ich habe es nicht gut sehen können.«

Darauf sagte nun die Frau Schildkröte auf der einen Seite:

»Hopp!« und der Elefant denkt: »Ich will schnell nach der andern Seite sehen«, und da hört er schon: »Ehe!« Da ist die Schildkröte wieder. Darauf sagte der Elefant:

»Nein, ich glaube jetzt, in diesem Stück bist du mir überlegen, aber Dauerlauf laufen, darin übertreffe ich dich nun wirklich.«

Da meinte die Schildkröte:

»Ich weiß nicht, vielleicht könnte ich auch das versuchen.«

»Na zu denn!«

»Jetzt hier geht es nicht, meine Beine sind noch angegriffen vom Springen, aber vielleicht kannst du morgen kommen.«

»Auch das, gut denn.«

»Dann mach dich morgen früh auf und komm hierher, denn von hier wollen wir unsern Dauerlauf anfangen.«

In der Nacht kam dann die Schildkröte und nahm ihre Kinder und Vettern und alle ihre Verwandten und versteckte sie am Wege, einen hier, den andern da. Sie sagte:

»Seht zu, wenn ihr merkt, daß der Elefant gekommen ist, dann tut so, als ob ihr auf dem Wege lauft und mit ihm um die Wette lauft.«

Als es dann Morgen wurde, erschien der Elefant und sagte:

»Schildkröte!«

Und die Schildkröte sagte:

»Hier!«

»Bist du da?«

»Ja.«

»Komm denn, wir wollen laufen.«

Darauf machte der Elefant seinen Dauerlauf: trab, trab, trab. Als er dann nach seiner Meinung eine Strecke gelaufen war, wollte er sehen, wie er die Schildkröte zurückgelassen hatte und rief ihr zu:

»Schildkröte!«

Zu seinem Schrecken hörte er die Schildkröte ganz vorne rufen:

»Hier!«

»Tausend ja!«

Und wieder nahm er einen Anlauf und lief und lief und lief. Als er ganz weit war, dachte er, er wollte sehen, wie er seinen Freund zurückgelassen hatte und sagte:

»Schildkröte!«

»Hier!« rief es von vorne. In dieser Weise ging es weiter, und so fiel es zu Ungunsten des Elefanten aus.

17. Der Hase und der Mensch

Ein Mann hatte sein Feld beackert, darauf Hirse und in der Mitte Erdnüsse gepflanzt. Da kam ein Hase wiederholt und fraß. Der Mann überlegte und sagte:

»Ich will eine Schlagfalle aufstellen!«

Als er sie aufgestellt hatte, ging er fort. Darauf kam der Hase zum Felde, sang und sagte:

»Er stellt eine Schlagfalle auf, weil er denkt, ich sei eine Maus, ich will sie ausreißen und vernichten.«

Als er gesungen hatte, riß er die Falle ein und warf sie fort. Alsdann ging er in den Garten, sang und sagte:

»Ich, Nacitangala, will fressen.«

Als er gefressen hatte, ging er weg. Am nächsten Morgen kam der Mann und fand, daß der Hase die Falle eingerissen und weggeworfen hatte. Da stellte er eine Strickfalle auf. Doch der Hase kam wieder, sang und sagte:

»Er stellt eine Strickfalle auf, weil er denkt, ich sei eine Maus, ich will sie ausreißen und vernichten.«

Als er gesungen hatte, riß er sie ein und warf sie fort. Er aber ging in den Garten, sang und sagte:

»Ich, Nacitangala, will fressen.«

Als er gefressen hatte, ging er fort. Als der Mann zu seinem Felde kam, fand er, daß der Hase die Falle eingerissen und weggeworfen hatte. Da stellte er eine Erdschollenfalle auf und ging nach Hause. Der Hase kam jedoch wieder zu dem Felde, sang und sagte:

»Er stellt eine Erdschollenfalle auf, weil er denkt, ich sei eine Maus, ich will sie einreißen und vernichten.«

Als er gesungen und die Falle eingerissen hatte, ging er auf das Feld, fraß Hirse, sang wieder und sagte:

»Ich, Nacitangala, will fressen.«

So fraß er die Hirse und verließ dann das Feld. Als der Mann auf sein Feld kam, fand er, daß der Hase wieder gefressen hatte.

Da er sich selbst nun nicht mehr helfen konnte, ging er und bat einen Wahrsager um Rat. Dieser sagte ihm:

»Nimm ein Stück Holz und schnitze daraus eine Figur gleich einer Frau, mache auch Brüste daran und verhülle ihren Kopf mit dem Tuche der Ehrfurcht! Einen Schemel stelle vor sie und daneben ein Gefäß mit Mehlbrei, den du zudecken mußt.«

Der Mann tat so, wie ihm der Wahrsager gesagt hatte. Dann ging er nach Hause. Als er weggegangen war, kam der Hase auf das Feld und sagte:

»Nun habe ich ihn doch überlistet!«

Als er die einem Menschen ähnliche, aus Holz geschnitzte Figur sah, da dachte er:

»Ich will hingehen und meine Schwiegermutter grüßen!«

Er fand aber, daß sie hölzern war und nicht redete. Da dachte er:

»Ich will den Mehlbrei aufdecken!«

Und so tat er auch. Er grüßte sie wieder, aber er fand, daß sie stumm blieb. Da sagte er:

»Ach so, sie will, daß ich etwas von dem Mehlbrei esse.«

Da aß er, grüßte sie wieder und fand, daß sie stumm blieb. Darauf überlegte er und sagte:

»Ich will gehen und ihr etwas Erdnüsse auswühlen!«

Als er zurückkam, grüßte er sie wieder, fand aber, daß sie stumm blieb. Da dachte er:

»Wahrscheinlich will sie, daß ich etwas davon esse.«

Da aß er davon, kaute etwas, tat es auf ein Baumblatt und reichte es ihr hin.

Er versuchte wieder, sie zu grüßen, aber er fand, daß sie stumm blieb. Da sagte er:

»Ich will den ganzen Mehlbrei aufessen!«

Da aß er ihn auf. Er versuchte wieder zu grüßen, aber er fand, daß sie nicht antwortete. Da stieg er auf den Stuhl. Der aber war mit Vogelleim bestrichen und dieser hielt ihn fest. Da sagte er:

»Ich will sie schlagen.«

Da gab er ihr eine Ohrfeige. Seine Hand jedoch blieb kleben. Da sagte er:

»Ich will ihr mit der anderen eine Ohrfeige geben.«

Da gab er ihr eine, aber die andere Hand blieb auch kleben. Da stieß er sie mit den Beinen, aber auch sie blieben kleben. Da stieß er sie mit der Brust, und sie blieb auch kleben. Da dachte er:

»Ich will sie beißen.«

Da biß er sie, doch die Zähne blieben auch kleben. Da kam am nächsten Morgen der Mann und fand, daß der Hase gefangen war. Er machte ihn los und gab ihn seinem Sohn, indem er sagte:

»Nimm den Hasen und bringe ihn nach Hause, senge ihm am Feuer die Haare ab, und mache mir die Leber zurecht, lege sie an die Herdstelle!«

Der Sohn nahm den Hasen und ging mit ihm nach Hause.

Unterwegs sagte der Hase zu dem Jungen:

»Was sagte dir dein Vater?«

»Mein Vater sagte mir: ›Gehe, und senge den Hasen die Haare am Feuer ab, die Leber mache für mich zurecht und lege sie an den Herd!‹«

»Wie es scheint, willst du eure Verwandten töten. Dein Vater sagte: ›Schlachte dem Hasen den Hahn!‹«

Als sie nach Hause gekommen waren, da schlachtete der Junge den Hahn. Der Hase aß ihn und wurde satt. Darauf sagte er:

»Gib mir eine Schlafmatte, ich will in der Veranda schlafen, im Hause habt ihr zu viel Rauch.«

Und der Knabe gab sie ihm. Der Hase nahm die Matte und überlegte, was er tun solle, indem er sagte:

»Er kommt, um mich zu töten.«

Als er überlegt hatte, holte er einen Stein und wickelte ihn in die Schlafmatte, die er in die Veranda gelegt hatte. Er selbst legte sich außerhalb des Hauses auf ausgebreitetes Gras.

Nach einiger Zeit kam der Vater nach Hause und sagte:

»Wo hast du die Leber des Hasen hingetan?«

Da antwortete der Sohn und sagte:

»Bist du es nicht, der dem Hasen gesagt hat, ich solle ihm den Hahn schlachten, den du den Ahnen geopfert hast?«

Da erschrak der Vater und sagte:

»Wo ist der Hase?«

Der Junge antwortete:

»Der liegt in der Veranda und schläft in der Matte.«

Da beruhigte der Vater seinen Sohn und sagte:

»Sei still!«

Und er nahm eine Axt und schlug auf den Stein. Der Hase aber rief:

»Du hast dich verschluckt!«

Und er lief endgültig fort.

18. Der böse Hase

Es war einmal ein Hase, der sah einen toten Elefanten; er öffnete ihm den Bauch, nahm die Eingeweide heraus und wusch sie. Dann sah er einen Baum und machte sich daraus einen großen Stock.

Darauf sah er ein Zebra, das Junge, hatte, und sprach:

»Ei, diese Jungen des Zebra sind gut zum Töten.«

Das Zebra erwiderte:
»O, Hase, diese meine Kinder möchtest du töten?«
Darauf sagte der Hase:
»Jawohl«, und er nahm seinen Stock und schlug damit ein Junges, daß es starb.
Der Hase floh, das Zebra verfolgte ihn. Er kroch in den Bauch des Elefanten und rief mit starker Stimme:
»Wer da? Wer da?«
Das Zebra antwortete:
»Ich bin es, ich laufe dem Hasen nach, der mir mein Kleines getötet hat.«
Da rief der Hase wiederum mit starker Stimme:
»Geht weg! Ihr könnt später streiten.«
Das Zebra ging weg.
Der Hase kam heraus, sah einen Leoparden mit seinen Jungen und sprach:
»Ho! Ho! Ho! Diese Jungen des Leoparden sind gut zum Töten.«
Der Leopard erwiderte:
»Hase, du möchtest diese meine Kinder umbringen?«
»Wer wird mir das verbieten?«
»Nun, bringe sie um, wir wollen sehen.«
Der Hase schlug ein Junges nieder, lief davon und flüchtete sich in den Bauch des Elefanten. Dann rief er mit starker Stimme:
»Wer da?«
Der Leopard antwortete:
»Ich bin es, ich laufe dem Hasen nach, der mir mein Kind ermordet hat.«
Der Hase schrie mit starker Stimme:
»Ihr werdet später mit uns streiten können.«
Der Leopard ging also weiter.
Der Hase kam heraus, schaute umher und sah, daß der Leopard fort war. Da ging er weiter und sah eine Löwin, die Junge hatte. Er sprach nun:

»Es ist mein inniger Wunsch, die Jungen des Herrschers zu töten.«

Die Löwin sprach:

»Du! Weißt du vielleicht, wessen Kinder das sind?«

Der Hase erwiderte:

»Ich sehe die Kinder, Ehrwürdige Gnaden.«

»Nun, wir wollen sehen, töte meine Kleinen!«

»Jawohl!« packte seinen Stock und fügte noch hinzu: »Gebt mir dieses große, damit ich es umbringe.«

»Potztausend, Hase! Willst du wirklich diese meine Kleinen umbringen?«

»Jawohl, sagt bloß: töten!«

»Diese da?«

Der Hase tötete eins von ihnen und floh. Die Löwin verfolgte den Hasen und verfolgte ihn mit aller Kraft.

Der Hase lief in den Bauch des Elefanten und rief mit starker Stimme:

»Wer da?«

»Ich bin's, mein Herr!« antwortete die Löwin. »Ich verfolge den Hasen, der mein Kind umgebracht hat.«

»Geh weg, du kannst später streiten.«

Und die Löwin ging weiter.

Der Hase kam heraus, und auf seinem weitern Wege sah er ein Mäuschen, das Junge hatte. Da sprach er:

»Oh, die Jungen der Maus wollen wir umbringen.«

Die Maus antwortete:

»Diese da? Ich habe vom Zebra gehört, daß der Hase sich auf den Straßen herumtreibt und alle Kleinen, die er trifft, samt den Müttern umbringt.«

Der Hase antwortete:

»Ich bin es. Mein Ruhm erschallt hier überall auf den Straßen.«

»Nun also willst du diese meine Kleinen töten?«

»Ich habe einen jungen Löwen umgebracht«, sagte der Hase, »und ich soll nicht drei von deinen winzigen Kleinen erwürgen können? Ich würde kaum merken, daß ich sie erwürgt habe. Es bedeutet mehr, einen einzigen jungen Löwen zu töten, als alle deine Kleinen mit dir, ihrer Mutter.«

Die Maus sprach:

»Versuche es mit einem, dann wollen wir sehen.«

Da erwürgte der Hase acht kleine Mäuschen und ergriff die Flucht. Die Maus verfolgte ihn und kroch hinter ihm in den Bauch des Elefanten. Da schlüpfte der Hase hinaus; die Maus folgte nach. Der Hase kroch wieder hinein; die Maus tat dasselbe hinter ihm her. Schließlich wurde der Hase müde, aber nicht die Maus. Sie packte ihn, nahm ihm den Stock und schlug ihn damit zu Tode, so daß der Hase starb.

19. Der Tausendkünstler der Ebene

Ein Mann und eine Frau bekamen zuerst einen Jungen, darauf ein Mädchen. Als das Mädchen zur Heirat gekauft worden war, sagten die Eltern zum Sohne:

»Nun haben wir eine Herde zu deiner Verfügung. Jetzt ist für dich der Augenblick gekommen, dir eine Frau zu nehmen. Wir werden dir eine hübsche Ehefrau aussuchen, deren Eltern ehrenwerte Leute sind.«

Doch er weigerte sich entschieden.

»Nein«, sagte er, »gebt euch nur keine Mühe. Die Mädchen, die es hier gibt, mag ich alle zusammen nicht leiden. Wenn ich durchaus heiraten soll, werde ich mir selbst aussuchen, was ich haben will.«

»Mach es, wie du willst«, sagten seine Eltern, »aber wenn du später Unglück hast, ist es nicht unsere Schuld.«

Er machte sich auf, verließ das Land und ging sehr, sehr weit in eine unbekannte Gegend. Als er in ein Dorf kam, sah er dort junge Mädchen, einige zerstampften Mais, andere kochten. Er traf im stillen eine Wahl und sprach bei sich:

»Die da gefällt mir.«

Dann ging er zu den Männern des Dorfes.

»Guten Tag, Väter«, sagte er.

»Guten Tag, junger Mann, was wünschest du?«

»Ich möchte eure Töchter ansehen, denn ich will mir eine Frau nehmen.«

»Schön, schön, wir werden sie dir zeigen, und du kannst dann wählen!«

Man führte sie alle an ihm vorüber und er bezeichnete die, welche er haben wollte. Sie gab auch sofort ihre Zustimmung.

»Deine Eltern werden uns wohl noch besuchen und uns selbst den Brautschatz bringen?« sagten die Eltern des jungen Mädchens.

»Ganz und gar nicht«, antwortete er, »ich habe meinen Brautschatz bei mir. Nehmt ihn, hier ist er!«

»Dann«, fügten sie hinzu, » werden sie aber doch später kommen, um dir deine Gattin zuzuführen?«

»Nein, nein, ich fürchte, sie würden euch nur kränken mit ihren harten Ermahnungen für das Mädchen. Laßt sie mich nur gleich mitnehmen.«

Die Eltern der Jungverheirateten willigten denn auch darin ein und nahmen sie nur noch einmal in einer Hütte beiseite, um ihr Verhaltungsmaßregeln zu geben:

»Sei gut gegen deine Schwiegereltern und pflege deinen Mann ordentlich!«

Dann boten sie den jungen Eheleuten noch eine jüngere Tochter an, die ihnen bei der Hausarbeit helfen sollte. Aber die Frau wies sie zurück. Darauf bot man ihr zwei an, zehn, zwanzig, die sie selbst wählen sollte.

»Nein«, beharrte sie, »ihr könnt mir den Büffel des Landes, unsern Büffel, geben, den Tausendkünstler der Ebene, der kann mir dienen.«

»Wieso denn«, sagten sie, »du weißt, daß unser aller Leben von ihm abhängt, hier wurde er gut genährt und gepflegt, aber was willst du im fremden Land mit ihm anfangen? Er wird hungern, sterben und wir alle werden dann mit ihm sterben.«

»Aber nein«, sagte sie, »ich werde ihn schon gut pflegen.«

Ehe sie ihre Eltern verließ, nahm sie noch einen Topf mit einem Päckchen medizinischer Wurzeln mit, ein Horn zum Schröpfen, ein kleines Messer zum Einschneiden und einen Flaschenkürbis voll Fett.

Dann brach sie auf mit ihrem Mann. Der Büffel folgte ihnen, er war aber nur ihr sichtbar. Der Mann sah ihn nicht, er hatte keine Ahnung, daß der Tausendkünstler der Ebene der Diener war, der seine Frau begleitete.

Als sie in das Dorf des Gatten zurückgekehrt waren, wurden sie mit Freudengeschrei empfangen:

»Hojo, hojo, hojo!«

»Nun sieh mal«, sagten die Alten, »nun hast du also doch eine Frau gefunden! Du hast keine von denen gewollt, die wir dir vorgeschlagen haben, aber das macht ja nichts, es ist schon gut so. Du hast deinen Kopf durchgesetzt. Wenn du einmal Feinde hast, darfst du dich nicht beklagen.«

Der Mann begleitete seine Frau auf die Felder und zeigte ihr, welches die seinen wären und welches die seiner Mutter. Sie merkte sich alles und kehrte mit ihm zum Dorfe zurück. Unterwegs aber sagte sie:

»Ich habe meine Perlen auf dem Felde verloren, ich muß umkehren, um sie zu suchen.«

In Wirklichkeit wollte sie nach dem Büffel sehen. Zu ihm sagte sie:

»Hier ist die Grenze der Felder. Bleibe hier! Und dann ist hier noch ein Wald, in dem du dich verstecken kannst.«

»Es ist recht«, antwortete er.

Wenn sie Wasser haben wollte, ging sie nur über die bestellten Felder und setzte den Krug vor dem Büffel nieder. Dieser lief damit an den See, schöpfte ihn voll und brachte seiner Herrin das volle Gefäß wieder. Wenn sie Holz haben wollte, ging er ins Dickicht, brach mit seinen Hörnern Bäume ab und brachte ihr, soviel wie sie brauchte. Die Leute im Dorf verwunderten sich.

»Was hat sie für Kraft«, sagten sie, »sofort ist sie immer wieder vom Brunnen zurück und in einem Augenblick hat sie immer ihr Bündel trockenes Holz gesammelt.«

Aber niemand ahnte, daß ein Büffel ihr zur Seite stand wie ein kleiner Bedienter.

Nur zu essen brachte sie ihm nichts, denn sie hatte nur einen Teller für sich und ihren Mann. Ja, zu Hause, da hatte man für den Tausendkünstler besonders einen Teller gehabt und ernährte ihn sorgfältig. Hier hatte der Büffel Hunger. Sie brachte ihm ihren Krug und schickte ihn ans Wasser, er ging auch hin, aber den quälenden Schmerz des Hungers fühlte er doch.

Sie zeigte ihm eine Ecke im Gestrüpp, die er urbar machen sollte. In der Nacht nahm der Büffel eine Hacke und machte ein weites Feld daraus.

»Wie geschickt ist sie«, sagte jeder, »und wie schnell hat sie gearbeitet!«

Abends aber sagte er zu seiner Herrin:

»Ich habe Hunger, und du gibst mir nichts zu essen, ich kann bald nicht mehr arbeiten!«

»Ach weh«, sagte sie, »was mache ich nur? Wir haben nur einen Teller im Hause. Die Leute hatten recht bei uns, wenn sie sagten, du müßtest anfangen zu stehlen; ja, stiehl doch! Gehe hier in mein Feld und nimm dir hier und da eine Bohne! Dann gehe wieder weiter! Raube nicht alle vom selben Fleck, dann werden die Besitzer es vielleicht gar nicht allzusehr gewahr und werden nicht gleich vor Schreck umfallen.«

Während der Nacht kam der Büffel. Er verschlang hier eine Bohne und da eine, sprang von einer Ecke in die andere und floh schließlich wieder in sein Versteck. Als die Frauen am nächsten Morgen auf die Felder kamen, trauten sie ihren Augen nicht:

»Heh, heeeh, was ist hier los? So etwas haben wir noch nicht erlebt! Ein wildes Tier hat unsere Anpflanzungen vernichtet! Man kann seine Spuren verfolgen. Hoh, das arme Land!«

Sie liefen zurück und erzählten im Dorf die Geschichte.

Abends sagte die junge Frau zum Büffel:

»Sie waren ja sehr bestürzt, aber doch nicht allzusehr. Auf den Rücken gefallen sind sie nicht. Dann stiehl diese Nacht nur weiter!«

Und so geschah es. Die Besitzerinnen der verwüsteten Felder schrien laut, sie wandten sich an die Männer und baten sie, ihnen die Wächter mit Flinten zu holen.

Nun war der Mann der jungen Frau ein sehr guter Schütze. Er stellte sich in seinem Feld auf die Lauer und wartete. Der Büffel dachte, daß man ihm da, wo er den Abend vorher gestohlen hatte, vielleicht auflauern würde, und ging zu den Bohnen seiner Herrin, da wo er zuerst gegrast hatte.

»Halt«, sagte der Mann, »das ist ein Büffel. Den hat man hier noch nie gesehen, das ist ein fremdes Geschöpf.«

Er schoß. Die Kugel drang dicht beim Ohr in die Schläfe ein und kam auf der anderen Seite an der entsprechenden Stelle wieder heraus. Das »Wundertier der Ebene« überschlug sich und fiel tot nieder.

»Das war ein guter Schuß!« rief der Jäger und verkündete es im Dorf.

Nun fing die Frau an zu jammern und sich zu winden:

»Oh, ich habe Leibschmerzen, oh, oh!«

»Beruhige dich«, sagte man ihr. Sie schien krank zu sein, aber in Wirklichkeit wollte sie nur erklären, warum sie so weinte und so bestürzt war, als sie von dem Tode des Büffels hörte. Man gab ihr Medizin, aber sie goß sie weg, ohne daß die anderen es sahen.

Alles machte sich auf, Frauen mit Körben, Männer mit Waffen, um den Büffel zu zerstückeln. Sie blieb allein im Dorf zurück. Aber bald ging sie ihnen nach, hielt sich den Leib, wimmerte und schrie.

»Was fällt dir ein, hierher zu kommen«, sagte ihr Mann, »wenn du krank bist, bleibe doch zu Hause!«

»Nein, allein wollte ich nicht im Dorf bleiben.«

Ihre Schwiegermutter schalt und sagte, sie wisse gar nicht, was sie täte, den Tod könnte sie sich hiervon holen. Als sie die Körbe mit Fleisch gefüllt hatten, sagte sie:

»Laßt mich den Kopf tragen!«

»Nein doch, du bist krank, der ist viel zu schwer für dich.«

»Nein«, sagte sie, »laßt mich nur!«

Sie lud ihn auf und trug ihn. Im Dorfe angelangt, ging sie, anstatt ins Haus zu treten, in den Verschlag, wo die Kochtöpfe standen und legte hier den Kopf des Büffels ab. Hartnäckig blieb sie auch da. Ihr Mann suchte sie, um sie in die Hütte zu holen, er sagte, dort wäre sie besser aufgehoben. Aber sie entgegnete ihm nur hart:

»Störe mich nicht!«

Dann kam ihre Schwiegermutter und sprach ihr sanft zu.

»Warum quält ihr mich?« sagte sie unfreundlich, »wollt ihr mich denn gar nicht ein wenig schlafen lassen?«

Man brachte ihr Nahrung, aber sie stieß sie von sich. Die Nacht kam. Ihr Mann ging zur Ruhe, aber er schlief nicht, sondern horchte hinaus.

Sie holte sich Feuer, kochte in ihrem kleinen Topf Wasser und schüttete da hinein das Paket Medizin, das sie mitgebracht hatte. Dann nahm sie den Kopf des Büffels und machte mit ihrem Rasiermesser Einschnitte vor dem

Ohr, an der Schläfe, da, wo die Kugel das Tier getroffen hatte. Dort setzte sie das Schröpfhorn an und sog, sog aus Leibeskräften und es gelang ihr, erst einige Stücke geronnenes Blut herauszuziehen und dann flüssiges Blut. Hierauf setzte sie die fragliche Stelle dem Wasserdampf aus, der aus dem Kochtopf kam, nachdem sie sie ganz und gar mit dem Fett, das sie im Flaschenkürbis aufbewahrte, eingerieben hatte. Das linderte. Dann sang sie so:

»Ach, mein Vater, Tausendkünstler der Ebene,
Wohl haben sie es mir gesagt, wohl haben sie es mir gesagt, Tausendkünstler der Ebene,
Sie haben mir gesagt: Du wirst durch tiefe Finsternis gehen, nach allen Seiten wirst du durch die Nacht irren, Tausendkünstler der Ebene;
Du bist die junge Wunderbaumpflanze, erwachsen aus Trümmern, die vor der Zeit stirbt, aufgezehrt von einem nagenden Wurm...
Du ließest Blumen und Früchte auf deinen Weg fallen, Tausendkünstler der Ebene!«

Als sie ihre Beschwörungsformel beendet hatte, rührte sich der Kopf, die Glieder wuchsen wieder, der Büffel fühlte sich wieder lebendig werden, schüttelte Ohren und Hörner, richtete sich auf und streckte seine Glieder.

Da aber trat ihr Mann heraus, der in der Hütte nicht schlafen konnte, und sagte:

»Was hat nur meine Frau so lange zu weinen? Ich muß nachsehen, warum sie diese Seufzer ausstößt!« Er trat in den Verschlag und rief sie. Aber im höchsten Zorn antwortete sie:

»Laß mich!«

Doch da fiel der Kopf des Büffels wieder zur Erde, tot, durchbohrt, wie vorher.

Der Mann kehrte in die Hütte zurück, er hatte nichts von alledem verstanden und nichts gesehen. Darauf nahm sie von neuem den Kochtopf, kochte die Medizin, machte

Einschnitte, setzte den Schröpfkopf an, setzte die Wunde dem Dampf aus und sang wie vorher:
»Ach, mein Vater, Tausendkünstler der Ebene,
Wohl haben sie es mir gesagt, wohl haben sie es mir gesagt, Tausendkünstler der Ebene,
Sie haben mir gesagt: Du wirst durch tiefe Finsternis gehen, nach allen Seiten wirst du durch die Nacht irren, Tausendkünstler der Ebene;
Du bist die junge Wunderbaumpflanze, erwachsen aus Trümmern, die vor der Zeit stirbt, aufgezehrt von einem nagenden Wurm...
Du ließest Blumen und Früchte auf deinen Weg fallen, Tausendkünstler der Ebene!«

Noch einmal wieder richtete sich der Büffel auf, seine Glieder wuchsen wieder, er fühlte sich wieder lebendig werden, schüttelte seine Ohren und Hörner, reckte sich – da kam wieder der Mann, beunruhigt, um nachzusehen, was seine Frau machte. Da wurde sie zornig gegen ihn. Er aber ließ sich in dem Verschlag nieder, um zu beobachten, was da vorging. Da aber nahm sie ihr Feuer, ihren Kochtopf, alle übrigen Gegenstände und ging hinaus. Dann riß sie Gras aus, um die Glut anzufachen, und begann ein drittesmal, den Büffel vom Tode zu erwecken.

Der Morgen brach schon an, da kam ihre Schwiegermutter – und wieder fiel der Kopf zur Erde. Der Tag erschien, und die Wunde verschlimmerte sich.

Sie sagte zu ihnen:

»Ich möchte ganz allein im See baden gehen.«

Man antwortete ihr:

»Aber wie wirst du denn dort hinkommen, du bist doch krank.«

Sie machte sich trotzdem auf den Weg, kam wieder zurück und sprach:

»Unterwegs habe ich einen von zu Hause getroffen, er sagte mir, daß meine Mutter sehr, sehr krank sei. Ich sagte ihm, er solle bis hierher zum Dorf kommen, er weigerte sich aber und sagte: ›Man wird mir Nahrung anbieten, und das würde mich nur aufhalten.‹ Er ist sofort weitergegangen und sagte mir noch, ich solle mich beeilen, aus Furcht, daß meine Mutter vor meiner Ankunft sterben könnte. Lebt also wohl, ich gehe fort!«

Das waren natürlich alles Lügen. Sie hatte den Gedanken, an den See zu gehen, gehabt, um diese Geschichte einzufädeln und einen Grund zu haben, um den Ihren die Nachricht vom Tode des Büffels zu bringen.

Sie ging fort, den Korb auf dem Kopf und auf dem ganzen Weg den Schlußvers des Tausendkünstlers der Ebene singend. Überall, wo sie vorüberkam, rotteten sich hinter ihr die Leute zusammen und begleiteten sie ins Dorf. Da tat sie ihnen kund, daß der Büffel nicht mehr lebte.

Da sandte man nach allen Richtungen Boten aus, um die Bewohner des Landes zu versammeln. Sie machten der jungen Frau schwere Vorwürfe und sagten:

»Siehst du wohl? Wir hatten es dir gesagt. Du wiesest aber alle jungen Mädchen zurück und wolltest durchaus den Büffel haben. Jetzt hast du uns alle getötet!«

So weit waren sie, als der Mann, der seiner Frau in das Dorf gefolgt war, erschien. Er lehnte seine Flinte gegen einen Baumstamm und setzte sich. Sie begrüßten ihn, indem sie riefen:

»Sei gegrüßt, Verbrecher, sei gegrüßt! Du hast uns alle getötet.«

Er verstand das nicht und fragte sich, wie man ihn Mörder und Verbrecher nennen könnte.

»Einen Büffel habe ich wohl getötet«, sagte er, »aber das ist auch alles.«

»Ja, aber dieser Büffel war der Beistand deiner Frau. Er schöpfte Wasser für sie, schnitt Holz, arbeitete im Felde.«

Ganz erstaunt sagte der Mann:

»Warum habt ihr mich das nicht wissen lassen, dann hätte ich ihn nicht getötet.«

»So ist es nun einmal«, fügten sie hinzu, »unser aller Leben hing von ihm ab.«

Darauf begannen sie alle, sich den Hals abzuschneiden, als erste die junge Frau, indem sie rief:

»Ach, mein Vater, Tausendkünstler der Ebene!«

Dann kamen ihre Eltern, Brüder, Schwestern, einer nach dem andern. Der eine sagte:

»Du wirst durch Finsternis gehen!«

Der andere:

»Du wirst nach allen Seiten durch die Nacht irren!«

Ein anderer:

»Du bist die junge Wunderbaumpflanze, die vor der Zeit stirbt!«

Noch ein anderer:

»Du ließest auf deinen Weg Blumen und Früchte fallen!«

Alle schnitten sich den Hals ab und richteten selbst die kleinen Kinder hin, die man noch in Fellen auf dem Rükken trug.

»Denn«, sagten sie, »warum sollen wir sie leben lassen, da sie doch nur den Verstand verlieren würden!«

Der Mann kehrte nach Hause zurück und erzählte den Seinen, wie er dadurch, daß er den Büffel erschossen, sie alle getötet hätte. Seine Eltern sagten ihm:

»Siehst du wohl, sagten wir dir nicht, daß Unglück über dich kommen würde? Als wir dir anboten, dir eine passende und kluge Frau auszusuchen, wolltest du nach deinem Kopf gehen. Jetzt hast du dein Vermögen verloren. Wer wird es dir wiedergeben, da doch alle tot sind, die ganzen Verwandten der Frau, denen du dein Geld gegeben hast!«

Das ist das Ende.

20. Sabulana, die Freundin der Götter

Die Leute von Machaquene pflegten den Sumpf und die Hügel zu beackern. Ihre Felder brachten viele Jahre lang im Überfluß Ertrag, aber niemals brachten sie ihren Göttern ein Opfer dar.

Und wieder in einem Jahr ackerten sie und pflanzten, aber nichts wuchs. Hungersnot brach aus, weil nichts wuchs. Da zogen sie fort, siedelten sich auf dem Hügel an und säten dort allerhand. Aber auch da wollte nichts wachsen.

Da nahmen die Männer des Landes eines schönen Tages ihre Hunde und gingen auf die Jagd. Sie stöberten mehrere Feldtiere auf, die Hunde verfolgten sie, und sie flüchteten in die Sümpfe. Die Jäger machten sich an die Verfolgung, und als sie ankamen, bemerkten sie, daß das, was sie früher gepflanzt hatten, jetzt gewachsen war. Als sie nun aber ein Zuckerrohr abbrechen wollten, um es auszusaugen, ließ es sich nicht abbrechen.

Sie versuchten eine Kartoffel auszureißen, um hineinzubeißen, unmöglich. Sie wollten Bananen pflücken, die aber ließen nicht los.

Da traten aus dem nächsten Wald die Götter heraus und verjagten sie. Zuerst fielen sie über den Häuptling her, sprangen dann auf seinen Ratgeber los, dann auf alle seine anderen Untertanen. Da flohen sie alle. Die Götter riefen ihnen zu:

»Wer hat euch die Erlaubnis gegeben, hierher zu kommen und hier herumzuwühlen, Zuckerrohr abzubrechen und Kartoffeln auszureißen! Hütet euch heute, wir halten euch fest!«

Die Leute rannten, brachten sich gegenseitig zu Fall, ohne es zu wollen, und stürzten kopfüber hin. Sie kamen zu Hause an und erzählten, was ihnen geschehen war. Dann gingen sie schlafen.

Am andern Morgen bei Tagesanbruch ließen die Frauen ihren Weckruf ertönten, indem sie sich gegen die Lippen schlugen: »Bu-bu-bu-bu-bu!« und sagten:

»Laßt uns zum trockenen Holz gehen!«

Sie kamen auf das Feld, an den Ort, wo vertrocknete Bäume standen und sammelten Äste, um sie zusammen zu bündeln. Sie nahmen Schnüre, breiteten sie auf der Erde aus und häuften das Holz darüber. Dann fingen sie an, noch kleine Zweige zu suchen, um ihre Schnüre recht straff anzuziehen, indem sie sie drehten, so daß ihre Bündel gut befestigt waren.

Die Älteste wollte diese kleinen Zweige brechen und kam an einen Baum, von dem etwas Wasserähnliches herunterfloß. Es tropfte auf ihre Hand. Sie sagte:

»Halt, was für eine Flüssigkeit kommt denn hier herunter?«

Sie kostete, es war Honig. Sie sagte bei sich:

»Woher kommt dieser Honig?«

Sie sah an dem Baumstamm in die Höhe: er war üppig gewachsen, dicht belaubt, und da entdeckte sie wirklich in einem Loch Honigwaben. Sie griff hinein... – da brach ihre Hand ab und blieb oben kleben!

Sie schwieg, versteckte ihren verstümmelten Arm und rief eine andere Frau, zu der sie sagte:

»Du, komm doch einmal her und schneide einige kleine Stöcke hier ab, dann können wir zusammen nach Hause zurückkehren.«

Die andere kam.

»Ich habe dich gerufen«, sagte die Alte, »weil auf diesem Baum Honig ist. Siehst du ihn?«

Die Junge faßte mit der Hand hinein. Aber als sie davon nehmen wollte, brach ihre Hand ab. Sie schrie:

»Oh, oh, was für ein Unglück!«

»Schweig!« erwiderte die Alte, »sieh mich an, mir ist es gerade so ergangen.«

Dann riefen sie die anderen Frauen. Eine nach der anderen faßte mit der Hand hinein: Alle Hände brachen ab!

Nur ein junges Mädchen, mit Namen Sabulana, war noch übrig. Sie riefen sie, aber sie weigerte sich zu kommen.

»Meint ihr, ich wüßte nicht, daß ihr beim Wald-Schrat da seid? Vorwärts! Ich werde euch eure Bündel zusammenschnüren und sie euch auf den Kopf geben, und dann können wir gehen.«

So geschah es denn. Sie trug ebenfalls ihr Holz und unterwegs begann sie:

»Oh, oh, oh, diese Verstümmelten, diese Verstümmelten!«

Im Dorfe angekommen, sang sie noch:

»Diese Verstümmelten, diese Verstümmelten!«

Die Männer aus dem Dorf sagten zu ihr:

»Was bedeutet das, was du da singst: diese Verstümmelten?«

Sie antwortete:

»Seht euch doch eure Frauen an, die sind in einem schönen Zustand. Da sie keine Hände mehr haben, laßt sie in einer Hütte zusammen schlafen, und ihr könnt die ganze Nacht unausgesetzt die Zauberwürfel werfen.«

Nun bezeichneten die Zauberwürfel gerade Sabulana als die, die ins heilige Holz gehen sollte, um zu opfern. Ihre Mutter wehrte sich dagegen und sagte:

»Gibt es nicht genug andere Erwachsene, die sich dieser Aufgabe unterziehen könnten?«

Aber Sabulana sagte:

»Laß nur, Mutter!«

Als der Tag anbrach, versammelten sich die Leute des Landes ganz früh und gingen in den heiligen Wald. Sie setzten sich draußen davor hin und wagten nicht, hineinzugehen. Nur Sabulana drang hinein und fand alle Götter versammelt. Sie gaben ihr einen Sitz, darauf nahm sie

Platz, sie begrüßten sie, sie erwiderte den Gruß. Sie sagten zu ihr:

»Wie kommt es, daß du es wagst, hierherzukommen, während die gereiften Männer Furcht haben? Sage uns, was du hier willst?«

Sie antwortete, also singend:

»Ich bin Sabulana! Ich bin Sabulana,
Tochter der Steppe!
Ich bin die Tochter der Steppe,
Ich bin Sabulana, Sabulana.«

Darauf sagte der eine Gott zu seinem Gefährten:

»Sag einmal, weißt du noch, was sie eben gesungen hat?«

Der andere sagte:

»Potztausend nein, ich habe es vergessen.«

Und alle fügten hinzu:

»Ich habe es auch vergessen.«

Sie baten sie von neuem anzufangen, und sie sang wieder:

»Ich bin Sabulana, die Tochter der Steppe.«

Darauf nahmen sie Mais und alle Erzeugnisse des Sumpfes, Kürbisse, Reis und alle Arten Reichtümer und gaben sie ihr. Die Götter riefen ihre Kinder, daß sie diese Schätze vor den Wald hinaustragen sollten, denn die Männer hatten nicht gewagt, hineinzukommen. Und sie sagten zu dem jungen Mädchen:

»Sage deinen Leuten, daß sie dies alles im Dorf verteilen sollten.«

Sie trat aus dem Wald heraus und befahl den Leuten, ihr zu helfen. Sie gehorchten und darauf bekamen alle Frauen ihre Hände wieder.

Sabulana kehrte in den heiligen Wald zurück. Die Götter sagten:

»Erkläre deinem Volk, daß sie gesündigt haben, weil sie die Felder bebaut und geerntet haben, ohne uns Ehrerbietung zu beweisen. Aber jetzt mögen sie mit Körben und Säcken kommen, um Vorräte einzusammeln, jeder soviel, wie sein Kopf tragen kann. Denn jetzt sind wir glücklich, daß sie wieder zu uns beten.«

Eines Tages drang sie wieder in den Wald ein, und sie sagten zu ihr:

»Tue ihnen noch kund, daß wir erzürnt sind auf unsere Kinder, weil sie aßen und uns nichts opferten. Wer, meinst du, hinderte den Mais am Wachsen? Das kommt, weil ihr so oft gesündigt habt. Und ebenso, als ihr zum Jagen kamt und die Hunde die wilden Tiere bis in den Sumpf verfolgten: Wie habt ihr es wagen können, die Erzeugnisse der Felder aufzusammeln und darin mit den Händen herumzuwühlen?«

Sie ging und teilte ihnen alles mit.

Sabulana war die Tochter eines kleinen Häuptlings, sie war aus königlicher Familie. Nun gab man ihr und ihrer Mutter die Königswürde über das ganze Land.

Das ist das Ende.

21. Märchen von Chuveane

Chuveane hütete seines Vaters Schafe und Ziegen. Den Eltern aber fiel es auf, daß er nur so wenig Milch ins Haus brachte. Noch vor einiger Zeit war es um die Hälfte mehr gewesen.

»Was tut der Junge nur mit der Milch?« sprach eines Tages der Vater zur Mutter, »ich will doch einmal gehen und sehen.«

Er schlich also dem Sohne nach. Der aber saß unter einem Nußbaum und hielt ein Kind in seinen Armen. Das weinte und Chuveane tröstete es:

»Morulachen klein, weine nicht; Morulachen mein, weine nicht!«

Der Vater erschrak. Er wußte nicht, wie sein Sohn zu dem Kinde gekommen sein konnte; er hatte doch keine Mutter dazu. Chuveane aber hatte das Kind aus Lehm geformt, ihm Odem eingeblasen und säugte es nun mit der Milch, die er heimlich seinen Eltern entwendete. Eiligst lief der Alte zu seinem Weibe und erzählte ihr, was er gesehen und gehört. Die kam nun sofort herbei, sich selbst von der Sache zu überzeugen. Und richtig, es war so, wie der Alte ihr erzählt hatte. Da saß Chuveane mit dem Wunderkind, streichelte und päppelte es wie eine zärtliche Mutter.

Doch etwas mußte geschehen. Es war ja unerhört, daß ein Kind in dieWelt kam ohne Mutter. So etwas konnte doch nicht mit rechten Dingen zugegangen sein. Eines Tages, als der Sohn auf dem Felde bei der Herde sich befand, machten sich denn auch die beiden Alten über den Säugling her, wickelten ihn in ein altes Fell und versteckten ihn zwischen Töpfen, Holz und altem Gerümpel, das unter dem hervorstehenden Strohdach der äußerst niedrigen Hütte draußen aufgespeichert war. Als Chuveane am Abend vom Hüten nach Hause gekommen war, saß er wohl auf seinem alten Platz an der Herdstelle am offnen Feuer auf dem Hof wie immer; aber sein Gesicht schien sehr traurig; auch sprach er kein Wort.

»Was fehlt dir, mein Sohn?« fragte der Alte. Ein Kopfschütteln war die Antwort.

»Warum bist du so traurig, Kind?« fragte die Mutter. Aber er antwortete nicht.

»Junge, das Holz ist alle, lauf, hole mir ein paar Scheite von der Veranda!« befahl die Alte.

Er kroch auf allen Vieren unter das niedrige Dach, das Gewünschte zu holen. Da gewahrte er ein sonderbares Bündel zwischen den Töpfen und dem Brennholz. Etwas bewegte sich darin. Seine Mutter hatte ihm aufmerksam nachgeschaut.

»Sieh da«, sagte sie jetzt zu ihrem Eheherrn, »der Junge lacht; er hat das Kind gefunden!«

Die Eltern hinderten ihn fortan nicht mehr, das Morulachen zu pflegen. Daß das Kind aber, ohne eine Mutter zu haben, in die Welt gekommen sein sollte, dies Wunder konnten sie nicht begreifen; da mußte doch wohl eine recht böse Zauberei im Spiel sein.

Chuveane hütete fleißig seines Vaters Herde, wie bisher, und kümmerte sich nicht um das Gerede der Leute, die gar bald von dem Wunderkind gehört hatten. Seinem Vater aber fiel es auf, daß sich sein Viehbestand nicht so vermehrte, wie es zu erwarten gewesen wäre. Ob Schaf oder Ziege, sie brachten stets nur *ein* Junges zur Welt und nicht mehr – wie es oft geschehen war – zwei oder gar drei auf einmal. Chuveane wußte darüber keine befriedigende Auskunft zu geben. Daher folgte ihm sein Vater am nächsten Morgen von ferne, während der Junge die Herde zur Weide trieb. Verwundert sah der Alte, wie alle Schaf- und Ziegenmütter laut meckernd den großen Termitenhaufen zuliefen. Sein Erstaunen wuchs, als er aus den ausgehöhlten Erdhaufen das Schreien von Lämmchen vernahm, die stürmisch nach ihren Müttern verlangten. Das litt ihn nicht länger in seinem Versteck. Er sprang hervor, öffnete die ausgehöhlten, mit Steinen verschlossenen Termitenhaufen und ergriff die Lämmer, sie zu ihren Müttern zu führen.

Da er aber die einzelnen nicht unterscheiden konnte, gab es ein wirres Durcheinander, und Chuveane, bereits erbost, wurde dadurch noch aufgeregter, erhob seine Hand gegen seinen Vater und schlug ihn. Am Abend desselben Tages kam zum ersten Male die ganze, volle Herde ins Dorf und erregte den Neid aller Einwohner. Als diese den Staub der heranziehenden großen Schaf- und Ziegenschar aufsteigen sahen, schüttelten sie die Köpfe und fragten den Alten:

»Sage an, wo hast du mit einem Male die übergroße Herde her?«

»Mein Sohn hat sie bisher in den Termitenhaufen versteckt gehalten«, war die Antwort, »heute lief ich ihm nach und kam auf diese Weise hinter seine Schliche.«

Damit erzählte er die ganze Geschichte. Da steckten sie abermals die Köpfe zusammen und sagten:

»Das geht keineswegs mit rechten Dingen zu; der Junge ist ein Zauberer!«

Und zu seinem Vater sagten sie:

»Den müssen wir aus der Welt schaffen, denn erstens hat er ein Kind und keine Mutter dazu, zweitens ist auch die Lämmergeschichte nichts weiter als Zauberei; der bezaubert uns schließlich noch alle, das Dorf geht zugrunde, und wir kommen alle um. Da ist ein Gifttrank, den schütte in seine Milch, daß er trinke und sterbe!«

Am Abend nun, als der so übel beleumundete Jüngling an seinem üblichen Platz am Herdfeuer auf dem Hofe hockte, kam seine Mutter mit einem Töpfchen Milch.

»Trinke, mein Sohn!« sprach sie und reichte ihm den Gifttrank.

Er griff danach und schüttete ihn auf den Lehmflur des mit Rutenzaun umgebenen Hofes.

»Er hat's gemerkt«, murmelten die Alten.

Die Dorfbewohner aber hielten abermals Rat und kamen überein, sein Vater müsse auf Chuveanes Platz an der Herdstelle eine tiefe Grube graben und sie leicht zudekken. Alsdann würde er abends dahinein stürzen und könnte ohne Aufsehen unschädlich gemacht werden. Der Mann führte den Auftrag aus. Aber als der Jüngling abends nach Hause kam, drängte er sich zwischen seine Geschwister, die rechts und links von der leichtbedeckten Grube am Herdfeuer saßen. Das gab ein kräftiges Schieben, bis schließlich der neben der Menschenfalle sitzende Bruder mit lautem Schrei hineinstürzte.

Die lieben Nachbarn jedoch fuhren unermüdlich fort, neue Anschläge gegen das Leben des zum Zauberer erklärten Jünglings zu ersinnen. Der aber blieb unbekümmert, freute sich des Wunderkindes und hütete nach wie vor seines Vaters Herde. Im Toreingang des väterlichen Dorfteils nun wurde eine tiefe Grube gegraben, die dann leicht überdeckt wurde und mit Erde überschüttet. Allen Einwohnern wurde geboten, auf Seitenwegen die Herden einzutreiben, nur Chuveane sollte durch die Pforte eingehen und in die Grube fallen. Da kam er an vom Felde, fröhlich, nichts ahnend. Als er aber das Dorftor sah, wußte er schon Bescheid. Und zur höchsten Verwunderung der lauernden Nachbarn sprangen alle Schafe und Ziegen in einem Satz über die gefährliche Stelle, und der gehaßte Jüngling tat dasselbe.

Das Mißlingen auch dieses Anschlages ärgerte die Leutchen doch sehr.

Aber noch einmal wollten sie es versuchen. Endlich mußte es ihnen ja doch gelingen.

»Laßt uns«, so sprachen die Leute, »jetzt einen bewaffneten Mann in eine große Garbe stecken. Wenn dann Chuveanes Vater am Abend sagt: ›Junge, hole mir die Grasgarbe, die dort unterm Baum steht!‹ so soll der Mann in der Garbe den Zauberer totstechen.«

Gesagt, getan. Am Abend sprach der Alte zu seinem Sohne:

»Dort unterm Baum steht die Grasgarbe, geh' und hole sie!«

Sofort erhob er sich, nahm aber einen Speer und noch einen und noch einen und nahm auch den runden Büffelschild in die linke Hand.

»Was bedeutet das, warum gehst du mit Waffen, das Gras zu holen?« fragte erschreckt der Vater.

»Oh, nichts«, war die Antwort.

Dann schleuderte er den Wurfspieß in die Grasgarbe.

Der Mann in der Grasgarbe stieß einen Angstschrei aus und versuchte auszureißen, Chuveane hinterdrein.

»Helft mir, helft mir!« rief er, »meines Vaters Grasgarbe reißt aus.«

Und dabei schleuderte er den zweiten Speer. Das helle Blut floß aus der davoneilenden Grasgarbe. Da kehrte er zurück und sagte:

»Deinen Auftrag, Vater, kann ich nicht ausführen; die Grasgarbe ist mir davongelaufen!«

Da merkten die Leute, daß man ihm nicht beikommen konnte.

Der bisher Verfolgte gewann jetzt die Oberhand und begann nun, die Dorfbewohner zu narren. Eines Tages fand er auf dem Felde ein totes Zebra. Er setzte sich darauf und hütete von hier aus die Herde. Als er am Abend nach Hause kam, fragten sie ihn:

»Wo hast du heute gehütet?«

»Am Streifchen-Hügelein«, gab er zur Antwort; »da war's sehr schön!«

Am zweiten Abend fragten sie ihn wieder, ebenso am dritten und vierten, jedesmal sagte er:

»Am Streifchen-Hügelein, da war's sehr schön!«

Eines Tages aber, als er auf dem von der Sonne aufgedunsenen Zebrakadaver saß, geschah es, daß der unter ihm zerplatzte. Als er diesmal daheim gefragt wurde: »Wo hast du heute gehütet?« gab er zur Antwort:

»Am Bruchhüglein war ich heute!«

Da wurden sie ärgerlich und sagten:

»Was für schnurrige Namen alle deine Hügel haben, du bindest uns Bären auf; morgen wollen wir mitgehen, deine Hügel zu sehen.«

Das taten sie auch und er zeigte ihnen das tote Zebra:

»Hier ist der Streifchenhügel!«

»Wie, du narrst uns wohl? Zeige uns auch den Bruchhügel!«

»Ihr steht ja vor ihm«, antwortete er.
»Wo?« fragten sie.
»Seht ihr denn nicht den zusammengesunkenen Zebrakadaver? Das ist das Bruchhügelein.«
»Chuveane, du bist kein Kind mehr, siehst du nicht, daß dies ein Stück Wild ist? Wenn man dergleichen findet, so macht man einen Verhau aus Baumästen gegen Raubtiere, geht nach Hause und ruft die Leute, damit sie mit Körben das Fleisch holen.«
»Gut«, antwortete Chuveane, »das nächstemal mache ich es besser.«
Nun fand er eines schönen Tages ein kleines, totes Vögelein. Es war ein Fingerglied lang. Sofort griff er zum Beil, schlug reichlich Äste und Sträucher und türmte sie auf zu einer mächtigen Hecke rings um das Vögelein. Dann eilte er nach Hause, rief die Leute zusammen und sprach:
»Kommt herbei, ich habe ein totes Tier gefunden und mit einem dichten Gehege umgeben, wie ihr geheißen; eilt nun herbei mit Körben und holt euch das Fleisch!«
Da zogen sie alle aus, Männer, Frauen und Kinder. Die Frauen und Mädchen trugen auf ihren Häuptern mächtige Körbe. Das Wort »Fleisch« hatte sie alle gleichsam elektrisiert. Von weitem schon sahen sie die hohe Umzäunung.
»Sicher ein sehr großes Wild«, sagten sie.
An Ort und Stelle angekommen, reckten sie sich die Hälse aus.
»Wo ist denn das Wild, das du da eingehegt hast?« fragten sie.
»Ihr seht auch gar nichts«, antwortete Chuveane, »da liegt's ja!«
»Ach, ein Kolibri«, stotterten sie enttäuscht.
»Aber das ist ja kein Wild, das hängt man sich einfach um den Hals zum Schmuck!« sagten die Männer.
»Gut«, antwortete er, »das nächstemal mache ich es besser.«

So kam er denn kurze Zeit darauf nach Hause, ein Rehböcklein am Halsband hängend.

»Hier«, rief er, »das ist ja wohl nach eurem Rat von neulich.«

Da schalten sie ihn und sagten:

»Mit dir ist nichts anzufangen, du bist verkehrt.«

Er aber narrte sie noch manchesmal, bis sie müde wurden, ihm Ratschläge zu erteilen.

Chuveane aber wurde berühmt. Etliche sagen, es sei der große Gott selbst, der die Berge, Flüsse und Wälder geschaffen. Andere Stämme aber sagen, das sei nicht wahr. Der große Gott, Chuveane mit Namen, sei nach seiner Schöpfungstat verschwunden, so daß man ihn nicht mehr sieht. Der aber, von dem alle die hier berichteten Geschichten erzählt werden, sei sein Sohn Chutswane, der auch einmal wieder kommen werde, die Menschen zu Glück und Wohlergehen zu führen.

22. Das Märchen von der Schildkröte

Es war einmal eine alte Frau, die hatte einen Baumgarten. Darin stand ein großer Baum, der sehr reif war. Nun versammelten sich alle Tiere, sandten einander der Reihe nach und sagten:

»Wir möchten von dem Baum essen, dem sehr reifen, der im Garten steht!«

Dieser Baum hieß: ›Er-wird-gleich-kommen‹. Sie sandten ein anderes Tier nach der alten Frau, um zu fragen:

»Dürfen wir von dem Baum essen?«

Nun antwortete die alte Frau:

»Dieser Baum ist ein Er-wird-gleich-kommen; ihr möget essen, aber scheuet den großen Ast der Hauptstadt!«

Nun geschah es, daß jedem einzelnen, wer auch immer ausgesandt war, das, was die alte Frau gesagt hatte, aus dem Gedächtnis entschwand; bis zum letzten. Allen entschwand aus dem Gedächtnis die Sache der alten Frau. Nun sandten sie die Schildkröte; sie spannte ihre Geige und spielte:

»Sie sagen: sie haben sich an einem Stein gestoßen,
Als sie zurückkamen!
Es ist ein Anstoßgegenstand auf dem Weg!«

Als nun Schildkröte seine Geige gespannt hatte, sandte man ihn, damit er ginge, um die alte Frau zu fragen:

»Darf ich von diesem Baum essen?«

Da sagte die alte Frau:

»Ich habe gesagt: Esset, jedoch sollt ihr den Ast des Königs scheuen!«

Nun wandte Schildkröte sich um und spielte seine Geige. Auch als er sich an diesem Anstoßdinge stieß, vergaß er nicht.

Daher, als er ihnen die Sachen gesagt hatte, welche von der alten Frau kamen, fingen sie an, ihn zu hassen. Sie sperrten Schildkröte ein, verschlossen ihn im Hause; sie aßen von dem Baum und gaben ihm nichts; sie behüteten jedoch diesen Ast, den des Königs.

Als sie nun nachts schliefen, kam Schildkröte heraus, bestieg den Baum, aß den Ast der Hauptstadt; die Kerne steckte er in die Taschen des Elefanten. Als es hell wurde, fanden sie den Ast leer. Daher sagte Schildkröte:

Laßt uns fliegen über die Schlucht!«

Als sie flogen, fielen die Kerne aus den Taschen des Elefanten. Darum griffen sie den Elefanten und töteten ihn mit der Begründung: Er hat den Ast des Königs gegessen. Deshalb, als sie dies Fleisch des Elefanten trugen, schritt Schildkröte daher und sagte:

»Ich stökerte, stökerte
In der Tasche des Elefanten,
Ich sage: möchte Elefant getötet werden,
Damit wir Fleisch essen!«

Sie sagten:
»Was meinst du, Schildkröte?«
»Das Fleisch ist schwer und drückt!«
Sie gaben ihm den Magen, als sie im Begriff waren, den Fluß zu überschreiten. Sie gingen hindurch und ließen ihn zurück auf dieser Seite. Dann sagten sie:
»Wir werden sehen, wenn er durch den Fluß geht!«
Nun las er ein Stück trockenen Kuhmist auf und warf es ins Wasser. Dann kroch er in den Magen. Daher meinten sie, Schildkröte sei vom Fluß abgetrieben. Sie sandten jemand, daß er gehe, um den Magen zu holen von dieser Seite des Flusses. Also trug er den Magen. Als sie den Fluß verlassen hatten, kam Schildkröte aus dem Magen. Daher fingen sie an, ihn zu vertreiben.
Schildkröte traf Wildbock und sagte zu ihm:
»Laß uns die alten Augen verbrennen, damit wir neue Augen kriegen!«
Daher grub er ein Loch, zündete Feuer an, ging hinein in dieses Loch, da das Feuer angezündet war und sagte zum Wildbock:
»Ich werde die Augen im Feuer vernichten, daß die alten Augen knallen und neue hervorkommen!«
Deshalb ging er mit zwei Bitteräpfelchen hinein, ohne daß Wildbock sie sah; er briet eins im Feuer und sagte:
»Alsdann wird der Wildbock sagen: es ist ein Auge!«
Das Äpfelchen knisterte. Daher sagte er zu Wildbock:
»Hole mich heraus!«
Wildbock holte ihn heraus. Alsdann sagte er:
»Mir sind neue Augen gewachsen!«
Da ging auch Wildbock hinein und vernichtete im Feuer die Augen. Also zerplatzten die Augen Wildbocks, dieweil sie vom Feuer verbrannten. Als Wildbock zu Schildkröte sagte:
»Hole mich heraus!« weigerte sich Schildkröte und sagte:

»Die Augen wachsen noch!«

Daher starb Wildbock.

Schildkröte nahm die Hörner des Wildbocks heraus und blies:

»Es sind die Hörnchen der Wildbockfamilie!«

Es geschah, als er also blies, sagte Blitz, der Schildkröte blasen hörte:

»Bringe her, damit wir deine Hörnchen hören!«

Schildkröte gab sie ihm. Da floh Blitz mit ihnen; er ging nach oben mit ihnen. Daher sagte er zur Spinne:

»Mache mir einen Faden, der bis nach oben geht!«

Die Spinne machte Schildkröte den Faden; sie kamen nach oben zum Blitz. Blitz schlachtete für Schildkröte ein Rind. Nun gab Schildkröte der Spinne kein Fleisch. Deshalb ward die Spinne zornig; sie durchschnitt ihren Faden. Als Schildkröte sah, daß er keinen Weg habe hinabzusteigen, rief er die Spinne und sprach:

»Breite den Mantel aus, daß ich dir Fleisch zuwerfe!«

Die Spinne breitete den Mantel aus. Schildkröte warf sich selbst auf den Mantel der Spinne, und die Spinne hatte kein Fleisch.

Schildkröte wurde vom Löwen gebeten, er sollte seine Kinder warten. Also tötete Schildkröte diese Kinder des Löwen. Als der Löwe vom Jagen zurückkehrte, sagte Schildkröte:

»Die Paviane haben die Kinder gefressen und sind auf den Berg geflohen!«

Als der Löwe zornig wurde, sagte Schildkröte:

»Ich werde gehen und sie dir vom Berge herabholen; du sollst auf ihren Weg lauern; ich werde dir ihren Weg zeigen, wo sie kommen!«

Also führte er den Löwen in eine Schlucht, wo der Löwe nicht ausweichen konnte; er stieg auf den Berg und sagte:

»Ich treibe dir, Löwe, die Paviane zu!«

Er rollte einen Stein, der fiel auf den Löwen, daß er starb. Er zog ihn gut ab und machte aus ihm einen Sack, kroch hinein und wurde ein Löwe, lief und erschreckte die Tiere.

Er traf die Hyänen; sie hatten Bier gekocht. Als sie fest am Feuer saßen, sprach er zu ihnen:

»Rührt um mit den Händen!«

Sie steckten die Hände in die Bierbrühe, weil sie den Löwen fürchteten, und die Hände verbrannten. Nun setzte sich Schildkröte nieder zum Bleiben. Während die Hyänen für ihn Fleisch erjagen gingen, blieb er zu Hause, weil er als König galt.

Nun vergaß Schildkröte; nachmittags kam er aus dem Fell des Löwen heraus. Als nun die Hyänen zurückkehrten, merkten sie, daß es Schildkröte war, und verjagten ihn. Er fand eine Alte mit stieren, halbblinden Augen und sprach zu ihr:

»Die Menschen fliehen!«

Als sie nun herauskam, kroch Schildkröte hinein und errettete sich, indem er die stieren Augen des früheren Bewohners nachahmte.

23. Kholomodumo

Vor uralten Zeiten war auf Erden ein riesiges Ungeheuer. Das hatte eine Zunge, die war eine Meile lang, und einen Schwanz, der reichte bis an das Ende der Erde. Sein Leib war geschuppt, wie der eines Krokodils, und sein Rachen war so schrecklich groß, daß es einen bespannten Ochsenwagen auf einmal verschlingen konnte. Das Scheusal hieß: ›Kholomodumo‹. Es kroch hierhin und dahin und fing mit der Riesenzunge Menschen und Tiere und führte sie so damit dem geöffneten Rachen zu. So lange fuhr es damit fort, bis alle Menschen samt ihrem

Vieh und allen Haustieren verschlungen waren. Alle Städte und Dörfer waren zu Ruinen geworden, Schakale heulten darauf, und Schlangen hausten darin.

Nur eine Frau war übriggeblieben. Die hatte sich im Walde tief im Dickicht versteckt. Der Kholomodumo konnte sie auch nicht verfolgen, er hatte zu viel gefressen. Die Frau war schwanger. Nach einiger Zeit gebar sie einen Sohn, und als sie den Knaben besah, fand es sich, daß es ein Wunderkind war. Er hatte gleich den Mund voll Zähne und konnte vom ersten Tag an sprechen. Als der Knabe größer wurde, zeigte er sich voll Verstand und Heldenmut. Aus Eisen schmiedete er sich allerlei Werkzeuge, darunter auch starke Speere und ein großes, zweischneidiges, haarscharfes Messer. Täglich kämpfte er gegen die wilden Tiere und beschützte seine Mutter, auch die Löwen besiegte er, da er einen riesenstarken Arm hatte.

Er fürchtete sich vor nichts. Auf seinen Jagdzügen gelangte er auch zu den Ruinen der Menschenwohnungen. Heimgekommen, fragte er seine Mutter, wer da gewohnt habe. Da erzählte sie ihm von dem furchtbaren Unglück, das über die Erde gekommen war. Sie warnte ihn eindringlich, ja nicht dem Kholomodumo nahe zu kommen. Doch der Knabe brannte vor Begierde, mit dem Ungeheuer zu kämpfen. Endlich konnte ihn die Mutter nicht mehr halten, er zog aus, bewaffnet mit seinen Lanzen und seinem großen Messer und suchte den Kholomodumo.

Eines Tages fand er ein dickes schwarzes Etwas im Wege liegen, eine Meile lang. Es war die gefürchtete Zunge des Ungeheuers. Blitzschnell schwang er sein Messer und hieb sie mitten entzwei. Nun konnte ihn das Untier nicht mit der Zunge packen. Er ging weiter, da lag der Kholomodumo wie ein großer, langgestreckter Berg. Mit aufgesperrtem Rachen schnappte er nach ihm. Der Knabe aber sprang zur Seite und warf dem Untier eine Lanze ins Auge. Der Bauch des Untiers war von dem vielen Fressen dick aufgetrieben, daher konnte es sich nicht gleich schnell herumwenden. Er warf die zweite Lanze in das andere Auge. Da war das Ungeheuer blind. Nun stach er darauf los, immer in den Kopf hinein, bis der Tod den Rachen des Tieres schloß. Er betastete jetzt den Bauch, um zu sehen, wo er ihn aufschneiden könnte. Schließlich setzte er das Messer an, da hörte er drinnen ein Rind vor Schmerzen brüllen. Er stach an einer anderen Stelle hinein, da heulte ein Hund. Er probierte an einer dritten Stelle, da schrie ein Mensch:

»Laß sein, du verwundest mich!«

Da wußte er nicht mehr, was er anfangen sollte. Schließlich dachte er:

»Ach, wenn ich euch auch ein wenig verwunde, ich muß euch heraushelfen, ich kann euch doch nicht hier im Tode lassen.«

Gesagt, getan; er schnitt den Bauch der Länge nach auf, da kamen sie alle heraus, Menschen und Tiere. Nun strömten sie zurück in ihre verwüsteten Heimstätten und bauten sie wieder auf. Auch der Heldenknabe zog mit seiner Mutter zu ihnen.

Eines Tages hielten die Menschen eine große Ratsversammlung. Die einen sagten:

»Laßt uns den Knaben zum Könige machen.«

Die anderen aber sagten:

»Er hat uns mit seinem großen Messer so arg verwundet, wir sind ihm noch gram. Auch ist er kein Mensch wie wir, er ist ein Hexenmeister, auf, laßt uns ihn töten!«

Die Mordbuben gewannen die Oberhand, sie überfielen den Knaben und schlugen ihn tot. Doch als er starb, verließ er die Erde und ging zu den Göttern, wo er König wurde.

24. Vom Milchvöglein und vom Menschenfresser

War einst ein schlichtes Ehepaar, das gern und fleißig arbeitete. Eines Frühjahrs wollten sie ein Stück Grasland zu Ackerland bearbeiten. Sie arbeiteten am ersten Tage tüchtig und ließen's sich manchen Schweißtropfen kosten. Ein großes Stück Land hackten sie und lockerten sie auf und kehrten froh nach Hause zurück. Am andern Morgen waren sie frühzeitig wieder zur Stelle. Aber was sahen sie? Das Land war wieder knochenhart und mit Gras bedeckt, ganz so, wie es vorher gewesen war. Sie fingen von neuem zu arbeiten an und nahmen alle ihre Kräfte zusammen, um womöglich noch ein Stück weiter zu kommen, als tags zuvor. – Am andern Morgen waren sie wieder frühzeitig zur Stelle. Aber was sahen sie? Alle ihre Arbeit war spurlos verschwunden. So ging's mehrere Tage lang.

Da wurden sie sehr bekümmert und wollten gern erfahren, wer ihnen alle Nächte den Streich spielte. Der Mann sagte zu seiner Frau:

»Höre, ich will mich einmal die Nacht über hier versteckt halten, um den Kobold zu sehen, der uns so plagt. Vielleicht, daß ich ihn fassen kann.«

Da nahm die Frau einen Haufen Heu und bedeckte ihren Mann damit so, daß nur die Augen freiblieben und er die Hand heraussteckte. Die Frau ging heim, der Mann aber blieb so die Nacht über auf dem Felde. Als er lange Zeit vergeblich gelauert hatte, da kam endlich ein kleines Vöglein an. Zwitschernd flog es über den Acker kreuz und quer und wurde gar nicht müde, zu zwitschern und zu singen. Und wie es so kreuz und quer flog, da begannen sich die Erdschollen wieder umzuwenden und das Land wurde fest, wie zuvor. Das alles sah der Mann im Heuhaufen und dachte:

»Ach, wenn ich das Ding fangen könnte!«

Aber da er nichts tun konnte, blieb er still sitzen, um abzuwarten, wohin das Vöglein fliegen würde. Doch das Vöglein, als es mit seiner Vernichtungsarbeit fertig war, flog nicht davon, sondern setzte sich ermüdet auf den Heuhaufen nieder, unter dem der Mann steckte, und es setzte sich gerade auf seine Hand. Da faßte er es schnell, kam aus dem Heu hervor und wollte seine lange Nadel, die er am Halsgehänge trug, aus der Scheide ziehen, um damit das Vöglein zu töten.

Da flehte ihn das Vöglein an und sagte:

»Lieber Mann, ich bitte, verschone mich. Töte mich nicht! Alles, was ich dir verdorben habe, will ich wieder gut machen und dir ersetzen. Wenn du mich am Leben läßt, will ich stets bei dir bleiben, und dann soll's dir an Milch nimmer fehlen. Täglich will ich dir schöne, dicke Milch geben, soviel du nur immer begehren magst.«

Der Mann fragte erstaunt:

»Woher willst du denn die Milch holen?«

»Ich selbst will sie dir geben, ich bin ein Wundervöglein und kann sie selbst hervorbringen. Halte gleich deine Hand auf, so sollst du sehen, daß ich wahr rede.«

Da hielt der Mann seine Hand auf, und das Vöglein füllte sie mit Milch. Der Mann kostete sie und fand sie vortrefflich. Da nahm er das Vöglein, trug es nach Hause und erzählte freudig seiner Frau, welch glücklichen Fang er gemacht. Sogleich wurde der größte Topf herbeigeholt – und das kleine Vöglein füllte ihn bis oben an. Mann und Frau und Kinder aßen sich satt daran und waren froh, nun einen solchen Schatz an dem Wundervogel zu besitzen.

Auch am folgenden Morgen, ehe sie aufs Feld hinausgingen, mußte es sie erst mit Milch versorgen. Dann aber setzten sie das Vöglein in das Haus und verschlossen es. Ihre Tochter, ein Mädchen von etwa acht Jahren, blieb mit dem jüngsten Kinde daheim, um das Kind zu tragen, zu pflegen und zu bewachen. Die Eltern verboten ihr, ehe sie auf das Feld hinausgingen, in das Haus zu gehen, da das Milchvögelein sonst entschlüpfen würde. Sie beobachtete eine Zeitlang dies Verbot. Als sie aber mit ihren Gespielinnen fröhlich war, erzählte sie ihnen die Geschichte, und diese, von Neugier getrieben, baten sehr, sie möchte ihnen das Vöglein zeigen.

Sie vergaß sich und gab nach. Behutsam öffnete sie die Tür und kroch in das Haus hinein, während die anderen den Ausgang besetzt hielten. Aber das Vöglein versuchte gar nicht zu entfliehen, vielmehr suchte es die Kinder zu belustigen. Es begann wunderschön zu tanzen, zu hüpfen und zu springen, so daß die Kinderlein ihre große Freude daran hatten. Endlich sagte es:

»Kinder, ich sehe, euch gefällt mein Tanzen; aber ihr könnt ja gar nicht recht sehen, wie ich tanze; hier im Hause ist's gar zu dunkel. Laßt mich auf den Hof, da sollt ihr's besser sehen. Denkt ja nicht, daß ich entfliehen will.«

So ließen sie das Vöglein hinaus, und es begann nun vor dem Hause noch drolliger zu tanzen, so daß die Mädchen sich gar nicht satt lachen konnten. Es sprang kreuz und quer und drehte sich wie ein Firlefanz. Dabei stieß es aber oft an den Zaun des engen Hofes. Deshalb bat es wieder:

»Laßt mich nach dem Viehkraal gehen, der ist größer, da sollt ihr mich erst recht bewundern.«

Und so gingen sie nach dem Viehkraal und hatten ihre große Lust an dem tanzenden Vöglein. So etwas hatten sie doch noch nie gesehen!

Doch das Vöglein war gar nicht mit sich selbst zufrieden, sondern sagte:

»Ach, ich schäme mich, hier vor euch zu tanzen. Seht doch, wie uneben der Boden hier ist, die Rinder haben ihn zertreten, da kann ich mit meinen kleinen Füßen nicht vom Fleck kommen; dazu ist's zu schmutzig. Kommt, laßt uns hinaus auf den breiten Weg vor dem Dorfe gehen, da sollt ihr euer Wunder sehen.«

Und richtig, die Kinder stimmten zu. Sie waren wie bezaubert von dem Wundervöglein. Draußen vor dem Dorfe, da kam nun alt und jung herbei und sah dem Schauspiel zu. Hopp, hopp, kreuz und quer, auf und ab tanzte das Vöglein. Die Leute konnten sich vor Lachen gar nicht mehr halten, sie fielen alle zu Boden und wollten sich halb totlachen. Da – husch – war mein Wundervöglein auf und davon! Höhnisch flog es über ihren Köpfen umher und dann weiter, immer weiter.

Dem kleinen Mädchen wurde nun bang. Es dachte:

»Ach, was werden die Eltern sagen, wenn sie heut das Vöglein nicht finden. Wie wird's mir ergehen?«

Dann lief es, was es laufen konnte, dem Vöglein nach und seine Gespielinnen mit ihm. Doch lange hielten die nicht aus, sondern kehrten bald wieder um. Das kleine Mädchen aber lief in seiner Angst immer weiter, sah weder nach rechts, noch nach links, sondern nur nach dem Vöglein. Es lief, bis es nicht mehr konnte. Da blieb es erschöpft stehen – die Sonne war eben untergegangen. Jetzt erst sah es sich um, wo es eigentlich wäre, aber da kam ihm alles stockfremd vor. Noch nie war es in diese Gegend gekommen. Da wurde der kleinen Wandernden ganz schauerlich zumute. Sie wußte nicht, wohin sie sich wenden sollte. Sie sah keine Menschen, keinen Weg und Steg. Da ging sie mit bekümmertem Herzen an einen nahen Hügel und setzte sich in eine Felsengrotte, um da die Nacht über zu bleiben.

Als sie noch weinend über ihr Schicksal nachdachte, härte sie plötzlich Schritte in der Nähe. Erschreckt blickte sie um sich, aber noch mehr erschreckt wurde sie, als sie einen kohlrabenschwarzen Mann herbeikommen sah. Es war der Menschenfresser. Aus seinem großen Maul ragten zwei wüste, lange Hauer hervor, die ihm ein grauenhaftes Aussehen gaben. Auf seiner Schulter trug er einen Sack. Da er auf sie zu kam und sie nicht mehr entfliehen konnte, faßte sie sich ein Herz und suchte gute Miene zum bösen Spiel zu machen. Unbefangen redete sie ihn an und sagte:

»Ach, lieber Mann, ich bin hierher verirrt; kannst du mir nicht den Weg nach Hause zeigen?«

Mit rauher Stimme sagte der Menschenfresser:

»Ja, mein Kind, du sollst mit mir kommen und wohl nach Hause gelangen; und wenn wir zu Hause sind, werde ich dich braten und verzehren.«

Damit packte er das zitternde Kind, schob es in seinen Sack und ging seines Weges. Das Kind fing in seiner Angst an ihn zu bitten, er möge es verschonen und zu seiner Mutter bringen. Aber kein Bitten half, grinsend erwiderte er nur:

»Du sollst mir schon gut schmecken, mein Kind!«

Und so ging's weiter.

Die Mutter der Kleinen war unterdessen längst vom Felde heimgekommen, und als sie gehört hatte, was geschehen war, machte sie sich eilig auf, um ihr Kind zu suchen. Sie durchstreifte spähend das Land, bis sie endlich den Menschenfresser erblickte, den sie wohl kannte. Da er so unter seiner Last keuchte, wußte sie bald, wie die Sachen standen, ließ sich aber nichts anmerken, grüßte den Alten vielmehr ganz freundlich und ging mit ihm. Als sie so eine Strecke gegangen waren, hörten sie die Honigvögel zwitschern und rufen. Der Menschenfresser hatte Appetit auf Honig, und da die Frau ihm versprach, seinen Sack zu bewahren, bis er wiederkehrte, lief er den rufenden Vögeln nach. Er lief weit und immer weiter; und jedesmal, wenn er glaubte bei dem Bienenschwarm angekommen zu sein, sah er sich getäuscht und hörte auf einer anderen Stelle das lockende Zwitschern der Vögel, die ihn nur zu necken schienen.

Während er umherirrte, benutzte die Frau die Zeit, um ihr Töchterlein zu befreien. Sie nahm es aus dem Sacke, zeigte ihm die Richtung, nach der es laufen sollte, und sagte:

»Geh, sei aber mäuschenstill, ich komme bald nach.«

Alsdann ging sie zu einem Strauche, an dem ein Bienenschwarm saß, hielt den Sack unter und schüttelte die Bienen hinein. Darauf suchte sie Erdklumpen und Steine; die stopfte sie auch in den Sack, so daß sie die Form des Kindes bekamen. Sie band den Sack zu und wartete nun des betrogenen Menschenfressers. Er kam endlich mit verdrießlichem Gesichte, denn er hatte vergeblich nach Honig gesucht. Grunzend schwang er seine Last auf den Rücken und wankte weiter. Bald aber begann er einmal über das andere zu schreien:

»Au, beiß mich nicht und zwick mich nicht, du kleiner Bösewicht!«

Er rückte den Sack von einer Stelle zur anderen, aber immer wieder stach und zwickte es ihn. Der Frau wurde das bedenklich und schnell sagte sie:

»Väterchen, gib mir deinen Sack, ich will ihn ein wenig tragen; du bist ja schon müde genug.«

Und so nahm sie ihm die Last ab und trug sie, bis sie nahe an des Menschenfressers Dorf gekommen waren. Da, als sich die Pfade teilten, gab sie ihm den Sack wieder und sagte höhnisch, indem sie aus dem Wege bog:

»Leb gesund, du alter Narr, laß dir dein Fleisch gut schmecken.«

Der aber verstand nicht, was sie sagte, und ging brummend in das Dorf hinein.

Auf seinem Hofe angekommen, warf er stöhnend den Sack zur Erde und kroch in seine Hütte, um sich am Feuer zu wärmen. Aber das Fleisch lag ihm im Sinn, denn er hatte Hunger. Deshalb rief er seiner Tochter zu:

»Kind, lauf und nimm das Fleisch aus dem Sacke, ich will's braten!«

Das Mädchen lief, öffnete den Sack, langte hinein – aber mit einem lauten Schrei lief sie davon, hielt sich die Hand und sagte:

»Das Fleisch ist lebendig, es sticht und brennt wie pures Feuer, ich nehm's nicht heraus.«

Der Alte, ärgerlich und ungeduldig, rief seine Frau und sagte:

»Schnell, bring mir mein Fleisch, das Mädel ist zu dumm!«

Die Frau ging, aber sowie sie nur die Finger in den Sack steckte, hatte sie auch schon genug und lief jammernd davon. Da wurde der alte Brummbär außer sich vor Wut und brüllte wie unsinnig:

»Ihr Nichtsnutze, wollt ihr gleich den Sack bringen, schnell oder ich – – –! Bringt ihn hier ins Haus und dann bleibt mir vom Halse! Macht die Haustür fest zu! Zur Strafe sollt ihr nun draußen bleiben und auch nicht einen Bissen abbekommen. Wehe euch, wenn ihr wagt, die Tür zu öffnen! Alles will ich allein verzehren.«

Er schürte das Feuer auf dem Herde, nahm den größten Topf, den er fand, und goß Wasser hinein. Als alles in Ordnung war und der Topf auf dem Feuer stand, holte er den Sack herbei, um das Fleisch mit einem Male in den Topf zu schütten. Da aber ging's: plerr! plerr! – und der Topf war in tausend Stücke zerschlagen. Das Wasser floß in Strömen auf den Boden, das Feuer verlosch. Die Bienen aber, die hinausgeflogen waren, erfüllten das ganze Haus und umschwärmten den Menschenfresser und stachen ihn, daß er vor Schmerzen brüllte wie ein Ochse. Er wollte entfliehen – aber die Tür war verrammelt. Er rief:

»Macht mir auf, macht mir auf!«

Aber sie fürchteten sich, es zu tun, denn er hatte es ihnen streng verboten. So mußte er denn hilflos umkommen und sich von den Bienen zu Tode peinigen lassen. Das war der Lohn seiner Bosheit.

25. Usembeni oder die Werbung des Usikulumi

Usembeni war eine gewaltige Frau. Sie hatte zwei Töchter; aber sie fraß die Menschen in dem Lande, wo sie lebte, bis sie alle verzehrt hatte. Sie fraß Menschen und Wild. Sie tötete die Leute zugleich mit dem Wild und kochte Menschenfleisch und Wildfleisch zusammen. So kam es denn, daß die Menschen zumeist aufgezehrt waren, und nur sie selbst und ihre zwei Töchter waren übrig geblieben. Ihre Töchter waren in der ganzen Gegend berühmt wegen ihrer Schönheit. Weil aber nun keine Leute mehr da waren, da sie sie alle aufgefressen hatte, geschah es, daß sie eine ihrer Töchter ergriff, ihr eine Backe abriß und sie kochte und aß. Sie schmeckte aber bitter. Deshalb hatte sie nicht mehr den Wunsch, sie aufzufressen, weil ihr Fleisch ihr unangenehm war, und sie wunderte sich und begriff nicht, warum das Fleisch bitter war. Durch diese Bitterkeit wurde ihre Tochter gerettet.

Da kam ein junger Mann, der Sohn des Königs, sein Name war Usikulumi. Er kam, um sich die schönste von den Mädchen auszuwählen. Er kam des Tages, als Usembeni nicht da war, weil sie auf die Jagd gegangen war. Sie hatte auch noch den Namen Langzeh, denn ihr Zeh war sehr lang, daran konnte man sie schon erkennen, wenn sie von weit her kam und der Staub sich erhob. Ehe sie selbst erschien, sah man schon den Staub, der von ihrem Zeh aufgewirbelt wurde, denn der Zeh kam zuerst dahin, wohin Langzeh ging.

So fand denn Usikulumi dort, als er ankam, die beiden Mädchen. Er sah, daß sie wirklich schön waren. Er liebte sie, und sie liebten ihn auch, denn er war ein Königssohn und war stattlich anzusehhen. Aber sie weinten viele Tränen seinetwegen und sagten:

»Als du hierher kamst, bist du an keinen guten Platz gekommen. Wir sind in Unruhe und wissen nicht, wo wir dich lassen sollen, denn unsere Mutter frißt Menschen und du siehst, daß wir selbst nur Herzeleid haben.«

Und die eine sagte:

»Sieh nur meine Backe an! Das ist von meiner Mutter; wir wissen nicht, wo wir dich lassen sollen.«

Übrigens war Usikulumi zu den Mädchen allein gekommen, von Hause war er mit einer Koppel Hunde weggegangen, aber er hatte sie in einem Rohrplan zurückgelassen. Die Mädchen erdachten einen Ausweg und sagten:

»Wenn wir ihn abreisen lassen, wird Langzeh ihn verfolgen.«

Sie gruben eine Grube im Hause, verbargen ihn darin und deckten sie wieder zu und setzten sich darauf.

Gegen Sonnenuntergang erhob sich Staub. Da hieß es:

»Jetzt kommt sie.«

Der Zeh kam zuerst, sie hinterher. Als sie ankam, lachte sie bei sich, lachte und wälzte sich an der Erde und sagte:

»Hihi! Was ist heute für ein feiner Geruch in meinem Hause, was habt ihr gemacht, meine Kinder, wo kommt dieser Geruch her?«

So kam sie ins Haus und lachte für sich und patschte sie und sagte:

»Meine Kinder, was ist hier in dem Hause?«

Die Mädchen sagten:

»Laß, quäle uns nicht! Wir wissen nicht, wo wir etwas herbekommen sollen.«

»Aber ich möchte doch gern selbst zusehen, meine Kinder.«

»Wir wissen nicht, was du finden willst, denn hier ist durchaus gar nichts.«

»Dann geht nur weg, damit ich selbst nachsuchen kann.«

»Wir wollen nicht aufstehen, wir wissen von gar nichts, du kannst ja tun, was du willst. Wir wissen nicht, was du mit uns machen willst, seitdem du uns schon so verletzt hast, und wir sind nun, wie wir sind.«

Als das Mädchen das sagte, zeigte sie auf ihre Backe, die sie gefressen hatte. Da gab sie es auf und ging schlafen.

Am Morgen ging sie aus zu jagen. Sobald sie gegangen war, sah man den Staub sich entfernen, als sie über den Berg gegangen war. Da holten sie Usikulumi heraus. Die eine sagte:

»Laß uns gehen!«

Die andere sagte:

»Kind meines Vaters, gehe du! Ich kann nicht mit dir gehen, ich würde dir dort nur Unehre bereiten. Du siehst, wie ich bin, meine Mutter hat mich entstellt. Geh du allein, ich will hierbleiben, dann kann Langzeh mit mir ein Ende machen.«

So ging die andere denn mit Usikulumi, und sie reisten bis Sonnenuntergang. Er ging hin zu dem Rohrplan, um seine Hunde zu holen, er nahm sie zu sich, und sie gingen mit ihm. Schließlich wurde es dunkel, sie gingen aber weiter bis zum Morgen aus Furcht, weil sie dachten, wenn wir schlafen, wird sie über uns kommen, wir wollen Tag und Nacht gehen, vielleicht können wir ihr entrinnen.

Langzeh kam nach Hause. Sie fand nur die eine Tochter. Ohne Zögern ging sie weiter und sagte:

»Wo ist mein Kind hingegangen?«

Sie ging bis zum Morgen. Am Nachmittag sahen Usikulumi und das Mädchen den Staub. Sie sagte zu Usikulumi:

»Das da hinten, das ist Langzeh, sie hat uns nun doch erreicht, wo sollen wir bleiben?«

Und sie sahen einen großen Baum, auf den liefen sie zu und kletterten hinauf. Die Hunde blieben unten. Langzeh kam. Sie war ein gewaltiges Weib, sie kam mit ihrer Axt, sie schaute hinauf und sah sie. Ohne Zögern legte sie die Axt an den Baum, aber als sie nun mit aller Macht auf den Baum einhieb, bissen sie die Hunde. Sie schlug mit aller

Macht. Als man den Baum krachen hörte, daß er bald fallen wollte, da faßten die Hunde sie fest. Der eine riß ihr den Kopf ab, der andere den Arm, andere rissen ihr alle Glieder ab und schleppten sie weit weg, andere zerrten ihre Eingeweide herum. Der Baum wuchs gleich wieder und nahm seine ursprüngliche Form an. Auch Usembeni wurde wieder lebendig, alle Glieder kamen wieder zusammen. Sie stand auf und nahm ihre Axt und schlug den Baum mit Macht. Und als man den Baum krachen hörte, da rissen die Hunde ihr wieder den Kopf ab und die Glieder, und jeder lief mit einem zum Fluß oder zum Felsen, alle machten sie es so. Sie nahmen große Steine und zerrieben ihre Glieder zu Pulver.

Darauf stiegen Usikulumi und das Mädchen vom Baum herab und flohen weiter zu Usikulumis Volk. Die Hunde warfen Usembenis Fleisch, das wie Pulver zerrieben war, ins Wasser, und dann folgten sie dem Usikulumi. So starb Usembeni. Usikulumi kam nach Hause zu seinem Volk. Und sie hielten eine große Klage, und dann schlachteten sie Ochsen und freuten sich sehr und sagten:

»Wo hast du dieses schöne Mädchen herbekommen? Wir dachten, du lebtest nicht mehr, wir dachten, du wärst gestorben.«

26. Die Geschichte von der Pantherschildkröte

Die Leute waren jagen gegangen, und die Pantherschildkröte war krank; und sie bemerkte, daß ein Mann zu ihrer Hütte heraufkam, der in der Umgegend gejagt hatte. Sie verlangte von dem Mann, er solle ihr den Nacken ein wenig mit Fett einreiben, denn dort hätte sie Schmerzen. Der Mann rieb ihn ihr auch mit Fett ein, aber sie hielt den Mann mit ihrem Nacken vollständig fest, und die Hände des Mannes starben darin ganz und gar ab.

Nach einiger Zeit erspähte sie einen anderen Mann, der von der Jagd kam. Und sie redete wieder, sie sagte:

»Reibe mich ein wenig mit Fett!«

Und der Mann, dessen Hände abgestorben waren in ihrem Nacken, versteckte seine Hände, so daß der zweite nicht merken konnte, daß seine Hände abgestorben waren. Und er sagte:

»Ja, mein Freund, reibe unsere ältere Schwester ein wenig mit Fett, denn der Mond ist schon weggeschnitten, während unsre Schwester krank liegt; du solltest sie also mit Fett einreiben.«

Dabei versteckte er seine Hände, so daß der andere sie nicht bemerken konnte. Die Pantherschildkröte sagte:

»Reibe nur mit Fett und stecke deine Hände in meinen Nacken!«

Und er rieb sie mit Fett und steckte seine Hände hinein über dem Nacken der Pantherschildkröte. Und die Pantherschildkröte zog ihren Kopf am Nacken ein, während seine Hände noch ganz in ihrem Nacken steckten. Deshalb fing er an, die Pantherschildkröte auf die Erde zu schlagen, weil er wünschte und dachte, daß er die Pantherschildkröte zerschmettern könnte, wenn er sie auf die Erde schlug. Aber die Pantherschildkröte hielt ihn fest.

Der andere aber hatte seine Hände hervorgeholt und rief:

»Fühle du auch, was ich gefühlt habe!«

Und er zeigte dem andern seine Hände. Und des anderen Hände steckten noch ganz im Nacken der Pantherschildkröte. Dann stand der erste auf und ging nach Hause. Und während er heimging, schlug der andere die Pantherschildkröte auf die Erde. Aber der erste meinte, der andere sollte auch fühlen, was er gefühlt hatte. Eine schöne Lage war es nicht, in der er gewesen war; so ging er denn da weg, kehrte um und kam nach Hause.

Die Leute riefen:

»Wo bist du gewesen?«

Und er antwortete und sagte, daß es die Pantherschildkröte gewesen wäre, in deren Nacken seine Hände gesteckt hätten; deshalb wäre er nicht heimgekommen. Die Leute sagten:

»Bist du toll? Haben deine Eltern dir nicht Bescheid gesagt? Die Pantherschildkröte tut immer, als wenn sie sterben will, und damit betrügt sie uns.«

27. Der Schakal und das Sonnenschaf

Eines Tages fand der Schakal im Felde das Schaf und trank es aus. Und er verließ dort das Schaf, und als er vorwärts ging, während er schon weit war, bereute er, daß er es verlassen hatte, und er ging zurück, nahm es und schlachtete es. Dabei aß er viel Fett und wurde sehr durstig. Dann hängte er den anderen, übriggebliebenen Teil auf einen Busch und ging mit wenig Fleisch nach Hause, aber er hatte jenes wenige Fleisch verborgen, damit es die Leute nicht sähen. Und da die Menschen voraussahen, daß er sehr durstig geworden war, hatten sie Wasser für ihn geschöpft und hingesetzt. Und als der Schakal gekommen war, sagte er sogleich:

»Gebt mir schnell von dem Wasser!«

Da wurde ihm schnell das Wasser gegeben, welches für ihn geschöpft warf, im Holzeimer. Da nahm er das Wasser, und als er trinken wollte, vertrocknete das, welches im Holzeimer war. Da gab er den Menschen den Holzeimer und sagte:

»Schöpft mir schnell anderes Wasser!«

Als die Menschen den Holzeimer nahmen, sahen sie Wasser in dem Holzeimer und sagten:

»Da ist ja Wasser!«

Da sah der Schakal das Wasser auch und sagte:

»Gebt mir wieder!«

Und es wurde ihm gegeben. Und als er es nahm und nach dem Munde führte, vertrocknete das Wasser wieder. Da wurde er zornig und sagte:

»Gebt mir schnell anderes Wasser!«

Da wurde anderes Wasser für ihn geschöpft. Da dachte er, dieses Wasser würde gut sein, und als er schnell trinken wollte, war es mit jenem Wasser wieder so geschehen. Und als die Menschen das sahen, fragten sie ihn:

»Hast du nicht das Sonnenschaf geschlachtet?«

»Ja, ich habe ein Schaf geschlachtet, aber ich weiß nicht, ob es das Sonnenschaf gewesen ist.«

»Ja, es ist es gewesen.«

»Hast du nicht Fleisch?«

»Ich habe etwas.«

»Gehe schnell, daß du dorthin kommst, wo du es geschlachtet hast und sage: ›Werde wieder dasselbe Geschöpf!‹«

Da tat er so, aber er hatte noch ein wenig Fett in sein Ledertäschchen gesteckt wegen seiner Augen. Da fragten sie:

»Hast du alles weggeworfen?«

»Ja.«

Da lief der Schakal selbst zum Wasser, und als er zum Wasser kam und es nehmen wollte, trocknete es wieder auf. Da wurde er zornig und stieg auf einen Dornbusch und sprang von dort in das Wasser, aber das Wasser vertrocknete wieder. Da schnitt er sich ein langes Riedrohr ab, um damit zu trinken, und reinigte das Riedrohr von innen und bekroch mit ihm das Wasser. Und als er es in das Wasser hineinsteckte und sog, da vertrocknete es wieder. Da fragten die Leute:

»Hast du nicht ein kleines Dinglein übrig behalten?«

»Ich habe ein kleines Dinglein übrig behalten wegen meiner Augen, wegen meiner kranken Augen.«

Da riefen die Leute:

»Schnell, gehe hin und wirf es weg! Wirf es weg! Wirf es weg!«

Da warf er es weg. Erst hierauf kostete der Schakal das Wasser.

28. Wie der Elefant die Namafrau heiratet und betrogen wird

Der Elefant verliebte sich, wie man sagt, bis über die Ohren in die Namafrau. Und es kamen ihre beiden Brüder im Verborgenen, aus Furcht vor dem Elefanten. Sie tat, als wollte sie Holz holen, ging und verbarg die beiden im Brennholz.

Und sie sagte:

»Ist mir wohl, nachdem ich in diese Werft geheiratet habe, der Kniehaarlose geschlachtet worden?«

Da antwortete ihre blinde Schwiegermutter ihr:

»Dinge, die sie von alters her nicht gesprochen hat, spricht sie, der Namageruch riecht ja.«

Darauf antwortete die Frau der Schwiegermutter:

»Soll ich mich denn nicht nach alter Weise einreiben und mich mit meinem Geruche bestreuen?«

Da sagte die Schwiegermutter:

»Hm, von der Liebsten meines ältesten Sohnes werden Dinge gesagt, die sie von alters her nicht gesagt hat.«

Da kam der Elefant, der im Felde gewesen war, und tat, als ob er dahintergekommen wäre, daß die beiden Brüder der Frau gekommen waren, und rieb sich am Hause.

»Was ich von alters her nicht getan habe, tue ich. Welches Tages hast du den ganz hinten im Kraale liegenden Hammel für mich geschlachtet und wann habe ich mich eingerieben und mit meinem Geruch bestreut?« so sagte die Frau zu ihm.

Da sagte die Schwiegermutter zu ihm:

»Dinge, die von alters her nicht gesprochen wurden, werden gesprochen, deshalb tue ihr den Willen.«

So wurde der Kniehaarlose geschlachtet. Da briet sie ihn für sich und fragte in jener Nacht die Schwiegermutter:

»Wie atmet ihr, wenn ihr eueren Lebensschlaf schlaft, und wie atmet ihr, wenn ihr den Todesschlaf schlaft?«

Und es sagte die Schwiegermutter:

»Hm, das ist ein gesprächreicher Abend. Wenn wir den Todesschlaf schlafen, dann atmen wir sui sui, und wenn wir den Lebensschlaf schlafen, atmen wir chou ±awaba*, chou ±awaba!«

Und während die Frau alle Dinge und auch sich selbst bereit machte, da schliefen soeben die Leute. Und als sie hart schnarchten und »sui sui« schliefen, stand sie auf und sagte zu den beiden Brüdern:

»Den Todesschlaf schläft das Volk, lasset uns uns fertigmachen!«

Da standen die beiden auf und gingen hinaus, und sie deckte das Mattenhaus ab und nahm die nötigen Dinge und sagte:

»Was Geräusch macht, will meinen Tod.«

Und es geschahen alle Dinge in der Stille. Und sie ging mit ihren beiden Brüdern, die bepackt dastanden, zwischen das Vieh und ließ ihrem Mann eine Kuh, ein Schaf und eine Ziege und sie belehrte die Kuh:

»Schreie nicht, als ob du *eine* wärest, wenn du meinen Tod nicht willst«, und belehrte das Schaf und die Ziege ebenso. Und sie verzogen und all das Vieh hinter ihnen drein. Und als die zurückgelassenen Tiere in der Nacht lärmend schrien und schrien, als ob es alle wären, dachte der Elefant, es wären alle. Und als er bei Tagesanbruch aufstand, sah er, daß die Frau mit allem weg war, faßte den Stock und sagte zur Mutter:

* ± bedeutet einen Zungenklicklaut.

»Wenn ich falle, wird die Erde dröhnen.«

Und er folgte ihnen.

Und als sie ihn ankommen sahen, da bogen sie aus und konnten durch den Fels nicht durch. Da sagte sie:

»Wir sind Leute, hinter denen eine große Reisegesellschaft folgt; meiner Voreltern Fels, biege dich zu beiden Seiten für uns aus!«

Da teilte sich der Fels, und als alle durch ihn durch waren, kam er wieder zusammen.

Da kam der Elefant und sagte zu dem Felsen:

»Meiner Voreltern Fels, spalte dich auch für mich!«

Da spaltete er sich, und als er hineingegangen war, kam er zusammen. So ist der Elefant gestorben. Und es dröhnte die Erde. Und die Mutter sagte zu Hause:

»Wie es von meinem ältesten Sohn gesagt worden ist, so ist es geschehen. Soeben hat die Erde gebebt.«

29. Wie die Hyäne Hochzeit machte

Die Hyäne hatte um ein Mädchen geworben, und als sie die Werbung zustande gebracht hatte, suchte sie Kühe, um sie zur Hochzeit zu schlachten. Während sie mit den Kühen ankam, traf sie mit dem Schakal zusammen.

»Wohin wanderst du mit den Rindern?« fragte der Schakal.

»Um alles für meine Hochzeit herzurichten, ja, darum wandere ich mit den Kühen«, erwiderte sie.

Dann fragte der Schakal so:

»Und werden sie alle sechs geschlachtet?«

Und sie antwortete:

»Ja.«

Darauf der Schakal:

»Ich will mitgehen und von dem Hochzeitsschlachtvieh essen!«

Dann gingen die beiden.

Und nahe bei der Werft gingen sie schlafen, und als der Morgen anbrach, steckte sich der Schakal ein Holzpflöckchen mitten zwischen die Zehennägel und sagte:

»Ja, nun kann ich nicht gehen«, und fuhr fort: »Der Lebendige soll aufhucken, was tot ist!«

Da sagte die Hyäne:

»Komm, huck dich auf!«

Darauf der Schakal:

»Ach, dürfte ich mir doch Steigbügel machen!«

Und jene erwiderte:

»Nun, so mache sie dir denn!«

Und nach einer Weile sagte der Schakal:

»Ach, dürfte ich mir doch Zügel machen!«

»Ei, so mache sie dir!« erwiderte jene.

Und weiter bat der Schakal:

»Ach, könnte ich mir doch eine Peitsche machen!«

»So mache sie dir!« erwiderte jene. Dann gingen die beiden.

Und sie kamen an. Als sie aber ankamen, schlug der Schakal die Hyäne auf alle beide Seiten. Da entfloh sie und, während sie davoneilte, sprang der Schakal ab und sagte zur Braut der Hyäne:

»Hast du gesehen, daß du auf dem besten Wege warst, meines Vaters Pferd, das im Weidefeld war, zu heiraten?«

Und der Schakal heiratete das Mädchen.

30. Vom Wolf und vom Fuchs

Es war einmal ein Wolf und ein Fuchs. Und der Wolf war der Herr, und der Fuchs war der Knecht.

Eines Tages hüteten die beiden ihr Vieh, und wie sie so beim Hüten waren, trieben sie sich auf den Flächen herum, um Feldzwiebeln zu graben. Und die Schafe entfernten sich beim Weiden voneinander, und dann legten sie sich nieder. Und jene waren auf der Fläche, um die Feldzwiebeln zu essen. Da kamen ihnen die Schafe aus dem Gesicht, und der Wolf sagte zum Fuchs:

»Geh, kehre die Schafe, Geselle!«

Dem Fuchs schmeckten die Feldzwiebeln sehr gut, und er stand auf und band zwei Schafe an, ein männliches und ein weibliches und kehrte dann zurück. Und so trieben sie sich auf der Fläche herum, Feldzwiebeln zu graben. Und der Wolf sagte wieder zum Fuchs:

»Geh, kehre die Schafe noch einmal!«

Und dieser sagte:

»Geselle, die Schafe weiden ruhig.«

Danach stand der Wolf selbst auf und sah nach den Schafen, und da fand er die beiden Schafe, welche von dem Fuchs an den Baum gebunden waren, ein männliches und ein weibliches. Und er wurde sehr zornig, als er sah, was der Fuchs für Schelmerei getrieben hatte, und er fragte ihn:

»Mensch, wo sind die Schafe?«

Und da brach er sich Ruten ab und schlug ihn sehr. Da ging der Fuchs die Schafe suchen; und als er weinte, hielt er die Arme an den Kopf.

Da schaute er in die Ferne und sah zwei Rinder, ein weißes und ein schwarzes, und sagte:

»Die Rinder dort sind mein!«

Und der Wolf fragte ihn und sagte:

»Bist du es nicht, der mich geschlagen hat?«

Und der Wolf sagte:

»Komm und schlage mich!«

Da suchte der Fuchs Ruten von Dornbüschen und flocht sie zusammen und sagte:

»Lege dich hin!«

Und dann schlug er ihn sehr, und das Blut des Wolfes fing an zu tröpfeln. Und der Wolf sagte:

»Bei dem Trauerzeichen meiner Mutter! Schlug ich dich so?«

Und jener sagte:

»Komm, sieh nur meinen Rücken, der ist ganz zerrissen.«

Da sagte der Wolf:

»Schlage nur!«

Als er aufhörte mit Schlagen, da sah er dort in die Ferne und sah die beiden Rinder. Und der Wolf sagte:

»Das weiße ist mein.«

Und der Fuchs sagte:

»Das schwarze ist mein.«

Da liefen sie auf die Rinder los. Der Wolf faßte das weiße, und der Fuchs faßte das schwarze. Der Wolf durchbohrte zuerst sein Rind, der Fuchs durchbohrte seines zuletzt. Und das des Fuchses zeigte Fett in der Wunde, und das des Wolfes zeigte nur Schaum. Da wurde der Wolf ärgerlich und sagte:

»Das Rind, das du mir gegeben hast, ist abgemagert.«

Und der Fuchs sagte:

»So nimm das meine.«

Da stachen sie wieder, und der Wolf stach das, welches dem Fuchse gehörte, und es erschien wiederum Schaum in der Wunde.

Und die Wunde, die der Fuchs machte, zeigte Fett. Da sagte der Wolf:

»Laßt uns zusammen schlachten, daß wir gemeinschaftlich essen.«

Und als sie nun schlachteten, da sagte der Wolf zum Fuchs:

»Wenn wir nun so ein Ding geschlachtet haben, zu welchem Zwecke essen wir eigentlich? Wir wollen unsere Mutter töten, dann können wir sie beweinen.«

Da sagte der Fuchs:

»Ja«, aus Schelmerei.

Und da gingen sie und kamen zum Dorf, und das Fleisch hatten sie verwahrt. Und als sie zum Dorfe kamen, da führte der Wolf seine Mutter ins Feld und tötete sie. Und der Fuchs führte seine Mutter weg und setzte sie in eine Höhle neben den Weg zur Quelle, und dann kam er wieder. Und dann holten sie das Fleisch. Und der Wolf sandte den Fuchs aus und sagte:

»Nimm ein Kochstück heraus und geh Wasser holen.«

Und da nahm dieser das Gefäß und ging.

Auf dem Wege strich er mit dem Fleisch um seinen Mund, und dann ging er zu der Höhle, wo seine Mutter war und sagte:

»Mutter!« und rief sie. Und die Mutter sagte:

»Uooo!« und antwortete. Da gab er ihr das Fleisch und ging und schöpfte Wasser.

Als er zurückkam, ging er in das Dorf zum Wolfe, und der Wolf war voll Betrübnis, weil er wirklich seine Mutter getötet hatte. Der Fuchs aber freute sich, weil er seine Mutter in Wirklichkeit nicht getötet hatte. Und so setzten sie das Fleisch auf. Und der Wolf sagte:

»Fuchs, gehe Wasser holen, nimm Fleisch und gehe, du kannst unterwegs essen.«

Und weil die Mutter am Wege war, so eilte er zu gehen.

Eines Tages sagte der Wolf:

»Heute werde ich Wasser holen gehen.«

Der Fuchs sagte:

»Ich bitte dich, dort habe ich eine Tante, und der Weg ist schlecht, laß mich Wasser holen.«

»Ich werde schon Wasser holen gehen.«

Und der Fuchs war sehr betrübt, weil der Wolf nicht nachgeben wollte. Der Wolf nahm nun den Wassereimer und ging und holte Wasser, und Fleisch hatte er nicht mitgenommen, nein. Und als er auf dem Wege der Höhle nahe kam, da rief die Mutter des Fuchses und sprach:

»Fuchs, mein Kind, hast du mich verlassen?«

Da blieb der Wolf stehen und horchte, woher die Stimme kam.

Und die Mutter des Fuchses rief wieder und sagte:

»Mein Kind, hast du mich verlassen?«

Da erkannte der Wolf, daß der Fuchs ihn betrogen und seine Mutter nicht getötet hatte. Da ging er an die Höhle heran und durchbohrte die Mutter mit der Lanze und legte sie an die Öffnung; und er ging, Wasser zu holen, und kam zum Dorfe zurück.

Am anderen Morgen schickte der Wolf wiederum den Fuchs und sagte:

»Gehe Wasser holen.«

Da nahm der Fuchs das Fleisch und den Eimer und ging. Und als er nahe an die Höhle kam, da rief er und sah hin und dachte, sie schläft. Und er sagte:

»Mutter, Mutter!« Und er faßte den Fuß an: »Das arme Menschenkind schläft nicht, es schläft nur mit einem Auge, das eine Auge sieht.«

Und die Mutter bewegte sich nicht, da holte er eine Ameise und setzte sie ihr aufs Auge, daß sie sie beißen sollte, damit sie erwache. Und sie erwachte nicht, nein, sie war gestorben. Da ging er hinein in die Höhle und drehte sie um. Und so geschah es, daß er die Wunde sah, und da setzte er sich hin und weinte sehr.

Danach holte er Wasser und kehrte heim und wollte nicht mehr zurückkehren zum Wasser. Da merkte der Wolf, daß der Fuchs böse geworden war. Am Abend, als sie das Fleisch aufgesetzt hatten und beim Feuer saßen, um sich zu wärmen, da weinte der Fuchs sehr. Und der Wolf fragte ihn und sagte:

»Was beweinst du denn?«

»Es sind nur die Triefaugen, vielleicht auch der Rauch.«

»Stehe auf, komme hierher an meine Seite, wo kein Rauch ist.«

Und als er sich dort niedergesetzt hatte, da weinte er wieder sehr. Und jener sagte:

»Dort ist die Tante, das ist deine Mutter, welche ich getötet habe, und welche du beweinst; sage doch: Ich beweine jene beiden, meine Mutter und seine Mutter, mein Freund.«

Da graute der Tag. Und der Wolf ging, das Vieh zu hüten, aber der Fuchs blieb im Dorfe, und der Wolf sagte:

»Bleibe da und koche gute Kost!«

Und darauf ging der Wolf, das Vieh zu hüten, und der Fuchs blieb im Dorfe, und er setzte das Fleisch im Topfe auf. Und als das Fleisch kochte, da nahm der Fuchs alles heraus, und das Fett schöpfte er ab, und er sammelte Mist von Hunden und von Rindern und von Menschen und Stücke Leder in den Topf.

Da kam der Wolf von dem Viehtreiben des Abends wieder und der Fuchs war fortgelaufen, er war verschwunden. Und unter die Felldecke hatte er ein Insekt gesetzt und gesagt:

»Wenn der Wolf ruft, dann antworte!«

Und der Wolf kam und rief und sagte:

»Da ist die Tante.«

Da sagte das Insekt:

»Uooo!« und der Wolf war sehr erfreut und sagte:

»Da ist jene Tante, lege sie nur hinein, sie brodelt.«

Und er freute sich sehr.

Und er trat an den Topf heran und nahm einen Stock und rührte damit um und sagte:

»Der Mensch hat da wieder Schelmerei gemacht, er hat das Fleisch alles gegessen und das Fett hat er aufgegessen, und dann ist er verschwunden.«

Da wurde er sehr zornig und nahm das Fell und schlug es und dachte, da steckt der Fuchs darin. Aber der Fuchs war längst gegangen, der war weg. Da folgte er ihm, und er blieb auf der Spur, bis er ihn auf einem Felsen fand. Da freute er sich sehr, daß er ihn töten könnte. Und er versuchte hinaufzusteigen; er stieg, er glitt ab; er stieg, er glitt ab und sagte:

»Fuchs, wo bist du hinaufgestiegen?«

Der Fuchs hatte den Felsen mit Talg bestrichen und sagte:

»Da ist die Tante, nimm diesen Kiesel, und ich werde dir sagen, wo ich hinaufgestiegen bin. Nimm ihn und zeige her! Zeige mir doch deine Zähne, daß ich sie sehe, ob sie gut sind oder schlecht, ob sie ausgefeilt sind, oder ob sie noch nicht ausgefeilt sind.«

Da zeigte der Wolf seine Mundhöhle. Da warf der Fuchs den Stein dem Wolf in das Maul und zerbrach ihm alle Zähne im Maul.

Da lief der Fuchs weg. Der Wolf weinte, aber er kehrte nicht um, nein! Er verfolgte ihn wieder. Und der Fuchs war bei einer Frau im Dorfe; und der Wolf sagte:

»Faßt mir jenen Menschen!«

Da ging er immer weiter und schrie:

»Laßt ihn doch nicht!«

Der Fuchs sagte:

»Leute, ihr seht, dort heißt es: Laßt ihn!«

Und die Leute gingen weg.

Darauf ging er zum Löwen und sagte:

»Erbarme dich, ergreife doch jenen Menschen, lasse ihn nicht!«

Der Fuchs sagte wiederum:

»Hört ihr nicht, da heißt es: Laßt ihn!«

Darauf ging der Fuchs in eine Höhle hinein und rupfte sich alle Haare aus. Und der Wolf erreichte ihn und sagte:

»Wie gleicht doch der Mensch dem Fuchse mit seinem dicken Schweif und der langen Schnauze.«

Und der Fuchs sagte:

»Wie sagt doch der Mensch? Habe ich mich nicht wie ein Bergdamra ausgerupft und nun sagt er: Du gleichst dem Fuchs!«

Und der Wolf ging weg.

31. Die schöne Tjaratjondjorondjo

Es war einmal eine Frau, die hatte eine sehr schöne Tochter. Alle Leute wurden gar nicht satt, sie anzusehen. Und sie wurde sehr gut gehalten. Das Dorf war groß. Und es waren viele Mädchen darin, und darunter auch schöne Mädchen. Und sie jauchzte sehr. Und sie gingen hin, die Schaflämmer zu weiden. Alle Leute aber, die sie sahen, fragten:

»Wem gehört jenes schöne Kind?«

Und die anderen Mädchen sagten es ihnen. Dann faßte die Leute die Begierde, wenn sie vorübergingen, und sie wollten sie immer alle heiraten. Und sie brachten Eisenkugeln und verbrauchten zum Aufreihen der Kugeln die Leibriemen der Frauen.

Eines Tages versammelten sich alle Mädchen in der Werft, darunter war auch jenes Kind, und ihr Name war Tjaratjondjorondjo. Und sie gingen zu den Schafhirten und fragten sie:

»Nun, ihr Burschen, wir sind natürlich alle schön, aber welche ist nun die Schönste?«

Und sie antworteten:

»Freilich seid ihr alle schön, aber soviel dieser Mittelfinger länger ist als die anderen Finger, ist Tjaratjondjorondjo schöner, als ihr alle zusammen.«

Und sie gingen zu den Rinderhirten und fragten sie:

»Nun, ihr Burschen, wir sind natürlich alle schön, aber welche ist nun die Schönste?«

Und sie antworteten:

»Freilich seid ihr alle schön, aber Tjaratjondjorondjo ist doppelt so schön wie Mbazuva und Rutangarauane.«

Und Tjaratjondjorondjo jubelte sehr. Und sie fragten alle Beerenpflücker, aber sie sagten dasselbe, was alle die Jünglinge gesagt hatten. Und die Mädchen winkten einander zu und meinten:

»Laßt sie nur, morgen ist auch ein Tag.«

Sie aber merkte Unheil. Als dann der andere Morgen angebrochen war, machten sie sich auf, kamen und riefen:

»Komm doch, wir wollen spielen gehen.«

Und sie sagte:

»Seid mir nicht böse, ich habe Kopfschmerzen und kann nicht kommen.«

»Bitte, wir wollen bei dir spielen, wir wollen etwas verstecken.«

Und ihre Mutter meinte:

»Wie sagen deine Gespielinnen? Willst du nicht lieber doch aufstehen?«

Da ging sie mit, und sie gingen an den Fluß und setzten sich hin und sagten zu allen Kindern:

»Setzt euch hin, wir wollen etwas verstecken.«

Und alle sagten:

»Nun sitzt alle still!«

Aber Tjaratjondjorondjo hatte eine jüngere Schwester und eine Freundin, und ihre jüngere Schwester war wahrscheinlich im Dorf, und sie hatte eine Dienerin bei sich. Und die Mädchen sagten:

»Tjaratjondjorondjo, setze dich zu uns!«

Und sie setzte sich nieder. Anfangs trieben sie es harmlos, aber dann setzte sich ihr ein Kind auf die Herzgrube, und sie sagte:

»Kind, du tötest mich.«

Und sie hörte nicht darauf. Die Dienerin und die Freundin riefen:

»Was ist das, ihr wollt nicht hören, ihr tut es absichtlich!«

Aber das Mädchen blieb auf der Herzgrube sitzen und riß die Spitze des Magens ab, daß sie starb. Und sie verscharrten sie in die Erde. Aber die Dienerin und die Freundin weinten und sagten:

»Ihr könnt es gar nicht zu Hause sagen.«

Und als sie ins Dorf kamen, fragten die Leute und sie sagten:

»Das Mädchen, das das Kopfweh hatte, das ist schon vor einer Weile nach Hause gegangen.«

Und sie sagten:

»Hierher ist sie nicht gekommen.«

Und sie gingen hin und suchten und fanden sie nicht. Und sie fragten die Dienerin, aber sie wollte nicht reden. Und sie suchten sehr. Und eines Tages fragten sie die Reisenden:

»Habt ihr vielleicht irgendwo einen Leichnam gesehen?«

»Ach nein. Wir haben nichts gesehen. Wir haben nur ein sehr schönes Kind gesehen, den Leichnam sahen wir da unten am Fluß.«

Und sie gingen hin, und die Mutter ging mit und sagte:

»Mein schönes Kind, jetzt müssen die Frauen die Schmuckriemen ablegen, was geschieht doch da unten an den Flüssen!«

Und sie weinte den ganzen Weg, und sie kamen zu dem Leichnam, und sie nahm ihn auf den Rücken, und dann ging sie damit hin und weinte, und sie begruben sie.

32. Die Hyäne und der Schakal

Die Hyäne lockte den Steinbock, und als sie ihn herangelockt hatte, sagte sie:

»Wir wollen zu meiner Frau gehen.« Und sie fuhr fort: »Wir wollen an den Viehposten, die hier sind, vorbeigehen.« Und dann fügte sie hinzu: »Wenn die Postenhüter dich anrufen, beschimpfe sie!«

Als sie ihn riefen, beschimpfte er sie. Da riefen sie die Hyäne, und die Hyäne antwortete ihnen und rief:

»Mein Freund!«

Als sie auf dem Viehposten ankamen, da erhielten sie Milch. Da sagte die Hyäne:

»Freund, du hast die Leute beschimpft, du willst doch nicht essen!« und dann verschlang sie alle Milch und gab dem Steinbock nichts.

Als sie weggegangen waren, da sagte sie zu ihm:

»Du Freund, gehe hin und iß Brei bei meiner Frau, sie hat viel davon.«

So machten sie sich auf den Weg. Da sagte die Hyäne:

»Wir wollen hingehen und Rasselfrüchte suchen.«

Und als sie sie gesucht hatten, reihten sie sie auf eine Schnur, und sie sagte zu ihm:

»Du kannst sie tragen.«

Und so gingen sie denn. Und als sie an der Pforte des Gehöftes ankamen bei der Frau der Hyäne, da sagte die Hyäne:

»Wirf die Rasselfrüchte hin!« Und sie fügte hinzu: »Wenn wir begrüßt werden, dann sage: Brei mit Fett.«

Sie kamen an, wurden begrüßt, und der Steinbock sagte:

»Brei mit Fett.«

Die Hyäne sagte:

»Brei mit Fleisch.«

Und als der Brei kam, sagte die Hyäne:

»Lauf und hole die Rasselfrüchte, wir können hier drin nicht essen, so lange du deine Rasselfrüchte nicht geholt hast.«

Während Steinbock hinging und die Früchte holte, fraß die Hyäne allen Brei auf und ließ nur ein Stückchen übrig, was sie auf dem Boden wälzte. Als er dann die Rasselfrüchte brachte, da sagte die Hyäne:

»Nimm dies Stückchen Brei, hier gibt es keinen Brei mit Fett, morgen kann dann für dich gekocht werden.«

Und als sie sich unterhalten hatten, da sagte die Hyäne:

»Wenn du schlafen willst, dann gehe in die Hütte und bedecke dich mit dem Fell!«

Und nachher gingen sie alle schlafen und die Frau auch. Da stöhnte die Frau der Hyäne, und die Hyäne fragte:

»Was ist dir?«

»Das Fleisch deines Kameraden befindet sich an der Wand der Hütte.«

Da erbat sich die Hyäne ihren Stock und sagte:

»Gebt mir meinen Stock her!«

Sie nahm den Stock und schlug den Steinbock tot, und die Frau setzte ihn aufs Feuer, und sie verzehrten ihn. Als sie ihn aufgegessen hatten, ging die Hyäne am Morgen wieder aus. Auf dem Wege sah sie den Hasen und sagte zu ihm:

»Lampe, gehe zu meiner Frau und warte auf mich!« Und sie fuhr fort: »Wenn wir an Viehposten vorbeigehen und du wirst gerufen: Lampe! dann beschimpfe sie.«

Als sie weitergingen, da kamen sie an Viehposten vorbei und man rief:

»Lampe!«

Und er beschimpfte sie. Und die Hyäne wurde angerufen, und sie antwortete:

»Unser Freund!«

Dann gingen sie hin auf den Viehposten und erhielten Milch. Als sie sie bekamen, da sagte die Hyäne:

»Da du die Leute böswillig beschimpft hast, willst du doch nicht etwa essen?«

So aß die Hyäne die Milch allein. Als sie ins Gebüsch kamen, da redete sie ihm zu und sagte:

»Da bei meiner Frau ist Brei im Überfluß, wir wollen hingehen und Rasselfrüchte suchen.«

Und sie suchten wieder Rasselfrüchte und reihten sie auf. Und sie sagte zum Hasen:

»Du kannst sie tragen.«

Dann gingen sie nach Hause. Und sie sagte ihm:

»Wenn wir begrüßt werden, dann sagst du: Brei mit Fett.«

Aber Isegrim sagte:

»Brei mit Fleisch.«

Und als der Brei gebracht wurde, sagte die Hyäne:

»Hole die Rasselfrüchte von der Haustür!«

Der Hase läuft davon und holt sie. Als er zurückkam, hatte die Hyäne allen Brei aufgezehrt. Sie ließ ein Stückchen übrig und wälzte es auf dem Boden herum und sagte:

»Die Hunde haben es mir weggenommen, dies allein blieb übrig, das kannst du essen, hier drinnen gibt es nicht Brei und Fett, morgen kann für dich gekocht werden.«

Dann unterhielten sie sich. Schließlich sagte die Hyäne:

»Wenn du schlafen willst, dann gehe in die Hütte und bedecke dich mit Fell.«

Und dann ging er hin und legte sich und bedeckte sich mit Fell. Und die andern gingen auch und legten sich schlafen. Der Hase war eingeschlafen, und die Frau der Hyäne stöhnte und die Hyäne fragte sie:

»Warum stöhnst du?«

»Das Fleisch deines Kameraden ist an der Wand der Hütte.«

Die Hyäne sagte:

»Gib mir meinen Stock!« und sie nahm den Stock und erschlug den Hasen. Dann setzte seine Frau ihn aufs Feuer, und am Morgen verzehrten sie ihn. Und die Hyäne ging wieder fort, und sie wanderte umher und sah den Schakal. Und sie sagte:

»Schakal meiner Mutter!«

Und der Schakal antwortete:

»Hyäne meines Vaters!«

»Wir wollen gehen, und du kannst bei meiner Frau auf mich warten.«

»Ja.«

»Wenn wir zu den Viehposten kommen, die hier sind, und die Postenhüter rufen: Reineke! dann beschimpfe sie.«

Und sie gingen zu den Posten, und die Postenhüter riefen den Schakal:

»Reineke!« und er sagte:

»Du, mein Freund!«

Und die Hyäne wurde zornig, und als sie gerufen wurde, sagte sie:

»Was ist los?«

Und sie gingen auf die Posten, und sie bekamen Milch. Und der Schakal sagte:

»Laß uns essen!«

Aber die Hyäne erklärte:

»Ich will nicht.«

Als sie ins Gebüsch kamen, sagte sie:

»Wenn wir wieder an Viehposten vorbeikommen, die hier sind, vergißt du vielleicht wieder zu schimpfen.«

»Nein«, sagte er, »ich werde sie tüchtig beschimpfen.«

»Du sagst es mir doch deshalb, damit ich dich erinnere, daß du sie beschimpfst.«

Daraufhin kamen sie wieder an Viehposten und die Postenhüter riefen den Schakal:

»Reineke!«

Und er sagte:

»Du Freund!«

Aber die Hyäne war ihm böse. Als sie gerufen wurde, sagte sie:

»Was ist los?«

Als sie hineinkamen, erhielten sie Milch. Und die Hyäne sagte:

»Iß nur die Milch, ich mag nicht essen.«

Und die Hyäne dachte in ihrem Herzen:

»Obgleich du mir die Milch weggessen hast, werde ich dir den Brei bei meiner Frau wegessen.«

Sie gingen also. Als sie auf dem Weg waren, sagte die Hyäne:

»Laß uns gehen, wir wollen Rasselfrüchte suchen.«

Und sie suchten sie und reihten sie auf eine Schnur. Der Schakal blieb zurück und reihte Kaktusblätter auf eine Schnur. Und die Rasselfrüchte band er sich unter den Schwanz. Aber die Kaktusblätter trug er in der Hand. Die Hyäne sagte:

»Wenn wir in das Gehöft gehen, dann laß die Rasselfrüchte hier am Eingang zurück.«

Als sie durch die Tür hindurchgingen, sagte die Hyäne:

»Hier wirf die Rasselfrüchte hin!«

Aber er warf die Kaktusblätter hin. Als sie weiter gingen, sagte sie zu dem Schakal:

»Wenn wir begrüßt werden, dann mußt du sagen: Brei mit Fett.«

Und sie wurden begrüßt. Reineke aber sagte:

»Brei mit Fleisch.«

Isegrim dachte in seinem Innern:

»Ich werde alles aufessen, während der Schakal die Rasselfrüchte holt«, und sagte:

»Brei mit Fett.«

Als nun der Brei gekommen war, da rief sie:

»Lauf und hole die Rasselfrüchte vom Eingang!«

Der Schakal ging nur bis an die Tür des Empfangsraumes, löste die Früchte von seinem Schwanz ab und gab sie ihm. Die Hyäne aber wollte sie nicht nehmen und sagte, das wären nicht ihre, ihre lägen am Eingang. Da sagte der Schakal:

»Von da habe ich sie ja geholt.«

Da sagte die Hyäne nur:

»Iß deinen Brei!«

Und der Schakal aß und aß und ließ etwas übrig, und das verrührte er mit Fett und gab es den Hunden. Da seufzte die Hyäne bei sich und dachte, daß sie mit einem ungehorsamen Kind gegangen wäre, und sagte bei sich selbst:

»Obgleich er mir die Speise weggegessen hat, werde ich ihn heute töten.«

Dann unterhielten sie sich. Der Schakal tat, als ob er schliefe. Sie sagte:

»Schakal meiner Mutter!«

»Hyäne meines Vaters!«

Sie weckte ihn auf und sagte:

»Schläfst du?«

»Jawohl!«

»Da ist die Hütte, decke dich mit dem Fell zu, das an der Seite der Hütte ist.«

Da ging der Schakal hinein und holte sich eine Trommel und holte sich einen großen Fettopf von der Schwiegermutter der Hyäne und legte beides an die Seite der Hütte und deckte ein Fell darüber. Er selbst aber blieb oben auf der Wand der Hütte. Und dann schnarchte er. Die Hyäne aber dachte:

»Heute werde ich ihn mit einem Holz treffen, er hat mich den ganzen Tag hungern lassen.«

Die Frau der Hyäne stöhnte. Die Hyäne fragte:

»Warum stöhnst du?«

»Das Fleisch deines Kameraden ist an der Wand der Hütte.«

»Gib mir meinen Stock!«

Und sie gab ihn ihr. Und sie sagte:

»Verschließe die Tür, das Ding ist auf der Hut.«

Und sie tastete am Kopf der Trommel. Und sie nahm den Stock in beide Hände und schlug zu.

Da schlug sie auf die Trommel und auf den Fettopf ihrer Schwiegermutter.

Da sagte die Frau:

»Du hast den Fettopf deiner Schwiegermutter und die Trommel meines Vaters zerschlagen.«

Die Hyäne erwiderte:

»Hast du denn nicht Fleisch haben wollen?«

»Habe ich dir vielleicht befohlen, daß du den Fettopf meiner Mutter zerschlagen solltest?«

»Wenn du jetzt den Fettopf deiner Mutter wieder haben willst, dann gib mir auch bitte meine Kameraden wieder, die du verzehrt hast.«

»Aber du hast sie doch selbst getötet.«

»Du könntest die Sachen wohl von dem Schakal verlangen.«

Aber der Schakal sagte:

»Ich habe es dorthin gelegt, weil ihr mich töten wolltet.«

Da sprang die Hyäne in die Hütte hinein und wollte den Schakal greifen. Und der Schakal lief fort. Aber die Hyäne folgte seiner Spur. Da traf die Hyäne ihren Sohn Schipofi, und sie verfolgten zusammen den Schakal bis an eine Höhle. Als sie an die Höhle kamen, nahm die Hyäne einen spitzen Stock, um nach dem Schakal zu graben. Aber das Holz ging nicht gut in die Erde, und die Hyäne sagte zu Schipofi:

»Passe hier auf, ich will unterdessen hingehen und ein gutes spitzes Holz holen, mit dem man graben kann.«

So blieb Schipofi da an der Höhle, während die Hyäne wegging. Dann nahm er wahr, daß sich in der Höhle etwas bewegte. Der Schakal aß etwas dort in der Höhle. Da sagte Schipofi:

»Schakal, was ißt du?«

Und der Schakal fragte zurück:

»Möchtest du auch etwas?«

»Gib mir auch!«

»Geh einmal von der Tür der Höhle weg, damit ich dir gebe!« Und dann fügte er hinzu: »Mache die Augen zu!«

Schipofi ging weg und schloß die Augen. Als er die Augen wieder öffnete, fragte er:

»Wo bist du, gib mir doch!«

Als die Hyäne kam, fragte sie:

»Ist der Schakal da drin?« Schipofi antwortete:

»Ja, er ist drin.«

So grub nun die Hyäne mit ihrem Sohn, und sie erreichten das Ende der Höhle. Als sie am Ende waren, fragte die Hyäne ihren Sohn:

»Du bist gewiß von der Höhle weggegangen.«

Schipofi sagte:

»Der Schakal verlangte, ich möchte weggehen, damit er mir zu essen geben könnte.«

Da schlug ihn die Hyäne:

»Du Dummkopf du, wie kannst du die Augen zumachen!«

Und die Hyäne folgte wieder der Spur des Schakals, bis die Spur in eine Baumhöhle verschwand. Und sie grub an der Höhle im Affenbrotbaum. Da fragte der Schakal drinnen:

»Wer rüttelt da an meiner Höhle? Ich bin der Geist des Häuptlings.«

Da sagte die Hyäne:

»Nein, mein Herr, wir suchen den Schakal.«

»Warte, ich will da weggehen.«

Der Schakal aber hatte sich alle Haare an seinem Körper ausgerupft. Als er weggegangen war, da grub die Hyäne also. Und als sie das Ende der Höhle erreicht hatte, war da nur der Schakal. Und er sagte zu ihr:

»Wir wollen kochen.«

Sie setzte den Topf aufs Feuer und kochte. Als sie gekocht hatte, saß sie bei dem Schakal, der sich die Haare ausgerupft hatte, und dachte, es wäre der Häuptling. Dann sagte sie:

»Herr, da ist kein Fleisch, wo sollen wir Zukost hernehmen?«

Da sagte der Schakal:

»Du kannst von deinem Schwanz etwas abschneiden.«

Das tat die Hyäne. Und als die Speise aufgegessen war, da sagte der Schakal:

»Du mußt wieder etwas kochen.«

Die Hyäne kochte auch. Und als sie damit fertig war, sagte sie:

»Da ist kein Fleisch.«

Und der Schakal sagte wieder:

»Schneide noch einmal von deinem Schwanz ab.«

So verbrauchte die Hyäne ihren ganzen Schwanz.

Dann befahl der Schakal der Hyäne:

»Gehe und schöpfe einen großen Topf mit Wasser!«

Als sie das getan hatte, da stieg der Schakal in das Wasser in dem Topf. Als er dadrinnen war, sagte er:

»Nun lege Holz zu!«

Und er plätscherte im Wasser. Als die Hyäne das hörte, sagte sie:

»Geh aus meinem Topf heraus, denn ich habe das Wasser geschöpft.«

Und als er dann herausgekommen war, da stieg die Hyäne hinein. Der Schakal legte noch mehr Holz zum Feuer, und oben auf den Topf deckte er einen großen Stein. Dann schürte er das Feuer. Da sagte die Hyäne:

»Ich schwitze, ich möchte jetzt heraus.«

Als die Hyäne anfing, sich zu verbrennen, da sagte sie:

»Nimm den Deckel weg, damit ich heraus kann.«

Der Schakal aber meinte:

»Warum bist du denn hineingegangen?«

Als die Hyäne tot war, da verzehrte sie der Schakal.

33. Der Sohn des Kimanaueze und die Tochter von Sonne und Mond

Ich erzählte schon öfter von Kimanaueze. Der zeugte einen Sohn. Das Kind wuchs heran und kam in das heiratsfähige Alter. Da sagte sein Vater:

»Heirate!«

»Ich will keine Frau von dieser Erde heiraten.«

»Von woher willst du sie denn heiraten?«

»Nun, es müßte schon die Tochter von Frau Sonne und Herrn Mond sein.«

Die Leute sagten:

»Wer kann aber an den Himmel kommen, wo die Tochter von Sonne und Mond ist?«

»Ich will sie nun aber einmal, auf der Erde heirate ich nicht.«

Er schrieb einen Heiratsbrief und gab ihn der Antilope. Die Antilope sagte:

»Ich kann nicht an den Himmel gehen.«

Er gab ihn dem Habicht. Der Habicht sagte:

»Ich kann nicht an den Himmel gehen.«

Er gab ihn dem Geier. Der Geier sagte:

»Halbwegs erreiche ich ihn; ganz kann ich nicht an den Himmel kommen.«

Da sagte der junge Mann:

»Was soll ich tun?«

Er legte ihn beiseite in ein Kästchen und verhielt sich ruhig.

Die Leute von Frau Sonne und dem Mond pflegten zum Wasserholen auf die Erde zu kommen. Da kam der Frosch. Er traf den Sohn des Kimanaueze und sagte:

»Junger Herr, gib mir den Brief, ich besorge ihn.«

Da sagte der junge Mann:

»Scher dich! Denn, wo Leute mit Flügeln es aufgeben, da sagst du: Ich will dahin gehen? Wie kannst du dahin gelangen?«

»Junger Herr, ich bin dazu imstande.«

Da gab er ihm den Brief, indem er sagte:

»Wenn du nun aber nicht dahin gelangst und wieder damit zurückkommst, dann werde ich dir eine Tracht Prügel geben.«

Der Frosch ging ab. Er ging an die Quelle, zu der die Mägde von Sonne und Mond gewohnt waren zum Wasserschöpfen zu kommen. Er nahm den Brief in den Mund, stieg hinein in die Quelle und verhielt sich ruhig. Nach einer Weile kamen die Mägde von Frau Sonne und Herrn Mond, um Wasser zu holen. Sie ließen einen Krug in die Quelle hinab; der Frosch stieg hinein in den Krug.

Als sie Wasser geschöpft hatten, hoben sie den Krug hoch. Sie wußten nicht, daß der Frosch hineingestiegen war. Dann kommen sie im Himmel an, setzen die Krüge an ihre Plätze und gehen weg. Der Frosch kommt heraus aus dem Krug. In dem Raum, in dem die Krüge mit Wasser aufbewahrt werden, befindet sich auch ein Tisch. Der Frosch spuckt den Brief aus und legt ihn an das obere Ende des Tisches. Dann geht er weg und verbirgt sich in einer Ecke des Zimmers.

Nach einer Weile kommt Frau Sonne selbst in den Wasserraum, schaut auf den Tisch, erblickt den Brief, nimmt ihn und fragt:

»Woher kommt der Brief?«

»Wir wissen es nicht.«

Frau Sonne öffnet ihn und liest ihn. Der Schreiber sagte:

»Ich, der Sohn des Kimanaueze von Tumba Ndala auf der Erde, möchte die Tochter von Frau Sonne und dem Mond heiraten.«

Frau Sonne denkt und sagt bei sich:

»Kimanaueze lebt auf der Erde, ich aber lebe im Himmel, wo ist denn der, der mir den Brief gebracht hat?«

Sie tut den Brief in ein Kästchen und verhält sich ruhig.

Als nun Frau Sonne den Brief gelesen hat, steigt der Frosch wieder in den Krug. Nach einer Weile sind die Krüge leer, die Wassermädchen nehmen die Krüge auf und gehen damit zur Erde nieder. Sie kommen zur Quelle, tauchen die Krüge ins Wasser, der Frosch steigt heraus, geht unter Wasser und verbirgt sich. Als die Mädchen mit Schöpfen fertig sind, gehen sie fort.

Der Frosch steigt aus dem Wasser, geht ins Dorf und verhält sich ruhig. Als einige Tage vergangen sind, fragt der Sohn des Kimanaueze den Frosch:

»Na, Bursche, wohin bist du nun mit dem Brief gewesen, was?«

»Herr, den Brief lieferte ich ab, ich habe nur noch keine Antwort.«

»Mensch, du lügst, du bist nicht dort gewesen.«

»Herr, du wirst sehen, wo ich gewesen bin.«

Sechs Tage vergingen; dann schrieb der Sohn des Kimanaueze noch einen Brief, in dem er sich nach dem erstgeschriebenen erkundigte, er sagte:

»Ich schrieb euch, Frau Sonne und Herr Mond, mein Brief ging ab, aber eine Antwort von euch bekam ich nicht, in der ihr sagt, entweder ›wir nehmen dich an‹ oder ›wir lehnen dich ab‹.«

Er beendet den Brief und schließt ihn. Dann ruft er den Frosch und gibt in ihm. Der Frosch geht ab und kommt an die Quelle. Er nimmt den Brief ins Maul, steigt ins Wasser und duckt sich auf den Grund der Quelle.

Nach einer Weile kommen die Wassermädchen hernieder und gelangen an die Quelle. Sie tauchen die Krüge ins Wasser, der Frosch steigt in einen Krug. Sie sind fertig mit Füllen und heben sie heraus. Sie steigen an dem Faden, den die Spinne wob, empor. Sie kommen im Himmel an; sie treten ins Haus. Sie setzen die Krüge nieder und gehen. Der Frosch steigt aus dem Krug und spuckt den Brief aus. Er legt ihn auf den Tisch und versteckt sich in einer Ecke. Nach einer Weile geht Frau Sonne durch das Zimmer, wo das Wasser steht. Sie blickt auf den Tisch, da ist ein Brief. Sie öffnet ihn, liest ihn, im Briefe steht:

»Ich, der Sohn des Kimanaueze von Tumba Ndala, möchte mich bei Dir, Frau Sonne, nach meinem vorigen Brief erkundigen. Du ließest mir überhaupt keine Antwort zuteil werden.«

Frau Sonne sagt:

»Ihr Mädchen, bringt ihr immer Briefe mit, wenn ihr zum Wasserholen geht?«

»Wir? Nein.«

Frau Sonne hegt Zweifel. Sie legt den Brief in eine Schachtel und schreibt dann folgendes an den Sohn des Kimanaueze:

»Du, der Du mir immer Heiratsbriefe schreibst, ich bewillige Dir meine Tochter, unter der Bedingung, daß Du, der Mann, in eigener Person hierherkommst mit Deinem Erst-Geschenk, damit ich Dich auch kennenlerne.«

Sie schrieb den Brief fertig, faltete ihn, legte ihn auf den Tisch und ging weg. Der Frosch kommt aus seiner Ecke heraus, nimmt den Brief, steckt ihn in den Mund, steigt in einen Krug und verhält sich ruhig.

Nach einer Weile sind die Krüge leer. Die Mädchen kommen und heben die Krüge auf. Am Faden der Spinne lassen sie sich auf die Erde nieder. Sie kommen an die Quelle, tauchen die Krüge ins Wasser, der Frosch steigt heraus aus dem Krug und geht auf den Grund der Quelle. Als die Mädchen fertig sind mit Schöpfen, steigen sie empor.

Der Frosch geht ans Ufer, kommt im Dorf an und verhält sich ruhig.

Als der Abend kommt, sagt er:

»Jetzt werde ich den Brief hinbringen.«

Er spuckt ihn aus, kommt an beim Hause des Sohnes von Kimanaueze und klopft an die Tür; der Sohn des Kimanaueze fragt:

»Wer ist da?«

Der Frosch sagt:

»Ich bin's, Mainu, der Frosch.«

Der Sohn des Kimanaueze springt auf vom Bett, auf dem er geruht hat und sagt:

»Tritt ein!«

Der Frosch kommt, überreicht ihm den Brief und geht hinaus. Der Sohn des Kimanaueze öffnet ihn und liest ihn. Was Frau Sonne ihm verkündigt, gefällt ihm; er sagt:

»Frosch, es war also doch wahr, als du sagtest: ›Du wirst sehen, wo ich gewesen bin.‹«

Er sann nach, dann schlief er.

Am andern Morgen nahm er vierzig Taler und schrieb einen Brief, in dem er sagte:

»Jetzt bleibt mir nur noch das Werbungsgeschenk übrig. Ich bitte euch, mir die Höhe des Werbungsgeschenkes mitzuteilen.«

Er beendet den Brief, ruft Mainu, den Frosch. Der kommt, dann gibt er ihm den Brief und das Geld und sagt:

»Trag es hin!«

Der Frosch geht weg, kommt an die Quelle, läßt sich hinab ins Wasser und verhält sich ruhig. Nach einer Weile kommen die Mädchen und tauchen die Krüge in das Wasser; der Frosch steigt in den Krug. Als die Mädchen die Krüge gefüllt haben, nehmen sie sie heraus, steigen an dem Spinnenfaden in die Höhe, kommen in dem Wasserraum an, setzen die Krüge nieder und gehen.

Der Frosch steigt aus dem Krug heraus, legt den Brief auf den Tisch und das Geld, geht weg und versteckt sich in einer Ecke. Nach einer Weile kommt Frau Sonne in den Wasserraum, findet den Brief auf dem Tisch, nimmt ihn und das Geld und liest ihn. Sie erzählt ihrem Mann die Nachricht, die von ihrem Schwiegersohn gekommen ist; ihr Mann stimmt ihr bei. Frau Sonne sagt:

»Ich kenne den nicht, der den Brief gebracht hat, wie soll die Speise für ihn gekocht werden?«

»Wir werden es irgendwie kochen und auf den Tisch stellen, wo sonst die Briefe lagen.«

»Recht so!«

Sie töten ein Huhn und kochen es. Als es Abend wird, kochen sie Maisbrei. Sie setzen die Speisen auf den Tisch und machen die Tür zu. Der Frosch kommt an den Tisch, er ißt die Speisen, geht in eine Ecke und verhält sich ruhig.

Frau Sonne schreibt einen Brief, in dem sie sagt:

»Mein lieber Schwiegersohn, das Erst-Geschenk, was Du mir geschickt hast, habe ich erhalten. Die Höhe des Werbungsgeschenkes beläuft sich auf einen Sack voll Geld.«

Sie beendet den Brief, legt ihn auf den Tisch und geht weg. Der Frosch kommt aus der Ecke hervor, nimmt den Brief, steigt in den Krug und schläft.

Am nächsten Morgen nehmen die Mädchen die Krüge; sie steigen auf die Erde nieder, kommen an die Quelle und tauchen die Krüge ins Wasser. Der Frosch steigt heraus aus dem Krug. Als die Mädchen mit Schöpfen fertig sind, gehen sie wieder aufwärts.

Der Frosch kommt heraus aus dem Wasser und geht ins Dorf. Er tritt in das Haus und wartet. Die Sonne ist untergegangen, der Abend hereingebrochen und er sagt:

»Jetzt will ich den Brief hinbringen.«

Er geht fort, gelangt an das Haus des Sohnes von Kimanaueze. Er klopft an die Tür, der Sohn des Kimanaueze ruft:

»Wer da?«

»Ich bin's, Mainu, der Frosch.«

»Tritt ein!«

Der Frosch geht hinein, gibt ihm den Brief und geht wieder hinaus. Der Sohn des Kimanaueze öffnet den Brief und liest ihn, dann legt er ihn beiseite.

Sechs Tage brauchte er, dann war der Sack voll Geld fertig.

Er ruft den Frosch, der Frosch kommt. Der Sohn des Kimanaueze schreibt folgenden Brief:

»Meine lieben Schwiegereltern, hier ist das Werbungsgeschenk, und bald werde ich selbst kommen, um mein Weib heimzuholen.«

Den Brief gab er dem Frosch mit dem Geld.

Der Frosch geht. Er kommt an die Quelle, taucht unter Wasser und versteckt sich. Nach einer Weile steigen die Wassermädchen hernieder, kommen an die Quelle, tauchen ihre Krüge ins Wasser und der Frosch steigt in einen Krug. Als sie fertig geschöpft haben, heben sie sie heraus. Sie steigen am Spinnenfaden empor und kommen im Himmel an. Im Wasserraum setzen sie die Krüge nieder und gehen hinaus. Der Frosch steigt aus dem Krug, legt den Brief und das Geld auf den Tisch, geht in eine Ecke und versteckt sich. Frau Sonne kommt in den Wasserraum, findet den Brief und das Geld. Sie nimmt beides, zeigt das Geld dem Mond und der Mond sagt:

»Sehr schön.«

Sie nehmen ein junges Schwein und töten es. Als sie das Essen gekocht haben, setzen sie es auf den Tisch und machen die Tür zu. Der Frosch kommt zum Essen und ißt es auf. Als er fertig ist, steigt er in den Krug und schläft.

Am andern Morgen nehmen die Wassermädchen die Krüge auf und gehen zur Erde nieder. Als sie bei der Quelle ankommen, tauchen sie die Krüge ins Wasser. Der Frosch steigt aus dem Krug und versteckt sich. Als sie fertig mit Schöpfen sind, gehen sie himmelan. Der Frosch geht an Land, kommt ins Dorf, geht ins Haus, verhält sich ruhig und schläft.

Am nächsten Morgen spricht er zum Sohn des Kimanaueze also:

»Junger Herr, ich gab denen das Werbungsgeschenk, bei denen ich war, sie haben es erhalten. Sie haben mir ein junges Schwein gekocht, ich aß es. Nun mußt du selbst den Tag bestimmen, an dem du sie heimholen willst.«

Der Sohn des Kimanaueze sagt:

»Es ist gut.«

So lebten sie zehn Tage und noch zwei.

Der Sohn des Kimanaueze sagt:

»Ich brauche jemand, der mir die Braut heimführt, aber ich finde niemand. Sie sagen: ›Wir können nicht an den Himmel gehen.‹ Was soll ich nun machen, Frosch?«

»Junger Herr, sei unbesorgt, ich bin dazu imstande, sie heimzuholen.«

»Das kannst du nicht; die Briefe hast du allerdings besorgen können, aber sie mir zuführen kannst du nicht.«

»Junger Herr, beruhige dich, quäle dich nicht unnütz. Ich bin wirklich dazu imstande, sie heimzuführen; verachte mich nicht.«

»Versuchen wir's mit dir.«

Er nimmt Lebensmittel und gibt sie dem Frosch.

Der Frosch geht. Er kommt an die Quelle. Er taucht ins Wasser und versteckt sich. Nach einer Weile kommen die Wassermädchen hernieder, sie kommen an die Quelle, tauchen ihre Krüge ins Wasser und der Frosch steigt hinein. Als sie geschöpft haben, gehen sie himmelan. Sie kommen in den Wasserraum, setzen die Krüge nieder und gehen fort. Der Frosch kommt aus dem Krug heraus, versteckt sich in einer Ecke. Die Sonne geht unter. Abends spät geht der Frosch aus dem Wasserraum heraus und sucht das Zimmer, in dem die Tochter der Frau Sonne schläft. Er findet sie schlafend. Er nimmt ihr ein Auge heraus, dann nimmt er auch das andere heraus. Er bindet die Augen in ein Tuch, kommt wieder in den Wasserraum in seine Ecke, verbirgt sich und schläft.

Am nächsten Morgen stehen alle auf. Nur die Tochter der Frau Sonne kann nicht aufstehen. Sie fragen sie:

»Stehst du nicht auf?«

»Meine Augen sind geschlossen, ich kann nicht sehen.«

Ihre Eltern sagen:

»Was mag die Ursache sein, gestern klagte sie doch noch nicht.«

Da schickte Frau Sonne zwei Boten ab und sagte ihnen:

»Geht zum Wahrsager, damit er wahrsagt über meines Kindes kranke Augen.«

Sie gehen fort und kommen zu den Wahrsagern. Sie unterbreiten ihnen die Sache, die Wahrsager nehmen die Zauberwürfel heraus. Die Leute, die den Wahrsager befragten, sagten ihm nichts von der Krankheit, sie sagten nur:

»Wir sind gekommen, daß du uns wahrsagst.«

Der Wahrsager blickt in die Zauberwürfel und sagt:

»Krankheit hat euch zu mir geführt. Die, die krank ist, ist eine Frau, ihre Krankheit sind ihre Augen. Ihr seid geschickt worden und nicht aus eigenem Antrieb gekommen. Ich habe gesprochen.«

Die zu dem Wahrsager gekommen waren, sagten:

»Das ist wahr! Siehe nun nach der Ursache des Leidens.«

Der Wahrsager sieht hinein und sagt:

»Sie, die kranke Frau ist noch nicht verheiratet, sie ist nur erst erwählt. Ihr Gebieter, der um sie angehalten hat, sendet den Zauberspruch, indem er sagt: ›Laßt meine Frau kommen, wenn sie nicht kommt, wird sie sterben.‹ Ihr, die ihr zum Wahrsagen kamt, bringt sie zu ihrem Gatten, damit sie entkomme. Ich habe gesprochen.«

Die Männer stimmen zu, gehen aufwärts. Sie finden Frau Sonne und überbringen ihr die Worte des Wahrsagers. Frau Sonne sagt:

»Gut so, wir wollen schlafen und morgen kann sie auf die Erde herniedergebracht werden.«

Der Frosch, der in seiner Ecke sitzt, hört alles, was sie sagen. Sie schlafen.

Am andern Morgen steigt der Frosch in den Krug, die Wasserträgerinnen kommen und nehmen die Krüge auf. Sie steigen zur Erde nieder und erreichen die Quelle. Sie tauchten ihre Krüge ins Wasser. Der Frosch kommt heraus und versteckt sich am Grunde. Die Wasserträgerinnen steigen hinauf. Frau Sonne sagt zur Spinne:

»Spinne ein großes Gewebe bis zur Erde nieder, denn heute soll meine Tochter mit auf die Erde genommen werden.«

Die Spinne spinnt und wird fertig. Darüber vergeht Zeit.

Der Frosch steigt aus der Quelle heraus, geht ins Dorf. Er findet den Sohn des Kimanaueze und sagt:

»Oh, junger Herr, heute kommt deine Braut.«

»Scher dich, Lügner!«

»Herr, glaub' es mir, heute abend spät bring ich sie zu dir.«

Sie schwiegen.

Der Frosch geht zurück zur Quelle und steigt ins Wasser. Er bleibt ganz still. Die Sonne geht unter. Sie bringen die Tochter der Frau Sonne zur Erde nieder, setzen sie bei der Quelle ab und gehen wieder empor. Der Frosch kommt zum Vorschein und sagt zu der jungen Frau:

»Ich bin dein Führer und will dich hinbringen zu deinem Gebieter.«

Der Frosch gibt ihr ihre Augen wieder, sie machen sich auf den Weg. Sie betreten das Haus des Sohnes von Kimanaueze. Der Frosch sagt:

»Oh, junger Herr, hier ist deine Braut.«

»Sei willkommen, Mainu, mein Frosch!«

So heiratete der Sohn des Kimanaueze die Tochter von Frau Sonne und vom Mond; sie lebten mitsammen. Alle hatten es aufgegeben, an den Himmel zu gehen, nur Mainu, der Frosch, hat es fertig gebracht.

Ich habe meine kleine Geschichte erzählt. Ende!

34. Der Mann und seine vier Söhne

Es war einmal ein Vater von vier Söhnen. Einer war ein Jäger, einer ein Ackerbauer, einer ein Kaufmann und einer ein Dieb. Der Jäger schoß jeden Tag für seinen Vater Tiere in Menge. Der Ackerbauer bebaute jeden Tag für seinen Vater zahlreiche Felder. Der Kaufmann machte jeden Tag für seinen Vater vielerlei Geschäfte, und nur der Dieb saß Tag für Tag untätig da und übte sein Diebsgewerbe nicht aus.

Eines Tages sagte sein Vater zu ihm:

»Du stiehlst ja niemals etwas für mich, du sitzt Tag für Tag untätig da.« Er hieß Karandaro und fragte seinen Vater:

»Vater, willst du, daß ich für dich stehle?«

»Das will ich, mein Sohn.«

Darauf erhob sich Karandaro, begab sich in ein Dorf von Weißen und sagte zu ihnen:

»Guten Tag, meine Herren, ich möchte um Arbeit bitten.«

»Was für Arbeit willst du denn?«

»Ich möchte als Dieb arbeiten.«

»Wir wollen keine Diebsarbeit.«

Darauf ging er weiter.

Er kam in ein Dorf von anderen Weißen und sagte zu ihnen:

»Guten Tag, meine Herren, ich suche Arbeit.«

»Was für Arbeit willst du denn?«

»Arbeit als Dieb.«

»Wir wollen keine Diebsarbeit.«

Und darauf ging er weiter.

Er begab sich in das Dorf eines anderen Weißen und sagte zu ihm:

»Guten Tag, mein Herr! Ich suche Arbeit.«

»Was für Arbeit?«

»Ich möchte Arbeit als Dieb.«
»Willst du wirklich Arbeit als Dieb?«
»Ich will es wirklich.«
Da sagte der Weiße:
»Wenn du also wirklich Arbeit als Dieb haben willst, so stiehl denn, bis diese sechs Magazine gefüllt sind, alsdann zahle ich dir, was du haben willst.«
Nun machte der Dieb sich eilig daran, unaufhörlich zu stehlen, Tag für Tag, und füllte alle sechs Magazine bis an den Rand. Dann ging er zu dem Weißen und sprach:
»Ich habe alle sechs Magazine angefüllt.«
Da ging der Weiße hin, um nachzusehen, und fand sie voller Sachen, die Karandaro gestohlen hatte. Da fragte er Karandaro:
»Was soll ich dir dafür zahlen?«
»Ich verlange dafür: fünfhundert Ballen Stoff, fünfhundert Sack Salz, fünfhundert Koffer, auch fünfhundert Ochsen, die all diese Sachen auf ihrem Rücken forttragen, und dann noch fünfhundert Männer, ebenfalls zum Fortschaffen der Sachen.«
Der Weiße hatte aber eine Gummischnur, die warf er in die Höhe. Wenn sie wieder zur Erde fiel, erschienen die Dinge alle, die er haben wollte. Er fragte nun Karandaro:
»Willst du diese Sachen, von denen du sagtest, haben?«
»Ja, die will ich haben.«
Da holte der Weiße seine Gummischnur heraus, schleuderte sie in die Luft, sie fiel zur Erde, und da erschienen alle von Karandaro gewünschten Sachen. Nun legte der Weiße seine Schnur auf den Tisch und tat, als verschwände er. Der Dieb bemächtigte sich der Schnur und machte sich mit seinen ganzen Sachen und mitsamt der gestohlenen Schnur auf den Weg und reiste ab.

Als er zu Hause ankam und sein Vater all diese Sachen in verwirrender Menge sah, bereitete er ihm einen guten Empfang und liebte ihn mehr, als seine Brüder. Er erhielt alle Sachen von seinem Sohn geschenkt, nur die Schnur verbarg Karandaro.

Im Laufe des Jahres waren die ganzen Sachen aufgebraucht. Da ging der Vater zu seinem Sohn Karandaro und sprach:

»Mein Sohn, alle Sachen sind aufgebraucht, und ich habe obendrein eine Schuld von fünf Ochsen, wovon soll ich dir bezahlen?«

Karandaro ging in die Hütte, nahm seine Schnur, warf sie in die Höhe und, als sie zur Erde fiel, kamen die fünf Ochsen zum Vorschein. Karandaros Vater nahm sie und bezahlte seine Schuld.

Da aber Karandaros Vater die Schnur gesehen hatte, flehte er seinen Sohn an und sprach:

»Mein Sohn, ich bin über und über verschuldet, gib mir deine Schnur, daß ich damit auf Reisen gehe und alle meine Schulden begleiche.«

Sein Sohn weigerte sich, aber umsonst; sein Vater drang nur immer mehr in ihn. Da nahm er dann endlich die Schnur, gab sie seinem Vater und sprach:

»Vater, nun nimmst du mir also doch meine Schnur fort, vergebens habe ich mich widersetzt; aber du mußt sie mir unversehrt wiederbringen und aufpassen, daß du sie nicht verlierst.«

So nahm also sein Vater die Schnur mit auf die Reise und kam damit in das Dorf des Weißen, dem die Schnur gehörte. Der Weiße sah sich den jetzigen Besitzer an und sagte zu ihm:

»Woher hast du die Schnur?«

»Sie gehört mir.«

»Ich möchte sie gerne haben, verkaufe sie mir!«

»Ich will sie nicht verkaufen.«

Da bestürmte ihn der Weiße mit Bitten, bis er endlich sagte:

»Nun gut, so kaufe sie!«

»Was willst du dafür haben?«

»Ich will so viel Sachen haben, wie sechs Magazine fassen.«

Da zeigte ihm der Weiße sechs gefüllte Magazine, er nahm die Sachen, verlud sie und machte sich auf den Heimweg.

Als er dicht bei seinem Hause war, sagte sein Sohn:

»Mir will es scheinen, als hätte mein Vater die Schnur verkauft, denn er kommt mit einer großen Menge Sachen an.«

Er stand auf, ging seinem Vater ein Stück Wegs entgegen und sprach:

»Vater, gib mir meine Schnur!«

»Die Schnur habe ich verkauft, denn es wurde mir eine ungeheure Menge Sachen dafür geboten.«

Da weinte Karandaro und machte sich auf den Weg zu dem Weißen. Er fand ihn, als er gerade zu Pferd gestiegen war und die Schnur in der Hand hatte. Da verwandelte er sich in ein Krokodil und spazierte in das Innere des Pferdes. Der Weiße ritt eine ganze Weile, dann kam er an ein großes Wasser. Nun kam Karandaro aus dem Inneren des Pferdes zum Vorschein, riß dem Weißen die Schnur aus der Hand und stürzte sich damit ins Wasser. Schnell verwandelte der Weiße sich in einen großen Fisch, stürzte sich in das Wasser und verfolgte das Krokodil lange Zeit. Schließlich verwandelte sich das Krokodil in einen Vogel, der Fisch verwandelte sich ebenfalls in einen Vogel; sie stießen in der Luft zusammen, fielen zur Erde und unten angekommen, verschwand Karandaro plötzlich und kehrte nach Hause zurück.

Nun lebte noch ein anderer Mann, der der Vater einer sehr schönen Tochter war. Der hatte gesagt:

»Meine Tochter soll niemals heiraten, selbst dann gebe ich nicht meine Einwilligung, wenn man mir ungeheure Reichtümer bieten würde.«

Und zu seiner Tochter sagte er noch:

»Wenn ich je erfahre, daß du einen Mann hast, werde ich dich töten.«

Karandaro jedoch hatte beschlossen, dieses Mädchen zu heiraten. Er begab sich zu ihr und sprach:

»Ich möchte dich heiraten.«

Das Mädchen willigte ein. Drei Tage blieb er bei ihr. Am vierten Tage meldete man dem Vater des Mädchens:

»Deine Tochter hat einen Mann.«

Darauf befahl er, seine Tochter zu ihm zu führen. Und man sagte dem Mädchen:

»Dein Vater läßt dir sagen, du möchtest zu ihm kommen.«

Da sagte das Mädchen zu ihrem Gatten:

»Mein Vater sagte mir, wenn ich je erfahre, daß du einen Mann hast, töte ich dich! Jetzt läßt er mich also zu sich kommen, um mich zu töten.«

Darauf sagte Karandaro:

»Dein Vater wird dich nicht töten, ich werde dich aber heiraten.«

Er verwandelte sich in einen Ring und sagte zu dem Mädchen:

»Nimm diesen Ring und stecke ihn an den Finger. Wenn du angelangt bist und dein Vater mit einem Messer kommt, um dich zu töten, so hebe du schnell die Hand mit dem Ring, sobald er den Arm hebt und Miene macht, zuzustoßen; du wirst dann weiter sehen.«

Und das Mädchen ging fort.

Als sie ankam, trat ihr Vater mit einem Messer heraus, um sie zu töten. Schnell erhob das Mädchen die Hand mit dem Ring, da spritzte Blut aus den Augen des Vaters, so daß er erblindete. Darauf zog er sich in sein Haus zurück und sagte:

»Solange habe ich mich geweigert, daß ein Mann meine Tochter heiratet, aber wenn jetzt ein Mann kommt mit einem Heilmittel für meine Augen, so daß ich wieder sehend werde, so kann dieser Mann meine Tochter heiraten.«

Alle Ärzte des Dorfes kamen nun mit Heilmitteln und wandten sie an, aber alles umsonst. Da kam eines Tages ein Weißer und sagte:

»Ich bin nicht gekommen, um deine Tochter zu heiraten, aber gib mir den Ring, den sie am Finger trägt, alsdann werde ich dir ein Heilmittel geben, so daß dein Übel sofort verschwinden wird.«

Da ließ man das Mädchen kommen und sagte zu ihr:

»Gib diesem Mann den Ring von deinem Finger, dann wird er deinem Vater ein Heilmittel verschaffen.«

Das Mädchen aber sagte:

»Meinen Ring will ich nicht missen.«

Man flehte sie darum an, aber sie weigerte sich nach wie vor.

Zu Hause sagte ihr Karandaro:

»Wenn sie dich wieder bitten, weigere dich nicht. Zieh ihn vom Finger, aber gib ihn nicht dem Weißen in die Hand, sondern wirf ihn auf die Erde und sprich: ›Nimm ihn dir!‹ Du wirst dann weiter sehen.«

Das Mädchen ging wieder fort, kam dort an, und man bat sie von neuem um den Ring. Da rief sie:

»Ihr plagt mich zu sehr, so nehmt ihn denn, da habt ihr ihn!«

Und damit warf sie ihn an die Erde. Da verwandelte sich der Ring auf der Erde in Maiskörner, der Weiße verwandelte sich in einen Hahn und fing an, den Mais aufzupikken.

Nur ein Maiskorn blieb übrig, ein einziges Korn und das verwandelte sich in eine Genettkatze. Die Katze erhob sich, ergriff den Hahn und verschlang ihn. Darauf verwandelte sie sich in Karandaro.

Karandaro sagte zu dem Vater des Mädchens:

»Ich will ein Heilmittel für deine Augen schaffen, daß du sehen wirst, aber dann verlange ich deine Tochter zur Frau.«

Der Vater erwiderte:

»Einverstanden, schaffe mir schnell ein Heilmittel, da ist meine Tochter, heirate sie!«

Da brachte Karandaro ein Heilmittel, bestrich die Augen, und der Vater wurde sehend. Sobald er sehend geworden war, heiratete Karandaro das Mädchen.

35. Das Rebhuhn heiratete fünf Frauen

Rangumbi (das Rebhuhn) heiratete fünf Frauen; ihre Namen sind diese: Nakimpele und Navwoki und Nambende und Natutu (Namen von verschiedenen Arten Ratten, von denen Nakimpele besonders beliebt ist) und Nakimbiti (die Kröte). Als er sich mit ihnen verheiratet hatte, kochten sie am folgenden Morgen Palmölbrei und nahmen ihn mit sich, aber sie trafen Nangumbi nicht zu Hause. Sie fragten seine Kinder:

»Wohin ist euer Vater gegangen?«

»Er ist ausgegangen, um Palmwein zu zapfen.« Jene: »Laß uns ihm nachgehen!«

Sie gingen. Als sie an den Abhang kamen, riefen sie ihn von dem Abhang aus, wo sie sich befanden. Navwoki fing an zu rufen, und der Ruf lautete so:

»Je-je-jangumbi, antworte doch! nach dem Wasser bist du gegangen, antworte doch!«

Dann kam Nambende und rief mit demselben Sang, aber er kam doch nicht. Dann kam Natutu und rief auch mit demselben Sang, aber er kam doch nicht. Dann kam auch Nakimbiti und rief auch mit demselben Sang, aber er kam dennoch nicht.

Dann kam Nakimpele, um zu rufen. Sie sagte alsbald so:

»Je-je-jangumbi, antworte doch, du bist ausgegangen, um Palmwein zu zapfen, antworte doch!«

Der Mann antwortete sofort von der Stelle, wo er sich befand:

»Ke-ke, ke-ke!« und ließ sich sogleich dahin nieder, wo seine Frauen waren. Sie gingen in das Dorf, wo sie ihren Palmölbrei zurückgelassen hatten.

Als sie ins Dorf kamen, besah er all ihren Brei. Nakimpele hatte ein Huhn darin gekocht und Navwoki einen Aal und Nambende hatte Barsch darin gekocht, und Natutu hatte Quappe darin, und Nambiti hatte nur gewöhnliche Bananen darin.

Der Mann tat wie folgt: Der, die ein Huhn darin gekocht hatte, gab er eine Ndongila, der, die Aal darin gekocht hatte, gab er eine Seluka, der, die Barsch darin gekocht hatte, gab er eine Nsengono, der, die Quappe darin gekocht hatte, gab er eine Jimba, der, die mit gewöhnlichen Bananen gekocht hatte, gab er auch ebensolche Bananen. Sie gingen jede in ihr Dorf, worin sie wohnten.

Am anderen Morgen kochten sie in gleicher Weise, sie kamen in derselben Weise, sie riefen in derselben Weise. Er, der Mann, kam auch, wie er vorher kam, er tat auch, wie er ihnen zuvor getan hatte. Auch gingen sie zurück in ihre Dörfer.

Am anderen Morgen kochten sie wieder Brei in derselben Weise, sie gingen auch in derselben Weise, sie riefen in derselben Weise. Er, der Mann, kam, wie er zuvor zu seinen Frauen gekommen war, er ging mit ihnen ins Dorf, besah den Brei, tat genau in gleicher Weise, wie er ihnen zu tun pflegte. Sie gingen auch in ihre Dörfer.

Einen Morgen nach dem anderen kochten sie die gleiche Art Brei, sie gingen auch in gleicher Weise, sie riefen denselben Ruf. Er, der Mann, kam auch, wie er zu seinen Frauen zu kommen pflegte, gerade so tat er. Er besah all ihren Brei, er fand dasselbe ganz ebenso. Er tat ihnen genau, wie er zu tun pflegte. Sie gingen in ihre Dörfer. Er blieb auch in seinem Dorf.

Schließlich kochte Nakimbiti Brei mit Huhn darin und ging ganz allein. Sie wollte durchaus nicht mit ihren Mitfrauen gehen. Als sie dann in das Dorf des Mannes kam, ging sie und rief, aber sie wollte die Stimme derer nachahmen, die geliebt wurden. Sie rief zuerst mit Navwokis Stimme, dann mit der Stimme Nambendes, dann mit der Natutus, dann mit ihrer eigenen, dann auch mit der Nakimpeles.

Als der Mann die letzte Stimme hörte, dachte er:

»Das ist meine Frau, die ich liebe, jene, die mich da ruft.«

Er kam mit großer Hast.

Als er herbeikam, siehe, da fand er Nakimbiti dort sitzend.

Der Mann fragte dann:

»Bist du es also, die mich hier fortwährend gerufen hat?«

»Ja, nun komme ich, die anderen sind noch im Dorf.«

»Nun laß uns ins Dorf gehen.«

Als sie das Dorf erreichten, fand er, daß Nakimbiti Brei mit Huhn darin gekocht hatte. Als er es gesehen, sagte Nakimbiti zu dem Manne:

»Rücke näher heran, damit ich dich auf dem Kopfe lausen kann.«

Er, der Mann, rückte nun näher und legte den Kopf in den Schoß Nakimbitis.

Nakimbiti fing an zu lausen und sang eine Weile wie folgt:

»Nangumbis Kopf wegen des Knickens von Läusen, tie! Nangumbis Kopf wegen der Läuse, tie!«

Er schlief ein von dem Lullen, aber siehe, sie hatte ein Rasiermesser unter der Schürze. Als sie sah, daß Nangumbi in tiefen Schlaf gefallen war, zog Nakimbiti ihr Rasiermesser aus der Scheide und schnitt Nangumbi den Hals ab. Nangumbi starb.

Als er tot war, trug Nakimbiti ihn ins Dorf, sie trug auch ihren Topf mit dem Huhn darin, das sie zuvor für ihn zubereitet hatte. Als sie in das Dorf kam, röstete sie Nangumbis Kopf. Als sie ihn geröstet hatte, sagte sie zu ihrem Kinde:

»Nimm die Heuschrecke entgegen, die ich soeben in der Grube gefangen habe.«

Das Kind nahm es gleich. Als es anfing davon zu essen, sagte das Kind:

»Ach, ist das wohl eine Heuschrecke, die einen solchen Geruch hat? Das ist ja Vaters Geruch.«

Nakimbiti sagte zu ihrem Kinde:

»Na, gib her; nimm du es!«

Ein anderes Kind nahm es, fing an davon zu essen und sagte:

»Ach, ist dies wohl eine Heuschrecke, die solchen Geruch hat, genau wie Vaters Geruch?«

Siehe, da kam eine andere von seinen Frauen, Nambende, des Weges daher, sie fragte so:

»Aber was ist das für eine Geschichte, wovon ihr redet?«

»Ach, sie reden von einer Heuschrecke, die ich für sie in der Grube gefangen habe, zu der Tanzklapper, die sie haben.«

Als Nambende dies zu hören bekam, ging sie hin und erzählte ihren Mitfrauen:

»Nakimbiti hat ihren Kindern eine Heuschrecke in der Grube gefangen, sie hat sie ihnen gegeben, aber wie sie davon essen, sagten sie: ›Ach, ist dies eine Heuschrecke, die einen Geruch hat genau wie der Geruch unseres Vaters?‹ Sie sagt dann: ›In der Grube habe ich sie gefangen, wo sollte sie sonst gewesen sein?‹«

Als sie solches von ihrer Mitfrau hörten, kochten sie erst des andern Tages ihren Brei und gingen dann fort zu dem Manne. Aber nicht einmal die Kinder, die sie zu treffen pflegten, fanden sie nun. Sie gingen weiter, um den Ruf zu rufen, auf welchen er zu kommen pflegte, aber sie sahen ihn nicht. Sie fuhren fort zu rufen bis an den Abend, aber sie sahen ihn nicht. Da dachten sie in ihrem Herzen:

»Vielleicht hat Nakimbiti hier in dem Dorfe unseres Ehegatten etwas Böses getan.«

Sie begaben sich auf den Weg mit ihrem Brei, sie gingen zurück in das Dorf. An dem Tage, wo sie dahin kamen, kam Nakimbiti nicht mit ihnen, weil sie Zahnschmerzen hatte, sie blieb im Dorf zurück.

Als sie heimkamen in das Dorf, holten sie am folgenden Morgen einen Zauberer, damit er käme, um den Körper ihres Mannes ausfindig zu machen. Der erste, den sie holten, war Nachtschwalbe. Er kam und suchte so:

»Sada-da-da, ich habe nicht auf einen Zauber getreten, ich bin nicht über den Zauber gesprungen, ich sage es.«

Als er so gesprochen hatte, sagte er:

»Bezahlt mich, dann werde ich sagen, was ich durch meine Zauberei herausgebracht habe.«

Sie bezahlten ihn auch. Er schwätzte:

»Sucht ihn, so werdet ihr ihn eines Tages finden.«

»Nein, du bist kein Zauberer, geh deiner Wege, du kannst nicht viel suchen, du betrügst nur.«

»Jawohl, ich werde gehen.«

Als er fort war, holten sie einen anderen Zauberer, sein Name ist die Hummel. Als die Hummel kam, suchte sie so:

»Ni-bu, ich bin kein Zauberer; ni-bu, ich bin kein Zauberer; ni-bu, ich bin kein Zauberer; ni-bu, ich bin kein Zauberer.«

Als sie aufgehört hatte zu suchen, sagte sie:

»Bezahlt mich, dann werde ich euch sagen, was ich durch meine Zauberei erreicht habe. Es ist etwas Gutes, ihr werdet sehen, wer in Wirklichkeit euren Mann ›verspeist‹ hat.«

»Sprich nur, du sollst bezahlt werden. Als ob der Zauberer nicht seine Bezahlung erhalten würde, wenn er geholt wird!«

Darauf die Hummel:

»Nun wohl, geht hin und zieht eine Schnur über den Kongofluß, die von einem Ufer bis zum anderen reicht, auf welcher ihr einzeln übersetzen sollt, hin und zurück, nur eine zur Zeit. Wer euren Mann ›verspeist‹ hat, wird dann dort im Flusse offenbar werden, über den ihr einzeln hin und zurück übersetzen sollt.«

Da sagten sie:

»Jawohl, wir werden die Schnur ziehen, wie du gesagt hast. Aber sollen wir eine große oder eine kleine Schnur ziehen?«

»Zieht eine kleine, nicht eine große.«

»Aber wenn wir sie festgebunden haben, wie sollen wir auf ihr übersetzen?«

»Der Sang, womit ihr übersetzen sollt, ist dieser: ›Unter dem, der Vater Nangumbi verspeist hat, zerreiße die Schnur in diesem Fluß!‹«

»Jawohl, das werden wir tun, damit wir den herausfinden, der unseren Mann ›verspeist‹ hat.«

Sie gingen hin und banden die Schnur über dem Flusse fest und sie kamen am Morgen dahin. Die nach dem Flusse gingen, nahmen auch Nakimbiti mit, damit sie mit ihnen nach dem Fluß kommen sollte. Aber Nakimbiti sagte nun:

»Ach ich, ich habe Zahnschmerzen, aber es sei, ich werde mit euch gehen, damit ich euch zusehe, aber ich habe auf jeden Fall sehr, sehr heftige Zahnschmerzen.«

»Jawohl, laßt uns nur gehen, von uns allen, die mit ihm verheiratet waren, darf keine einzige zurückbleiben.«

»Jawohl, laßt uns gehen, damit dies zu einem Ende gebracht wird.«

Die fünf gingen dahin nach dem Flusse nebst dem Zauberer. Als sie zur Schnur kamen, ging Navwoki zuerst auf der Schnur, sang den Sang, den der Zauberer ihnen an jenem Tage sagte, er lautet:

»Wer Vater Ngumbi verspeist hat, unter ihm soll die Schnur im Flusse zerreißen; wer Vater Ngumbi verspeist hat, unter ihm soll die Schnur im Flusse zerreißen!«

So sangen sie bis an das andere Ufer. Sie kam auch zurück durch diesen Sang nach dem diesseitigen Ufer.

Dann folgte Nambende auf jener Schnur und sang den Sang:

»Wer Vater Ngumbi verspeist hat, unter ihm soll die Schnur im Flusse zerreißen!«

In solcher Weise gelangte sie bis zum anderen Ufer hinüber. Sie kam zurück durch den Sang auch bis an das diesseitige Ufer heran.

Auch Natutu folgte auf jener Schnur. Sie begann den Sang zu singen:

»Wer Vater Ngumbi verspeist hat, unter ihm soll die Schnur im Flusse zerreißen!«

Sie kam an das andere Ufer, kam auch zurück nach dem diesseitigen Ufer. Durch jenen Sang kam sie nach dem Ufer, wo sie sich befanden.

Auch Nakimpele folgte nach auf jener Schnur, sie sang den Sang, wodurch sie über den Fluß zu setzen pflegten, sie sang ihn:

»Wer Vater Ngumbi verspeist hat, unter ihm soll die Schnur im Flusse zerreißen!«

Sie kam an das andere Ufer des Flusses durch den Sang, sie kam auch zurück durch den Sang. Sie stieß einen Freudenschrei aus. Warum? Weil sie gerettet war.

Auch Nakimbiti folgte nun auf jener Schnur, sie sang den Sang, den die anderen sangen:

»Wer Vater Ngumbi verspeist hat, unter ihm soll die Schnur im Flusse zerreißen; wer Vater Ngumbi verspeist hat, unter ihm soll die Schnur im Flusse zerreißen!«

Auch sie kam an das andere Ufer, aber als sie durch den Gesang nach dem diesseitigen Ufer zurückkommen wollte und als sie an die Stromschnelle kam, ging die Schnur ab, dort in der Stromschnelle. Ihre Begleitung erhob ein Geschrei. Warum erhoben sie ein Geschrei? Sie hatte den verstorbenen Vater Ngumbi verspeist.

So endigt auch diese Erzählung, mehr ist von ihr nicht übriggeblieben.

36. Das Märchen von der Tiergemeinde

Alle Tiere wohnten in einem Dorfe zusammen; nur die Riesenschlange war in ihrem eigenen Dorfe. Und Hungersnot kam in das Dorf; aber im Dorf der Riesenschlange war kein Hunger. Sie aß Ölfrüchte; die andern Tiere dagegen wußten nicht, daß die Riesenschlange Ölfrüchte aß.

Eines Tages schickten die Tiere die Zwergantilope in das Dorf der Riesenschlange, um zu fragen, was sie äße. Die Zwergantilope ging also in das Dorf der Riesenschlange und sprach:

»Liebe, Schwester, was bist du so dick, was ißt du?«

»Ich esse Ölfrüchte.«

Und sie gab der Zwergantilope zwei Früchte. Die Zwergantilope aß und sprach:

»Sage mir den Namen dieses Baumes!«

»Er heißt Ölfruchtbaum.«

Da ging die Zwergantilope zurück und sprach zu sich selbst auf dem Wege:

»Welcher Baum? Ölfruchtbaum; welcher Baum? Ölfruchtbaum.«

Weil sie aber nur an den Namen des Baumes dachte und nicht auf den Weg sah, stieß sie an einen Stein und fiel. Als sie aber fiel, vergaß sie den Namen des Baumes. Und sie sprach:

»Was für ein Baum: Mangobaum? Banane?«

Aber sie wußte es nicht mehr. Und sie kam zu den anderen Tieren. Und diese fragten sie. Und sie log und sprach:

»Ich bin nicht im Dorfe der Riesenschlange gewesen.«

Und die andern Tiere gingen auch ins Dorf der Riesenschlange, eins nach dem andern: der Elefant, der Leopard, die Antilope und alle Tiere. Aber es erging ihnen wie der Zwergantilope. Keines wußte den Namen des Baumes.

Zuletzt sprach die Schildkröte:

»Ich will dahin gehen.«

Und die andern Tiere schlugen sie und sprachen:

»Wir haben nichts erreicht, aber du, Schildkröte, du glaubst etwas zu erreichen?«

Aber die Schildkröte gehorchte nicht. Und sie ging und kam ins Dorf der Riesenschlange und sprach:

»Liebe Schwester, was ißt du?«

»Ich esse Ölfrüchte.«

Und die Riesenschlange gab ihr eine Ölfrucht. Und die Schildkröte aß einen Teil und sparte einen Teil. Und sie fragte sie:

»Wie heißt der Baum?«

»Er heißt Ölfruchtbaum.«

Und die Schildkröte ging und sprach:

»Welcher Baum? Ölfruchtbaum? welcher Baum? Ölfruchtbaum.«

Auch sie fiel, wie die andern Tiere, aber sie vergaß den Namen des Baumes nicht.

Und sie kam zu ihren Frauen und sagte zu ihnen:

»Nehmt Körbe!«

Und sie gingen in der Nacht, um Ölfrüchte zu finden. Und sie füllten ihr Haus mit Ölfrüchten.

Und am andern Morgen ging die Schildkröte zu den Tieren und sagte:

»Der Baum, dessen Namen ihr nicht wußtet, heißt Ölfruchtbaum.«

Und die Tiergemeinde ging, um Ölfrüchte zu finden, aber sie fanden nicht viel.

Am anderen Tage regnete es. Und sie gingen, um Ölfrüchte zu suchen. Aber die Schildkröte konnte nicht über den Fluß kommen, weil der Fluß vom Regen angeschwollen war. Und sie sprach zum Elefanten:

»Trage mich in deinem Ohre; wenn ich Ölfrüchte finde, werde ich dir einen Teil davon schenken.«

Und der Elefant trug sie und ging mit ihr durch den Fluß. Als sie mit Suchen zu Ende waren, sagte der Elefant:

»Teile die Früchte!«

Aber die Schildkröte sagte:

»Ich werde auf der andern Seite teilen.«

Und der Elefant erwiderte:

»Ich kenne dich; du wirst mir nichts geben.«

Als sie mitten im Fluß waren, warf der Elefant die Schildkröte ins Wasser. Und die Schildkröte kam an einen im Wasser hängenden Baumstamm, sah ein Blatt kommen und schrieb darauf, und das Blatt ging zur Falle des Krokodils. Und die Kinder des Krokodils kamen zur Falle und sahen das Blatt und nahmen es und gingen, um es ihrem Vater zu zeigen. Und ihr Vater sagte:

»Geht hin und sucht den Menschen, der das Blatt geschrieben hat.«

Und die Kinder nahmen ein Kanu und gingen flußaufwärts suchen. Und sie fanden die Schildkröte und gingen mit ihr zum Dorfe des Krokodilvaters.

Und die Schildkröte sagte ihnen:

»Bringt mich in ein Haus, welches dunkel ist, ich werde euch Eier kochen.«

Und sie brachten sie in ein Haus und gaben ihr auch Eier. Die Schildkröte ging in das Haus und sprach:

»Bringt mir Feuer, einen Topf, Pfeffer, Salz und Pisangfrüchte!«

Und sie brachten es ihr. Und die Schildkröte sprach:

»Geht hinaus, ich will kochen!«

Und sie gingen. Und sie verschloß die Tür und fing an zu kochen. Als sie fertig war mit Kochen, nahm sie die Schalen von den Eiern und zeigte sie den Kindern des Krokodils. Diese sagten:

»Schöne Sache!«

Dann zog die Schildkröte sie zurück und aß sie und die Früchte.

Als sie alles gegessen hatte, ging sie aus dem Hause hinaus und sprach:

»Niemand soll aus dem Hause gehen, bevor ich auf der andern Seite bin.«

Und Warn-Eidechse, Sohn des Krokodils, ging mit ihr im Kanu auf die andere Seite.

Aber ein Kind des Krokodils ging, um ins Haus zu schauen, und sprach:

»Vater, nichts ist im Hause, die Schildkröte hat alle Sachen gegessen.«

Aber der Krokodilpapa sagte:

»Du lügst, die Schildkröte ist nicht so dumm.«

Und er tötete sein Kind. Da ging die Frau des Krokodils, um zu schauen, und sah nichts und sagte:

»Warum hast du das Kind getötet? Die Schildkröte hat alle Eier gefressen und die Früchte dazu.«

Und sie riefen Warn-Eidechse, daß er mit der Schildkröte zurückkomme. Aber er verstand nicht und fragte die Schildkröte, was sie riefen. Die Schildkröte sagte:

»Sie rufen: rudere schneller!«

Und sie riefen noch einmal. Aber Warn-Eidechse hörte nicht und fragte die Schildkröte. Und die Schildkröte sagte:

»Sie rufen: rudere schneller, denn es will regnen!«

Und sie kamen nahe ans Land. Da sagte die Schildkröte zu Warn-Eidechse:

»Wirf mich ans Land!«

Und er warf sie, und sie verbarg sich unter den Blättern.

Aber ein Frosch sah, wie sie sich verbarg.

Als Warn-Eidechse zurückkam, fragten ihn die andern Kinder des Krokodils:

»Wo ist die Schildkröte?«

»Sie ist gegangen.«

Und alle schlugen ihn. Und sie nahmen ein Kanu und gingen mit Warn-Eidechse, damit er ihnen den Ort zeige, wo er die Schildkröte hingeworfen hatte. Und er ging und zeigte ihnen den Ort. Und sie trafen auch den Frosch und fragten ihn:

»Wo ist die Schildkröte?«

Und der Frosch sagte:

»Sie ist unter den Blättern.«

Aber sie verstanden nicht, wie der Frosch zu ihnen redete, und sie schlugen ihn und zerkratzten ihm den Rücken. Dann kehrten sie zurück. Aber die Kratzwunden, die die Kinder des Krokodils dem Frosch beigebracht haben – die sehen wir heute noch an ihm.

Die Schildkröte ging weiter mit viel Sumpferde auf dem Rücken. Und sie kam ins Dorf des Gorilla. Und der Gorilla fragte sie:

»Woher konmmst du?«

Die Schildkröte sagte:

»Ich komme, um die Fanggruben zu sehen, die mein Vater mir hinterlassen hat.«

»Ich habe auch Fanggruben im Walde; gehe dahin, mir sie auszubessern.«

Und die Schildkröte ging. Und der Gorilla nahm seine Frauen und seine Tiere mit. Und die Schildkröte sprach:

»Was ich auch immer tue, niemand soll lachen.«

Die Schildkröte fing an, die Fanggruben auszubessern. Als sie anfing zu arbeiten, lachte eine Frau des Gorilla. Und der Gorilla tötete sie. Und die Schildkröte machte weiter, da lachte der Hahn. Und der Gorilla tötete ihn. Auch der Hund lachte und die andern Tiere; und der Gorilla tötete sie alle. Als die Schildkröte fertig war mit Ausbessern der Fanggruben, waren die Frauen des Gorilla und alle seine Tiere tot.

Und die Schildkröte sprach zum Gorilla:

»Ich will Medizin machen, um deine Frauen und Tiere zu erwecken.«

Und der Gorilla sagte:

»Das ist gut; mache Medizin; damit meine Frauen auferstehen.«

»Ich gehe, um Medizin zu suchen; warte hier auf mich!«

Aber die Schildkröte kann keine Medizin machen. Sie wollte sich nur verstecken, weil sie vor dem Gorilla Furcht hatte. Und sie ging und wollte sich in einem liegenden Baum verstecken; aber sie dachte:

»Der Gorilla ist stark, wenn er mich hier sieht, wird er den Baumstamm durch Schläge zerbrechen.«

Und die Schildkröte ging, um sich an einem Ort zu verbergen. Da traf sie der Leopard, freute sich und sprach:

»Jetzt hab' ich dich!«

Und er ging mit ihr zum Dorf. Und er sagte seiner Frau:

»Koche die Schildkröte mit Melonenkernen; ich gehe spazieren.«

Und die Frau steckte die Schildkröte in ein Haus und begann, die Melonenkerne zu enthäuten. Als die Frau mit der Enthäutung der Melonenkerne fertig war, sagte sie zu ihrem Kinde:

»Geh, nimm die Schildkröte und bringe sie!«

Und das Kind ging und ergriff die Schildkröte, und es nahm einen Rohrfaden und band sie daran. Und die Schildkröte sagte:
o2enn du mit mir gehen willst, binde mich nicht so! Suche einen anderen Rohrfaden; ich werde nicht fortlaufen.«

Und das Kind holte einen dünnen Rohrfaden und band die Schildkröte daran. Als es aber mit der Schildkröte zur Mutter gehen wollte, lief die Schildkröte davon. Und das Kind folgte ihr nach, aber es sah sie nicht mehr. Und das Kind ging, der Mutter zu erzählen, daß die Schildkröte geflohen sei. Und die Frau nahm Fleisch und kochte es mit Melonenkernen. Als der Leopard vom Spaziergang zurückkam, hatte er Hunger und wollte essen. Und die Frau ging, ihm das Essen hinzustellen. Aber der Leopard sah, daß es nicht Schildkröte war, und er fragte:

»Ist das Schildkröte?«

Und die Frau sagte:

»Nein, die Schildkröte ist entflohen.«

Da wurde der Leopard sehr zornig, und er ergriff seine Frau, tötete sie und fraß sie auf.

37. Eine Geschichte von der Schildkröte

Einmal ging die Schildkröte auf Reisen, um eine Tochter des Samejo-Mebenga zum Weib zu nehmen. Nachdem sie zweimal unterwegs übernachtet hatte, kam sie an. Dort hörte sie, daß der Vater des Mädchens vor zwei Monaten gestorben sei. Sie übernachtete. Am anderen Morgen stieg sie zum Männerhaus hinan und meldete:

»Ich komme, um dieses Mädchen hier zu heiraten.«

Sie antworteten ihr:

»Nur unter der Bedingung, daß du unseren verstorbenen Vater bei Namen rufst, gehen wir auf dein Begehren ein.«

Da nahm die Schildkröte ihren Wanderstab und sprach:

»Ich bin mit eurer Bedingung zufrieden, nur möchte ich erst meine Sachen von zu Hause holen.«

Dann kehrte sie nach Hause zurück. Sie ging zum Mbiam-Ndsosoli, um sich weissagen zu lassen. Mbiam-Ndsosoli sprach zu ihr:

»Bruder Schildkröte, ich will dir einen Rat geben. Wenn dir auf dieser Reise jemand begegnet, so gib ihm zu essen.«

Darauf ging die Schildkröte nach Hause zurück. Sie stopfte sich die Reisetasche voll Essen und brach auf, indem sie den Weg einschlug, der durch einen kleinen Wald ging, der hinter der Hütte begann. Immer weiter und weiter marschierte sie, bis sie mit der Ratte zusammentraf. Diese sprach sie folgendermaßen an:

»Bruder Ratte, wo kommst du her?«

»Bruder Schildkröte, wie kannst du so fragen? Seit Morgengrauen laufe ich umher, ohne einen Bissen gegessen zu haben. Wenn ich bis zum Abend keine Frucht finde, dann habe ich nichts zu essen.«

Da nahm die Schildkröte die Ratte, steckte sie in ihre Reisetasche und sprach:

»Iß das, was du in der Tasche findest.«

Dann traf sie eine Schwalbe. Auch diese fragte sie, was sie die Ratte gefragt hatte. Die Schwalbe gab dieselbe Antwort wie die Ratte. Darauf steckte die Schildkröte die Schwalbe in die Tasche. Sie ging weiter und weiter, bis sie ankam und sich schlafen legte. Am andern Morgen ging sie zum Männerhaus hinan und sprach:

»Hier bin ich.«

Man antwortete ihr:

»Wir sind noch immer derselben Meinung. Rufe den Samejo-Mebenga, damit er antwortet.«

Die Schildkröte sann auf eine List. Sie nahm die Ratte und steckte sie ins Grab, ohne daß es jemand sah. Als man nun zu ihr sagte:

»Rufe unseren Vater, wenn er Antwort gibt, kannst du das Mädchen mitnehmen«, erhob sie sich und rief:

»Samejo-Mebenga!«

Da antwortete die Ratte, die sie ins Grab getan hatte. Wiederum rief sie, und die Ratte antwortete. Da sagte man zu ihr:

»Noch eine Probe mußt du bestehen. Wirf einen Klumpen Erde über jenen Baum; wenn der Klumpen über den Baum hinüberfliegt, kannst du mit dem Mädchen von dannen ziehen.«

Da nahm die Schildkröte die Schwalbe, die sie in die Tasche gesteckt hatte und barg sie in der Hand, so daß es niemand sah. Dann ging sie ein Stück vorwärts, blieb stehen und warf die Schwalbe, wie man einen Klumpen Erde wirft. Die Schwalbe flog über die Krone des Baums hinüber. Da nahm man das Mädchen und gab es ihr; sie aber ging mit dem Mädchen fort. Unterwegs traf sie einen Baumstamm, der an der Erde lag und mit Pilzen bewachsen war. Als sie die Pilze verzehrt hatte, zog sie weiter. Sie kam zum Leoparden, der raubte ihr die Frau, und die Schildkröte ging leer aus. Sie konnte es nicht verschmerzen, daß der Leopard ihr die Frau geraubt hatte. Daher stellte sie eine Falle auf an dem Wege, der zum Abort führte. Es regnete in Strömen, als der Leopard in den Busch ging, um sich auf den Abort zu begeben. Er geriet in die Falle und wurde aufgehängt. Die Schildkröte sprach zu ihm:

»Wenn du mir meine Frau nicht zurückgibst, werde ich dich nicht aus der Falle befreien.«

Da gab der Leopard der Schildkröte die Frau zurück. Diese Geschichte lehrt uns:

»Beraube niemanden seines Eigentums!«

38. *Der Leopard und die Schildkröte*

Der Leopard und die Schildkröte hatten Freundschaft geschlossen; weil sie aber Hunger verspürten, machten sie aus, daß sie auf die Jagd müßten. Als sie in den Wald kamen, richteten sie alles für einen Lagerplatz her. Dann gingen sie weiter. Und als sie ein wenig gegangen waren, trafen sie eine Herde Schweine. Die Schildkröte sagte zum Leoparden:

»Das sind meine Schweine.«

Als der Leopard das hörte, sagte er, es seien seine Schweine, die Schildkröte habe sie nicht genau gesehen. Die Schildkröte sagte:

»Schieße doch!«

Der Leopard schoß, bis alle seine Speere verbraucht waren und traf nicht ein Schwein. Darauf warf die Schildkröte auch ihre Speere und tötete neun Schweine.

Sie nahmen sie auf und trugen sie nach dem Lagerplatz, dort teilten sie sie und trockneten sie auf der Darre. Eingeweide, Magen und alles Gute, welches im Leibe war, kochten sie. Darauf gingen sie ins Bad. Als sie an die Quelle kamen, sagte die Schildkröte zum Leoparden:

»Ich tauche hier und komme mit einem Mattenblatt und einem Blatt des Pisang zurück.«

»Erst tauche ich unter, nachher du.«

»Es geschehe, wie du sagst.«

Der Leopard tauchte kurze Zeit unter, kam aber bald wieder heraus, weil er nur einigermaßen schwimmen konnte. Dann tauchte die Schildkröte, stieg an der andern Seite ans Land, ging zum Lagerplatz, aß den Packen des Leoparden und auch den Topf ganz leer und machte dann Exkremente hinein. Darauf ging sie mit einem Blatt des Pisang und einem Mattenblatt ins Wasser zurück, tauchte unter und kam da wieder heraus, wo der Leopard stand. Der Leopard sagte ihr bewundernd, sie sei ein Mann.

Dann machten sie sich auf und gingen zum Lagerplatz zurück. Als sie dort ankamen, legte sich die Schildkröte zur Ruhe nieder, der Leopard ging zum Topf und fand darin Exkremente schwimmen. Darauf ging er zu seinem Packen und fand ihn schon gegessen. Da schrie er:

»Schildkröte, wer hat uns alles aufgegessen und dann noch in die Töpfe gemacht?!«

Dies war der erste Betrug der Schildkröte gegen den Leoparden auf der Jagd.

Als das Fleisch trocken war, rüsteten sie sich zur Heimreise. Die Schildkröte schnitt Palmzweige und machte ihren Tragkorb fertig. Der Leopard fragte sie:

»Wo hast du die Palmzweige geschnitten, ich möchte mir auch welche schneiden?«

»Wenn du über neun Bäche gehst, so bekommst du schöne Palmblätter.«

Der Leopard stand auf, nahm sein Messer und ging. Als er zur Quelle kam, fragte er sie:

»Hier?«

»Weiter vorn!«

Inzwischen schnitt Schildkröte Palmblätter, flocht ihm einen Korb und legte Fleisch hinein. Zuerst legte sie aber Steine hinein, bis er voll war, dann legte sie Schienbeine obenauf und rief den Leoparden. Sie sagte zu ihm:

»Ich fand hier inzwischen andere Palmzweige, flocht dir diesen Tragkorb und legte auch schon Fleisch hinein.«

»Legtest du auch schönes Fleisch hinein?«

»Fühle!«

Als er gefühlt hatte und schwere Steine fühlte, sagte er:

»Die Schildkröte gab mir alles Fleisch.«

Dann gingen sie. Als der Leopard heimkam, sagte er zu seinen Frauen:

»Werfet das Kraut weg, ich habe Fleisch im Tragkorb!«

Er legte den Tragkorb in der Hütte ab und ruhte ein wenig. Dann sagte er zu seinem Knaben:

»Warum ißt du kein Fleisch? Geh und nimm das Fleisch aus dem Tragkorb!«

Der Knabe sah aber nichts. Nachher schickte er seine Frau, daß sie den Tragkorb aufmache, diese aber sagte:

»Er ist voll von Steinen, aber Fleisch ist nicht darin.«

Da wollte der Leopard sie vor Wut totschlagen. Dann ging er selber, um nachzusehen und schrie:

»Die Schildkröte will mich umbringen.«

Als fünf Tage vergangen waren, ging die Schildkröte zur Tigerkatze und sagte ihr, sie solle ihr ihre Haut geben, sie wolle auf Besuch geben. Die Tigerkatze gab sie ihr. Als der Morgen kam, stand sie auf und ging zum Leoparden. Das tat die Schildkröte, weil sie genau wußte, daß die Tigerkatze der Schwager des Leoparden ist. Sie kam dort ungefähr um neun Uhr morgens an und die Kinder des Leoparden jauchzten. Deshalb setzte sich der Leopard zu ihr und sie fingen an, sich zu unterhalten. Der Leopard erzählte ihr, wie sie auf der Jagd Streit bekommen hatten, wußte aber nicht, daß es die Schildkröte war. Er rief seine Frau, daß sie ihnen den Schlegel des Schweins, der noch übrig war, kochen solle. Als sie fertig war mit Kochen, trug sie es in die Hütte. Die Schildkröte rief die Kinder des Leoparden zum Essen. Als sie angefangen hatten zu essen, war in dem Essen viel Pfeffer, den die Schildkröte aber nicht liebte. Deshalb tat sie ihn mit den Füßen immer in den Hof hinaus. Als die Kinder das sahen, riefen sie ihrem Vater zu:

»Vater, das ist die Schildkröte.«

Als der Leopard das hörte, fing er an, sie zu schlagen; vergebens suchten die andern ihn davon abzuhalten. Nach dem Essen machte die Schildkröte sich auf den Rückweg. Der Leopard ging auf den Weg, um sie zu stellen. Als die Schildkröte wußte, sie sei so weit entfernt, daß der Leopard sie nicht mehr fangen konnte, rief sie ihm zu:

»Ich habe dich heute genauso angeführt, wie neulich, aber du bist ja dumm, Leopard.«

Der Leopard versuchte sie zu verfolgen, bekam sie aber nicht mehr. Und so betrog die Schildkröte den Leoparden, bis sie ihn schließlich ganz und gar übertölpelte.

39. Die Nußdiebe

Es war einmal ein Tiger; der hatte auf seiner Besitzung einen außerordentlich großen Nußbaum, dessen Früchte ganz herrlich schmeckten. Da der Tiger etwas geizig war, so ließ er bei allen Tieren bekannt machen, daß bei Todesstrafe niemand von den Nüssen nehmen dürfte. Die Bekanntmachung vernahm auch die Schildkröte; aber da sie etwas dickfellig war, dachte sie:

»Was geht's mich an?«

Als nun die Zeit kam, daß die Nüsse reif waren, da besuchte sie einst ihren guten Freund, den Hund. Nachdem sie sich ein Weilchen über das Wetter und die schlechten Zeiten unterhalten hatten, sagte die Schildkröte:

»Lieber Freund, die Nüsse des Tigers sind reif, hättest du nicht einmal Lust, einige zu versuchen?«

»Ich will dir offen gestehen«, sagte der Hund, »daß ich längst Lust verspüre, und wenn du mitkommst, so bin ich jeden Augenblick bereit.«

»Gut«, sagte die Schildkröte, »so wollen wir gleich morgen hingehen, aber sehr früh müssen wir uns auf den Weg machen, und da das Frühaufstehen meine schwache Seite ist, so ist es wohl am besten, du kommst und weckst mich.«

Und damit ging sie nach Hause.

Am nächsten Morgen zur bestimmten Zeit pochte es an ihre Türe.

»Ich komme«, rief die Schildkröte, nahm ihre alte Tasche unter den Arm und ging. Ein Stückchen gingen sie schweigend nebeneinander her, dann sagte die Schildkröte auf einmal:

»Eins wollte ich noch bemerken, es kommt manchmal vor, daß einem eine Nuß auf den Kopf fällt, was einigermaßen weh tut. Da mußt du mir nun fest versprechen, nicht zu schreien, sondern den Schmerz zu verbeißen und nur vor dich hin zu sprechen: ›Hm! hm! hm! makekembe ma motu la motu ma!‹«

»Wie werde ich schreien! Denkst du denn, daß ich nicht weiß, daß der Tiger Ohren hat? Er würde wohl nicht lange auf sich warten lassen und uns beide töten.«

»Ja«, sagte die Schildkröte, »du könntest dich am Ende noch retten, weil du so tüchtig laufen kannst, aber ich Arme; mit meinen kurzen Beinen komme ich nicht so schnell vorwärts, mich würde er unfehlbar bekommen.«

»Sei ohne Sorge«, sagte der Hund, »ich schreie gewiß nicht.«

So waren sie unter dem Nußbaum angekommen. Da lagen nun viele schöne Nüsse, und die Schildkröte war emsig dahinter, sie in ihre Tasche zu sammeln. Auch der Hund sammelte und wußte sich vor Freuden kaum zu lassen, wenn er immer wieder welche fand. In den tollsten Sprüngen umkreiste er den Nußbaum; die Schildkröte hatte ihre liebe Not, ihn in Ordnung zu halten.

Eben kam er wieder auf sie zugestürzt, um ihr einen neuen Vorrat von Nüssen zu zeigen, da raschelte es in den Zweigen, und pick! – da fiel eine Nuß auf den Rücken der Schildkröte. Diese ließ sich nicht im Sammeln stören, sondern sagte gelassen ihr hm! hm! hm! makekembe ma motu la motu ma.

»Siehst du«, sprach sie danach zum Hund, »nun hast du's gehört, man kann es ganz gut aushalten.«

»Natürlich«, erwiderte der Hund und sprang davon. Nach einem Weilchen raschelte es wieder in den Zweigen, und wieder fiel eine Nuß vom Baum herab. Diesmal aber traf sie genau auf den Kopf des Hundes.

»Hai! hai! hai!« schrie der Hund, warf seine Tasche weit fort und lief spornstreichs nach Hause.

»Ach du liebe Zeit«, sagte die Schildkröte ganz erschrocken, denn schon hörte sie den Tiger kommen. Sie hatte zum Glück noch so viel Besinnung, sich unter dem trockenen Laub zu verbergen. Der Tiger kam und fand sogleich die Tasche des Hundes.

»Ha, ha, also Nußdiebe«, sprach er zornig, »das sollt ihr büßen!«

Nun begann er zu suchen, aber er konnte nichts entdekken und wollte schon umkehren; da kam ein schwarzweißes Vögelein geflogen, setzte sich auf den Nußbaum und sang:

»Unterm Laub, Tiger, unterm Laub!«

Der Tiger fing von neuem an zu suchen.

Der Schildkröte lief es immer ganz eiskalt über den Rücken, und tiefer und tiefer verkroch sie sich, aber immer lauter sang der Vogel:

»Unterm Laub, Tiger, unterm Laub!«

Den Tiger verdroß sein vergebliches Suchen zu sehr, und er meinte, der Vogel wollte ihn nur anführen, darum nahm er in seinem Zorn ein Stück Holz und warf damit nach dem Vogel. Dieser hüpfte aber flink auf einen anderen Zeig, und das Stück Holz klopfte nur einige Nüsse aus ihren Hülsen und fiel dann wieder zu Boden.

Die Schildkröte war unterdessen unter die Wurzeln des Nußbaums gekrochen und glaubte sich schon ganz sicher, als der Vogel wieder zu singen begann:

»Unterm Baumstamm, Tiger, unterm Baumstamm!«

Als das der Tiger hörte, kam er gerade auf den Nußbaum zu, nahm vorsichtig das trockene Laub weg und sah unter die hohlliegenden Wurzeln und gerade der Schildkröte ins Gesicht.

»Also du bist der Dieb«, schrie der Tiger sie an, nahm eine Tasche – er hatte deren zwei über der Schulter hängen – und wollte die Schildkröte eben hineinstecken, da sagte sie:

»Lieber Freund, nicht in deine schöne neue Tasche stecke mich; nimm die andere, die ist älter und weniger schön; sieh doch nur, wie schmutzig ich bin, wie würde ich dir die Tasche doch gleich verderben.«

»Da hast du recht«, bemerkte der Tiger, damit steckte er sie in die alte Tasche hinein und lief mit ihr ab. Die Schildkröte aber hatte nur aus Schlauheit diesen Vorschlag gemacht; sie wußte recht gut, daß die alte Tasche an einer Ecke sehr schadhaft war und daß sie mit wenig Mühe die Bambusfäden auseinanderziehen könnte. Sie machte sich auch gleich an diese Arbeit und war sehr froh, als sie auf das weiche Gras niederfiel. Ihr Nußbeutel aber, und alles von Erde, Schmutz und Staub, was sie an sich gehabt hatte, war in der Tasche geblieben, »damit sie dem Tiger nicht auf einmal so leicht wird«, sagte lachend die Schildkröte und ging heimwärts, ruhte sich ein Weilchen, um sich vom gehabten Schreck zu erholen, und ging dann zu ihrem Freund, um ihm ihre Meinung über sein Benehmen zu sagen.

Auch der Tiger war zu Hause angekommen und gab sofort den Befehl, Wasser aufs Feuer zu stellen. Einen seiner Söhne sandte er aus und ließ alle Freunde und Bekannte zu einem Feste laden:

»Sag ihnen nur, ich habe die Schildkröte beim Nüssestehlen ertappt, und wir wollen sie nun gemeinsam verzehren.«

Der Sohn ging und die Gäste kamen. Als das Wasser brausend kochte, öffnete der Tiger mit vieler Würde seine Tasche. Aber wer beschreibt sein Entsetzen, die Schildkröte war nicht da, und in größter Verlegenheit durchwühlte er die Nüsse und das Laub. Da fielen die Nüsse prasselnd durch das Loch auf den Boden, und er wußte nun ganz genau, auf welche Art ihm sein Fang abhanden gekommen war. Keines der geladenen Tiere konnte sich des Lachens enthalten, ja, einige behaupteten sogar, der

Tiger hätte nichts anderes gewollt als sie zu betrügen. Und unter allerlei Spott- und Hohnreden entfernten sie sich. Dem Tiger war ganz abscheulich zumute, er kroch auf sein Lager, und seine Söhne dachten, daß er seinen Ärger verschliefe. Sie irrten sich aber, denn der Tiger hatte nur die Augen geschlossen, um erst ungestört auf Rache sinnen zu können.

Die Freundschaft des Hundes und der Schildkröte war durch dieses Ereignis nicht im geringsten gestört; sie besuchten sich nach wie vor und sprachen öfter von ihrem mißglückten Abenteuer. Der Hund hielt bei dieser Gelegenheit gern längere Reden über den »plötzlichen Schreck«, und einmal sagte er:

»Wenn mir zum Beispiel heute eine Nuß auf den Kopf fiele, ich würde keinen Laut von mir geben und mich ebenso wie du mit einem hm! hm! hm! makekembe ma motu la motu ma beruhigen.«

»Wenn das ein Wort wäre«, sagte die Schildkröte, »so kann ich dir nur sagen, daß ich nicht übel Lust verspüre, einen zweiten Versuch zu wagen, aber wenn ich es nur ganz gewiß wüßte, daß du nicht wieder schreist; diesmal würde keine List helfen – der Tod wäre uns sicher.«

»Es ist hart, daß du mir keinen Glauben schenkst«, sagte der Hund und sah ganz bekümmert aus.

Dies tat der Schildkröte nun leid, sie reichte ihm die Hand und versprach ihm, gleich am nächsten Morgen den Gang mit ihm zu wagen. Und richtig, schon die ersten Sonnenstrahlen sahen die beiden zum Nußbaum wandern. Die Schildkröte hatte sich diesmal eine recht große Tasche von einer Bekannten geborgt, in diese wollten sie beide sammeln. Sie fanden auch Nüsse genug, und die Schildkröte machte eben eine kleine Pause im Sammeln, als das bekannte Surren im Nußbaum losging, und im selben Augenblick fiel die Nuß dem Hunde auch schon auf den Rücken. Mit lautem Geheul machte er sich aus dem

Staube, und gleich darauf fühlte sich die Schildkröte vom Tiger ergriffen. Er war so außer sich vor Freude, daß er sie gar nicht zu Worte kommen ließ – er stürzte förmlich nach Hause und kam ganz außer Atem an. Der Hund war gerade nicht sehr weit gelaufen und sah aus der Ferne, wie der Tiger die Schildkröte in seine neue Tasche steckte. Er hatte ein sehr böses Gewissen und bedachte sich ernstlich, wie er seine Dummheit wiedergutmachen könnte. Er mußte die Schildkröte auf irgendeine Art retten, das war ihm klar, aber auf welche, das wollte ihm durchaus nicht einfallen.

»Ich will zu einem Zauberer gehen«, dachte er endlich und machte sich sogleich auf den Weg. Der Zauberer war zu Hause und wußte auch gleich guten Rat. Er holte mehrere lange Ketten, welche aus aufgezogenen Muscheln bestanden, auch eine Menge großer und kleiner Glocken legte er dazu und allerlei Geräte, die klirren und leicht Lärm verursachen. Mit all diesen Sachen behing er den Hund, so daß er nicht mehr zu erkennen war. Zuletzt band er ihm noch eine große Pauke um und gab ihm Paukenschlegel in die Hand. Als er ihn so ausgerüstet hatte, sprach er:

»Nun setz dich und höre mir genau zu. Du gehst nun gleich so wie du bist zum Fluß hinunter und versteckst dich in demselben. Es wird nicht lange dauern, dann werden sie kommen, um Wasser zu holen; denn ich weiß, daß der Tiger keins im Hause hat. Sobald du sie nun von ferne erblickst, setzt du dich zum Sprunge bereit; kommen Sie nun ganz nahe, so springst du los und bellst und schüttelst dich und gebärdest dich wie ein Unsinniger. Dann wird niemand wagen, selbst der Löwe nicht, Wasser zu schöpfen, und deine Freundin wird dadurch Gelegenheit finden zu entschlüpfen.«

Dies gefiel dem Hund ganz außerordentlich, ja, er war so sehr erfreut, daß er dem Zauberer um den Hals fallen wollte. Dieser aber wehrte ihn lachend ab und trieb ihn an zum Fluß zu eilen.

Unterdessen war also der Tiger mit seiner Gefangenen zu Hause angekommen. Die arme Schildkröte hatte in großer Angst noch einmal versucht, den Tiger zu überlisten, indem sie ihn wieder bat, sie in die zerrissene Tasche zu stecken und die gute neue zu schonen.

»Binde das Loch fest zu«, so sagte sie zu ihm, »ich will gewiß an kein Entfliehen denken, mir ist so sehr schlecht zumute, daß ich für nichts aufkommen kann.«

»Tu, was du willst«, sagte der Tiger, »die neue ist mir sicher, und daß du nicht entfliehen willst, glaube ich dir nicht; aber daß du nicht kannst, dafür laß mich sorgen.«

So waren die Aussichten der Schildkröte sehr schlecht, und sie vernahm mit Grausen, daß der Tiger die Boten beauftragte, nunmehr alle Freunde zu laden und auch den Löwen und den Elefanten nicht zu vergessen. Der Tiger selbst bewachte die Schildkröte aufs sorgsamste, ja, er ging nicht einmal seinen Gästen entgegen, sondern wartete, bis sie alle beisammen waren. Nun erst stellte es sich heraus, daß kein Wasser in den Krügen sei.

»So müssen die Söhne schnell gehen und welches schöpfen«, sprach der Tiger. Auch sorgte er dafür, daß ein helles Feuer prasselte. Die Schildkröte ging von Hand zu Hand – jeder wollte sie sehen. Immer wieder wurde der Tiger um ihren Fang befragt. Eben war er wieder dabei, die Geschichte so breit als möglich zu erzählen, als seine Söhne mit lautem Geschrei ins Haus stürzten. Sie beruhigten sich auch gar nicht wieder, sondern schrien immer lauter, es sei etwas im Fluß gewesen, das wäre so schrecklich, daß sie vor Angst zu sterben glaubten.

»Welcher Unsinn«, sprach der Tiger, ließ die Söhne schreien und bat einige seiner nächsten Freunde, doch hinzugehen und Wasser zu schöpfen. Es währte aber gar nicht lange, da kamen auch diese ganz entsetzt zurück und bestätigten die Aussage der Söhne. Da stand der Löwe auf und sprach stolz:

»So werde ich dir Wasser holen!«

Darauf winkte er dem Hasen und ließ sich die Flaschen und Krüge von demselben anbinden. Aber in kurzer Zeit kam auch er bebend und mit gesträubter Mähne zurück. Als sie ihn so von weitem erblickten, befiel sie alle eine große Angst, welche noch größer wurde, als sie den Bericht des Löwen vernommen hatten.

»In meinem ganzen Leben ist mir so etwas noch nicht vorgekommen«, so erzählte der Löwe. »Es kann nur mit Zauberei zugehen, denn was ich sah und hörte, war kein Tier und nicht die Stimme eines Tieres, nein, das war etwas Entsetzliches, das mit solcher Gewalt daherkam, daß ich vor Schreck zu Boden stürzte; aber ich raffte mich gleich wieder auf und entfloh glücklich, obgleich das Untier mich noch lange verfolgte.«

»Aber ich bitte dich«, sprach da der Elefant, »was soll das denn sein? Ich habe mich noch nie gefürchtet und tue es auch heute nicht, und keiner könnte mich bewegen, jetzt dem Fluß fern zu bleiben.«

»So geh!« sprach zornig der Löwe, und der Hase sprang hinzu, um dem Elefanten die Krüge anzubinden. Als er sie nun vom Löwen forderte, wendete dieser ihm grollend den Rücken; denn er hatte sie alle auf der Flucht zerbrochen. Der Elefant aber sprach lachend zum Hasen:

»Wozu soll ich Krüge tragen, habe ich nicht meinen Rüssel?«

Und damit trabte er gemächlich ab.

Die Zurückbleibenden erwarteten mit größter Spannung seine Rückkehr. Ja, er kam zurück, aber sein gewaltiges Trompeten kündete ihnen schon von ferne an, daß er außer sich vor Zorn war, und als er nun vor ihnen stand, da war er furchtbar anzusehen, daß sie jetzt alle fest davon überzeugt waren, daß ihnen Tod und Verderben am Flusse drohten, falls sie es noch wagen wollten, hinzugehen. Aber der Tiger war ganz rasend vor Wut. Alle sprachen jetzt untereinander von dem schrecklichen Ungeheuer; jeder beschrieb es, wie er es gesehen hatte – nur der Tiger ganz allein hatte nichts gesehen. Er beschloß bei sich, alles daran zu setzen, um auch zum Fluß zu kommen. Wenn er nur nicht so große Angst gehabt hätte! Aber da fiel ihm etwas ein. Er trat mitten unter seine Gäste und redete sie folgendermaßen an:

»Liebe Freunde, ich danke euch, daß ihr gekommen seid, und daß ihr alle bereit gewesen seid, mir zu helfen; auch glaube ich es euch ganz felsenfest, daß dort im Fluß ein uns unbekanntes Tier ist, welches schrecklich anzusehen ist und euch, meine Freunde, so sehr erschreckt hat. Aber ich denke, nun kennt ihr es alle und seid auf sein Erscheinen vorbereitet, darum möchte ich euch den Vorschlag machen, daß wir alle zusammen zum Fluß hinuntergehen und in Gemeinschaft versuchen, das Tier zu fangen und zu töten.«

Nach dieser langen Rede entstand ein Gemurmel unter den Tieren; sie überlegten es sich, ob sie den Gang nochmals wagen sollten; aber endlich entschieden sich einige für das Wagnis, die andern folgten zögernd, und bald sah man die ganze Gesellschaft dem Flusse zustreben; voran der Elefant und der Löwe, hinter diesen, sich möglichst verbergend, der Tiger. Vergessen war die Schildkröte und die neue Tasche. Nur ein Gedanke beherrschte sie alle, nämlich der:

»Was werden wir am Flusse erleben!«

Als das letzte Tier zum Hause hinaus war, machte sich auch die Schildkröte auf den Weg, aber auf einen anderen – sie war nicht neugierig auf das Abenteuer, ahnte sie doch längst, daß der Hund sich eine List ersonnen hatte, um sie zu befreien. Als sie so gemächlich einherwandelte, gedachte sie mit rechter Sorge ihres Freundes, denn sie sagte sich mit Recht, daß es ihm gewiß ein Leichtes gewesen sein würde, jeden einzelnen zu erschrecken und fortzuscheuchen, daß es aber wohl seine Schwierigkeiten haben würde, den ganzen Zug anzuführen; und wehe ihm, wenn sie ihn erkannten. Aber diese Sorge war umsonst, denn als sie jetzt in den Waldweg zu ihrer Wohnung einbog, kam ihr der Hund schon entgegen. Er hatte sich, als er sie alle ankommen sah, eiligst fortgemacht, in der Hoffnung, daß die Schildkröte den rechten Augenblick zur Flucht wohl schon gefunden hätte.

Als sich die beiden so plötzlich gegenüberstanden, war ihre Freude sehr groß.

Der Hund sprach leise:

»Verzeih', gute Tante!«

Sie aber wehrte ihm und antwortete:

»Laß gut sein, du hast dich als treuer Freund bewiesen, aber Nüsse wollen wir nicht mehr zusammen stehlen.«

Der Tiger und seine Gesellschaft waren sehr erstaunt, als alles am Fluß ruhig blieb; sie kehrten sehr enttäuscht mit dem lachenden Tiger um. Dieser aber hörte auf zu lachen, als er zu Hause die leere Tasche fand. So ging die Gesellschaft sehr unmutig auseinander, und einer gestand es dem andern, nichts sollte ihn so leicht wieder bewegen, beim Tiger zu Gaste zu gehen.

40. Zwei Brüder

Ein armer Mann hatte zwei Söhne. Er konnte sie nicht mehr ernähren und sagte zu ihnen:

»Ihr seid jetzt erwachsen. Jeder von euch soll hinausziehen und sich Arbeit suchen.«

Er gab dem älteren und auch dem jüngeren zwanzig Brote und vier Büchsen mit Fleisch auf die Reise. Unterwegs sagte der ältere Bruder zum jüngeren:

»Gib dein Essen her und laß uns zuerst davon essen; denn du bist noch sehr jung und schwach. Das Tragen könnte dich krank machen.«

Der jüngere Bruder antwortete:

»Ja.«

Nun aßen sie zuerst den Vorrat des jüngeren Bruders. Nachdem sie aber acht Tage unterwegs waren, waren seine Brote und sein Fleisch verzehrt.

Als nun den jüngeren Bruder hungerte, sagte er zu dem älteren:

»Gib mir Essen, denn mich hungert.«

Doch dieser erwiderte ihm:

»Ich gebe dir nichts von meinem Essen. Wenn du aber durchaus etwas von meinem Essen willst, so gib mir dafür eins von deinen Augen. Ich will hineinstechen und es so blenden.«

Da bat der jüngste Bruder und sprach:

»Bitte, bitte, gib mir doch nur ein wenig von deinem Essen, mich hungert so sehr.«

Allein der ältere Bruder wollte ihm nichts geben. Da sagte der jüngere:

»So blende mir das Auge, wenn du durchaus nicht anders willst.«

Der ältere Bruder nahm einen großen Nagel aus seiner Tasche und stach damit in seines Bruders Auge. Darauf gab er ihm sehr wenig Brot und sehr wenig Fleisch. Der Schmerz des jüngsten Bruders war sehr groß. Er weinte und klagte über die Grausamkeit und Bosheit seines Bruders.

Als er sich ausgeweint hatte, gingen sie weiter. Nach zwei Tagen wurde der jüngere Bruder wieder sehr hungrig:

»Bitte, Bruder, gib mir ein wenig Brot!«

Der älteste Bruder antwortete ihm:

»Ich gebe dir kein Brot und kein Fleisch. Ich gebe es dir nur unter der Bedingung, daß du mir auch dein anderes Auge läßt, damit ich es blende.«

Weil der jüngste Bruder so sehr hungrig war, willigte er zuletzt ein. Da nahm ihm sein böser Bruder auch sein anderes Auge. Dieser wartete nun nicht auf seinen unglücklichen Bruder, sondern ließ ihn allein und ging, um sich einen Dienst zu suchen. Er fand bald Arbeit, er mußte Zeug machen.

Der geblendete Bruder, den er verlassen hatte, jammerte vor großen Schmerzen. Es kamen zwei Frauen vorüber, die sahen den Knaben und hörten ihn jammern. Sie fragten ihn:

»Kind, warum weinst du so?«

Da erzählte er ihnen seine traurige Geschichte.

Die Frauen sagten zu ihm:

»Jammere nicht mehr um deine Augen. Wir werden dir jetzt eine Medizin geben, die dir hilft.«

Sie gingen an den Rand des Waldes und brachten die Medizin.

Nun tröpfelten sie die Medizin in seine Augen. Da begann er wieder vor großen Schmerzen zu jammern; denn die Medizin war scharf und brannte sehr. Bald konnte jedoch der Knabe die Augen öffnen und war wieder sehend.

Die guten Frauen gaben ihm die Medizin und sprachen zu ihm:

»Gehe in das Haus des Königs. Er ist blind. Nimm diese Medizin und tue ihm so, wie wir dir getan haben. Tröpfele sie ihm in die Augen, so wird auch er wieder sehend werden.«

Unterwegs traf er seinen Bruder, der ihm die Augen geblendet hatte. Er mußte schwer arbeiten. Als der jüngste Bruder vorüberging, sagte er nichts zu dem älteren. Der geheilte Knabe kam nach dem Hause des Königs und rief auf der Treppe:

»Ich will den Herrn des Hauses sehen.«

Da entgegneten ihm die Hüter:

»Du bist zu klein und deshalb noch nicht würdig genug, unseren Herrn zu sehen.«

Er aber sagte zu ihnen:

»Ich bringe eurem Herrn etwas, was ihm recht gut ist, was ihn gesund macht.«

Die Hüter antworteten:

»Komm herauf zum Hause!«

Als nun der Knabe an ihnen vorübergehen wollte, packten sie ihn und schlugen ihn, bis er niedersank. Dann warfen sie ihn hinunter.

Die Frau des Königs hörte, daß ein Mensch ins Haus zu ihrem Manne kommen wollte und daß die Hüter ihn schlugen. Sie kam heraus und sprach zu den Hütern:

»Ihr sollt den Menschen nicht schlagen!«

Da ließen sie ihn vorübergehen.

Der junge Mann kam ins Haus, sah den König und grüßte ihn. Allein der König sah ihn nicht, denn er war blind. Der junge Mann sagte zu ihm:

»König, ich komme in dein Haus, weil ich gehört habe, daß du blind bist. Ich will jetzt deiner Blindheit ein Ende machen.«

Der König war darüber sehr erstaunt, denn er war schon dreißig Jahre blind. Der junge Mann sagte zu ihm:

»Gebiete deinen Leuten, daß sie Matten ausbreiten und Decken darauf legen.«

Als die Männer das getan hatten, tröpfelte er dem König die Medizin in ein Auge. Da wälzte sich der König in großem Schmerz im ganzen Hause umher. Die Hüter aber schlugen lange auf den jungen Mann los.

Der König öffnete endlich ein Auge und sagte:

»Niemand darf diesen Mann schlagen!«

Nun tröpfelte der junge Mann auch in das andere Auge Medizin, wieder wälzte sich der König im Hause umher, und wieder schlugen die Hüter auf den jungen Mann los.

Der König sagte aber:

»Niemand soll den jungen Mann schlagen; denn er gab mir das Gesicht wieder. Jetzt sehe ich so gut wie ihr. Ich glaube aber, daß ihr das gar nicht gern seht, denn ihr habt diesen Mann geschlagen.«

Die Hüter entgegneten ihm:

»Herr König, wir taten so, weil wir meinten, daß dich dieser Mann töten wollte.«

Der König erwiderte ihnen aber:

»Nein, nein, so ist es nicht. Weil ihr diesen Mann geschlagen habt, sollt ihr getötet werden.«

Er rief andere Männer herbei und befahl ihnen:

»Tötet diese acht Hüter!«

Der König schenkte dem jungen Mann, der ihm die Medizin gegeben hatte, zwei Dampfer, zwei Dampfboote, zwei Häuser mit allem, was dazu gehört, dreißig Schränke, vier Pferde und einen schönen Stuhl. Er gab ihm auch seine Tochter zur Frau und teilte alles mit ihm. Seiner Tochter aber gab er 940 Mark, ein Haus, fünf Pferde, zwei Diener und fünf Schränke mit Kleidern. Der König gab ihm auch Männer, die die Dampfer bedienen sollten.

Er selbst begleitete seinen Schwiegersohn mit einem andern Dampfer bis aufs Meer. Dann sagte er zu ihm:

»Wenn du irgend etwas von mir wünschest, so schicke mir Nachricht. Du wirst es sofort von mir erhalten.«

Darauf kehrte der König mit seinem Dampfer zurück.

Als der junge Mann mit seinem Dampfer fortfuhr, sah er seinen älteren Bruder, der ihn unterwegs geblendet hatte. Dieser mußte schwer arbeiten und war nur mit einem Sack bekleidet.

41. Die Landschildkröte und das Flußpferd

Eine Landschildkröte wohnte am Rande einer Quelle und nährte sich von kleinen Zwiebeln, die dort wuchsen. Eines Tages nun stieg ein Flußpferd ans Land, und als die Landschildkröte seiner ansichtig wurde, war sie zu Tode erschrocken. Als sie aber an einem anderen Tage einen Elefanten daherkommen sah, da war sie vor Staunen und Schrecken sprachlos. Als sie sich von ihrem Schreck wieder beruhigt hatte, sprach sie:

»Ich hatte nicht geahnt, daß es noch ein größeres Tier gäbe als das Flußpferd, aber jetzt glaubte ich, daß das Flußpferd doch nicht das stärkste ist.«

Da nun die Landschildkröte sehr schlau ist und wußte, daß das Flußpferd im Wasser und der Elefant auf dem Lande wohnt, ging sie zum Flußpferd und sagte:

»Lieber Freund, der Elefant rühmt überall, daß er stärker wäre als du. Wenn du mir etwas schenkst, sage ich dir alles, was der Elefant über dich ausgesagt hat.«

Das Flußpferd fragte:

»Was willst du dafür?«

Sie erwiderte:

»Gib mir ein Weib!«

Aber das Flußpferd wollte darauf durchaus nicht eingehen, sondern lachte sie aus und sagte:

»Ach, bist du dumm! Ich glaube nicht, daß von all den Tieren hier im Walde auch nur eins so stark ist wie ich. Wer kann wie ich im Wasser und dann wieder längere Zeit auf dem Lande leben?«

Die listige Landschildkröte aber entgegnete ihm:

»O bist du töricht, ich selbst will dich besiegen.«

Da sah das riesengroße Flußpferd die kleine Landschildkröte verächtlich an und sprach:

»Ach du arme Landschildkröte, du bist doch viel schwächer als ich, wie willst du mich denn besiegen?«

Sie erwiderte darauf:

»Wenn du das nicht glaubst, so laß uns ein langes Seil nehmen und daran ziehen. Wenn du mich hinunterziehst ins Wasser, dann bin ich besiegt. Punkt zwölf Uhr soll der Kampf beginnen.«

Darauf entfernte sich die Landschildkröte eiligst und lief stracks zum Elefanten und sagte zu ihm:

»Du, das Flußpferd spricht, es wäre stärker als du.«

Der Elefant erwiderte:

»Wie kann es denn stärker sein als ich?«

»Ja, das Flußpferd hat mir ein Seil mitgegeben. Schlag zwölf Uhr sollst du mit ihm um die Wette ziehen.«

Der Elefant traute aber der Landschildkröte nicht und sagte, das wäre nicht wahr. Da sagte die listige Landschildkröte:

»Lieber Elefant, dann will ich mit dir am Seile ziehen.«

Das war dem Elefanten gerade recht, denn er dachte, er würde sie ja doch besiegen und wollte sie dann töten. Sie sagte dann noch:

»Wenn du um zwölf Uhr das straffe Seil siehst, dann bin ich am Ziehen.«

Als der Elefant um zwölf Uhr das straffe Seil sah, begann er sofort mit aller Kraft zu ziehen; dasselbe tat das Flußpferd im Wasser. Die Landschildkröte dagegen hatte sich im Busch versteckt und weiter nichts zu tun als zuzusehen, wie die beiden großen Tiere am Seile um die Wette zogen. Der Elefant schämte sich und sagte nur:

»Sie zieht mich!«

Und das Flußpferd war erbost und sagte:

»Soll mich die Landschildkröte ziehen?«

Als beide Tiere endlich ganz ermattet waren, ging die Landschildkröte zum Elefanten und fragte ihn:

»Hast du gesehen, was ich kann?«

Der Elefant schnaufte und sprach:

»Du bist aber stark, wie hast du es nur gemacht, daß ich dich nicht ziehen konnte?«

»So hatte ich mich in die Erde eingekrallt, deshalb konntest du mich nicht ziehen.«

Da sprach der Elefant:

»Das ist wahr!« und gab ihr eine Frau.

Nun ging die Landschildkröte noch zum Flußpferd, und dieses mußte auch bekennen:

»Du bist sehr stark. Obwohl du so klein bist, vermochte ich dich nicht zu ziehen. Wie hast du das nur angestellt?«

Da sagte sie ihm dasselbe wie dem Elefanten. Da gab ihr auch das Flußpferd ein Weib, lobte sie und sprach:

»Du kleine Landschildkröte bist sehr stark, und ich sehe, daß du das stärkste von allen kleinen Tieren im Walde bist, denn keines von diesen wäre imstande, mich zu ziehen. Ich will jetzt zum Löwen gehen und dir ein Zeugnis ausstellen lassen, daß du das stärkste Tier bist.«

Als aber das Flußpferd zum Löwen kam und ihm alles erzählt hatte, sagte der Löwe, er wolle mit dem Zeugnis warten, bis er sich selbst von der Stärke der Landschildkröte überzeugt habe, und so hat diese bis heute noch nicht das Zeugnis bekommen.

42. Der Leopard und die Antilope

Der Leopard und die Antilope wollten sich Frauen suchen. Die Antilope feilte ihre Zähne. Doch der Leopard feilte seine Zähne nicht. Sie kamen nun eines Tages in das Haus ihrer Frauen. Die Antilope spie aus. Die Frauen hatten die Antilope gern, weil ihre Zähne so schön weiß waren. Aber den Leoparden liebten sie nicht, weil seine Zähne nicht schön waren. Der Leopard wurde darüber sehr zornig, daß die Frauen die Antilope mehr liebten als ihn.

Er bat die Antilope, daß sie ihn lehre, wie sie ausspeie. Doch die Antilope wollte nicht, weil sie nicht das Feilen der Zähne verstände. Der Leopard bat aber wieder:

»Mein Freund, lehre mich dein Feilen!«

Endlich willigte die Antilope ein, sie dachte, sonst würde der Leopard vielleicht ihre Mutter töten. Sie betrog aber den Leoparden und sprach:

»Laß uns jetzt gehen und feilen.«

Auf dem Wege machte die Antilope Haken. Sie befestigte damit den Leoparden am Boden. Darauf sprach sie zum Leoparden:

»Richte deine Zähne nach oben!«

Die Antilope stieg nun auf einen Seidenbaumwollbaum und rief dem Leoparden zu:

»Wenn du einen kleinen Stein von oben herab kommen siehst, so wende dich fort! Siehst du aber einen großen Stein, der von oben kommt, so halte deine Zähne hin!«

Als nun ein kleiner Stein herabfiel, wandte der Leopard sein Gesicht weg. Da dann aber der große kam, hielt der Leopard das Gesicht hin. Der Stein schlug ihm alle Zähne aus. Deshalb lief die Antilope schnell fort. Sie ging zum Tanz. Der Leopard blieb aber auf dem Wege liegen. Alle Tiere weigerten sich, ihm zu helfen; denn der Leopard war falsch und boshaft. Die Ratte errettete ihn endlich. Danach wollte er die Ratte töten. Die Ratte schlüpfte aber mit allen ihren Kindern in ihr Loch. Darum konnte er sie nicht fangen und töten.

Als er wieder in das Dorf kam, traf er die Antilope beim Tanzen, sie jauchzte:

»Ich habe dem Leoparden die Zähne zerbrochen.«

Als jedoch die andern Tiere das hörten, wurden sie sehr zornig. Der Leopard erdachte eine List, um die Antilope zu töten.

Er machte Palmwein, denn die Antilope liebte den Palmwein sehr. Die Antilope und die Schildkröte ersannen aber auch eine List, wie sie dem Leoparden die Kalebassen zerbrechen könnten.

Als sie in den Wald kamen, sagte die Antilope zur Schildkröte:

»Wir graben ein Loch, und ich schlüpfe hinein. Ich spreize die Hand nach oben. Wenn dann der Leopard vorüberkommt, so werde ich ihn stoßen, damit er stolpert und niederfällt, seine Kalebassen werden dann zerbrechen.«

Die Antilope tat sogleich so. Auch die Schildkröte verbarg sich. Sobald der Leopard seine Kalebassen mit Palmwein brachte, stieß ihn die Antilope. Er stolperte, fiel nieder, und alle seine Kalebassen zerbrachen. Er sagte:

»Welcher Ast hat mich um meinen Palmwein gebracht? Ich habe kein Buschmesser, um ihn abzuhauen.«

Der Leopard faßte den Fuß der Antilope, denn er dachte, daß dies der Ast wäre. Er schleuderte die Antilope mit aller Kraft fort. Die Antilope rief ihm aber zu:

»Habe ich nicht heute deine Kalebassen zerbrochen?«

Der Leopard hörte das und verfolgte die Antilope; aber er konnte sie nicht fangen.

Nun berieten alle Tiere einen Plan, wie der Leopard die Antilope fangen und töten sollte. Sie sagten:

»Wir machen für den Leoparden Matten zum Hausbau, und jeder soll sein Bündel tragen.«

Sie versteckten aber den Leoparden in dem einen Bündel. Nun riefen sie die Antilope, daß diese auch tragen solle.

Bevor aber die Antilope hinging, ließ sie den Wahrsager kommen. Dieser erzählte ihr:

»Sie haben den Leoparden in dem einen Bündel Matten versteckt. Du sollst dieses Bündel tragen. Wenn du nun zu ihnen kommst, so sage ihnen, dein Vater und deine Mutter hätten dir das Gebot gegeben, ehe du ein Bündel Matten trügst, solltest du es mit dem Speer durchstechen.«

Die Antilope kam zu den Tieren. Sie zeigten ihr das Bündel Matten, in dem der Leopard versteckt war. Die Antilope aber sprach:

»Ich werde es tragen; doch mein Vater und meine Mutter haben mir das Gebot gegeben, ehe ich das Bündel trüge, solle ich es erst mit einem Speere durchstechen.«

Allein ehe die Antilope das Bündel durchstach, sagten alle Tiere:

»Stich nicht, stich nicht!«

Der Leopard aber hörte das. Er kam aus dem Bündel heraus und lief fort. Auch die Antilope ging.

43. Das Chamäleon und der Erdsalamander

Das Chamäleon und der Erdsalamander waren Freunde. Eines Tages saßen sie beide beisammen und unterhielten sich. Auf einmal sagten sie zueinander:

»Wir wollen unsere Kinder essen, ein jedes esse die seinigen!«

Ihre Wohnsitze waren so, der vom Erdsalamander war oben am Wasser und der vom Chamäleon unten. Sie hatten auch miteinander ausgemacht, an welchem Tage sie ihre Kinder essen wollten. Als die festgesetzte Zeit gekommen war, nahm der Salamander die von einer Rinde hergestellte rote Farbe und streute sie aufs Wasser. Infolge davon wurde das Wasser rot wie Blut. Als das Chamäleon dieses Blut im Wasser sah, dachte es, der Erdsalamander habe seine Kinder schon gegessen. Da nahm es die seinigen auch, tötete sie und aß sie.

Nach kurzer Zeit machten alle Tiere miteinander aus, ein jedes Tier solle mit seinen Kindern erscheinen. Da sagte das Chamäleon zum Erdsalamander:

»Freund, wir gehen eben leer, wir haben ja keine Kinder.« Der Salamander entgegnete:

»Ja, es ist so.«

Als der festgesetzte Festtag herbeigekommen war, da kamen alle Tiere und fingen an, vorüberzuziehen, ein jedes Tier mit seinen Kindern hinter sich her. Unterdessen stand das Chamäleon ganz allein an einem besonderen Orte, denn es hatte kein Kind. Als es so dastand und zuschaute, sah es auf einmal den Erdsalamander mit seinen Kindern hervorkommen. Da konnte es nicht mehr an sich halten, es stürzte in den Hof hinaus und schrie:

»Eine wahre Streitsache, der Erdsalamander hat mich betrogen, daß ich meine Kinder aß, während er die seinigen behielt.«

Als nun das Festspiel zu Ende war, stiegen das Chamäleon und der Salamander auf einen hohen Berg hinauf, nahmen einen Stein und wälzten ihn den Berg hinunter. Dabei schrie das Chamäleon:

»Wenn jemand gestorben ist, kommt er nicht zurück.«

Der Salamander dagegen sagte:

»Wenn jemand gestorben ist, kommt er wieder zurück.«

Deshalb beweint das Chamäleon seine Kinder jeden Abend bis auf den heutigen Tag.

44. Mond und Sonne

Mond und Sonne sind rechte Geschwister. Sie ersannen miteinander eine List. Der Mond sagte zur Sonne:

»Wir wollen unsere Kinder ins Wasser werfen.«

Die Sonne stimmte zu. Als die festgesetzte Zeit kam, versteckte der Mond seine Kinder, suchte weiße Kieselsteine und tat sie in einen Sack. Die Sonne aber wußte nichts davon und nahm wirklich alle ihre Kinder und steckte sie in einen Sack. Dann machten sie sich auf den Weg und kamen an das Ufer des Flusses. Der Mond schüttete den Sack mit Steinchen aus in den Fluß. Dadurch wurde die Sonne betrogen und schüttete ihre Kinder auch in den Fluß. Darauf gingen sie beide nach Hause.

Als der Tag zu Ende war, ging die Sonne zur Freude aller Menschen ganz allein aus. Die Nacht kam, und nun ging der Mond aus mit seinen Kindern. Da wurde die Sonne zornig und griff den Mond an, weil sie ihre Kinder ins Wasser geworfen hatte. Aber der Mond sagte zur Sonne, daß ihre Kraft viel zu groß wäre, es wäre viel besser für die Welt, daß ihre Kinder im Wasser wären, nun könnten die Leute diese Kinder fangen und sich kochen, damit sie etwas zu essen hätten und daß sie ihren Bauch füllen und in der Stadt leben könnten.

Deshalb sind nun Sonne und Mond nicht im Frieden miteinander bis heute. Das ist das!

45. Ejevi

Auf seinem Spaziergang traf Ejevi einst eine Schar Vögel, die auf eine Insel fliegen wollten. Er fragte sie, was sie da täten. Die Vögel antworteten:

»Dort ist ein großes Maisfeld, das niemandem gehört, dort holen wir täglich Nahrung für uns und unsere Kinder.«

Ejevi wollte gern mitziehen; aber ohne Flügel konnte er nicht über das große Wasser kommen.

Er bat deshalb die Vögel:

»Leiht mir doch ein jeder von euch eine einzige Feder, damit ich auch mitfliegen kann!«

Seine Bitte wurde erfüllt, und er flog mit hinüber auf die Insel. Als sie das Maisfeld kaum erreichten, sprach voll Erstaunen der lügenhafte Ejevi:

»Ei, das Feld gehört ja meinem Großvater; ich lasse es nicht von euch Vögeln auspicken!«

Diese wurden sehr zornig; jeder von ihnen zupfte dem Ejevi die gegebene Feder aus und flog heim. Ejevi war nun allein auf dem Felde; er suchte nach einem Weg, der ihn nach Hause führte, fand aber keinen, da ja die Insel rings von einem breiten See umgeben war. Er war also durch seine Lüge auf die Insel verbannt.

Nach einigen Monaten hatte er allen Mais des Feldes verzehrt. Auf der ganzen Insel war nun nicht mehr soviel Nahrung, daß sich eine Ameise hätte satt essen können. Ejevi litt deshalb großen Hunger und weinte sehr, daß er nun wegen seines Leichtsinns sterben müsse. Ein Krokodil hörte ihn jammern, es kam herbei und fragte nach dem Grund seines Schmerzes. Ejevi erzählte ihm seine Leidensgeschichte. Das Krokodil hatte Mitleid mit ihm und sprach:

»Ich will dich auf meinem Rücken ans Land bringen. Zuerst will ich aber meine Eier verstecken, daß sie nicht von bösen Menschen geraubt werden.«

Kaum hörte Ejevi von den Eiern, dachte er schon daran, wie er sie durch Betrug in seinen Besitz bringen könnte, und bat deshalb:

»Laß mich dich zu deinem Haus begleiten.«

Sie gingen. Unterwegs sagte Ejevi zu dem Krokodil:

»Ich kann deine Eier so färben, daß sie kein Mensch findet!«

Das Krokodil war damit einverstanden. Zu Hause angelangt, verlangte Ejevi Salz, Pfeffer, Schmalz, einen Topf und Feuer. Dies alles mußte in ein Zimmer, wo die Eier lagen, getragen werden. Dann verlangte er noch, daß ja keines der jungen oder alten Krokodile in das Zimmer trete. Erst eine Woche nach seiner Heimreise dürften sie die schön gefärbten Eier herausholen. Ejevi ging nun allein in das Stübchen, kochte die sämtlichen Eier und aß sie.

Danach ließ er sich vom Krokodil ans Land tragen. Vorher nahm er aber von der Insel einen dicken Stock mit, um das Krokodil, wie er ihm auf seine Frage sagte, während des Schwimmens vor seinen Feinden zu schützen. Er fragte es deshalb auch, wo es am leichtesten zu töten wäre, damit er diese Stelle am besten schützen könnte.

»Meine Nase«, sagte es, »darf nicht stark gedrückt werden, sonst könnte ich leicht sterben!«

»Du, mit deinem Panzer bist doch besser daran als ich«, entgegnete Ejevi, »ich darf am ganzen Körper nicht gedrückt werden!«

Unterdessen kamen sie an das Ufer des Sees. Das Krokodil wollte den Ejevi absetzen, in diesem Augenblicke aber schlug dieser es mit Gewalt auf die Nase, daß es tot hinfiel. Er schnitt es in Stücke, legte diese in sein Tuch und zog es heimwärts. Da begegneten ihm ein Leopard und ein Wolf.

»Woher kommst du und was hast du in deinem Tuche?« redeten sie ihn an.

»Ach, meine Schwiegermutter ist auf der Reise gestorben, und nun will ich sie heimtragen!« erwiderte er.

Der Leopard wollte jedoch die Tote sehen. Ejevi wollte aber den Sack nicht aufbinden; der Leopard und der Wolf zerrten am Tuch hin und her, bis es zerriß. Da fielen die Stücke des Krokodils zu Boden. Der Wolf und der Leopard kochten das Fleisch und aßen es. Dem hungrigen Ejevi gaben sie nur den mageren Schädel.

Der aber nahm ihn und färbte mit gelber Rinde seine Zähne schön gelb. In die Kiefer steckte er quer einen Knochen und warf den Schädel wieder den beiden Tieren zu. Diese waren sehr erstaunt über die schönen Zähne und wollten die ihren auch so schön gefärbt haben.

»Euren Wunsch will ich gern erfüllen«, sagte Ejevi, »aber einer von euch muß sich während dieser Arbeit entfernen; denn meine Kunst ist ein Geheimnis, da darf mir niemand zusehen!«

Der Wolf ging nun fort. Ejevi band dem Leoparden Hände und Füße, holte einen abgenagten Knochen, machte ihn im Feuer glühend und steckte ihn dann mit großer Macht in den Rachen des Leoparden, als er ihn gerade weit aufsperrte zum angeblichen Zähnefärben.

Ejevi schlug ihn mit seinem Stocke noch einige Male über den Kopf, bis er ohnmächtig dalag. Er deckte ihn dann mit seinem Tuche zu, damit der Wolf, der nun auf seinen Ruf herbeikam, nichts merken solle. Dieser fragte gleich nach seinem Freunde, dem Leoparden.

»Der ist an den See, um zu trinken«, gab ihm Ejevi zur Antwort.

Der Wolf wurde nun auch gebunden und geplagt, bis er scheinbar tot war. Ejevi freute sich über seine Rache, setzte sich hin und aß das Fleisch, das die beiden übrig gelassen hatten.

Da kamen viele Termiten aus der Erde und zernagten die Fesseln der wie tot daliegenden Tiere. Diese kamen bald wieder zu sich und suchten den Ejevi, der sich jedoch schnell im Busch versteckt hatte. Der Leopard und der Wolf dankten den Termiten und versprachen ihnen einen großen Lohn. Sie sollten nach neun Tagen wieder auf denselben Platz herkommen und ihre Geschenke in Empfang nehmen. Die Termiten zogen nun heim.

Ejevi, der das mit angehört hatte, wollte die Termiten um ihre Geschenke betrügen. Als die Tiere alle fort waren, schlich er sich auf Umwegen in die Stadt der Termiten und ging am achten Tage zum Häuptling, der ihm sein Kleid leihen sollte. Am nächsten Tage wollte er es wieder zurückbringen. Der aber sagte:

»Wir müssen ja morgen beim Wolf und Leoparden unsere Geschenke holen.«

Ejevi entgegnete:

»Ihr könnt noch zwei Tage warten; wenn ihr schon so früh dahin zieht, bekommt ihr nicht viel Geschenke. Übrigens sind die beiden verreist und haben mir gesagt, ich soll euch benachrichtigen, daß ihr erst in zwei Tagen kommt!«

Zum Zeichen, daß es wahr sei, zeigte er ihnen zwei Büschel Haare, die er einst dem Leoparden und dem Wolf ausgerissen hatte. Die Termiten glaubten ihm, und der Häuptling gab ihm sein Kleid. Ejevi hüllte sich darein und machte sich auf den Weg. Am nächsten Abend, als es ganz dunkel war, gelangte er auf dem früheren Platze an. Der Leopard und der Wolf waren schon mit vielen Geschenken anwesend. Ejevi sprach laut und leise, mit tiefer und hoher Stimme, daß die Tiere meinen sollten, es kämen nun die Termiten daher.

Ejevi rief nun sehr laut:

»Es kommen nun meine Leute, die Termiten, der Geschenke wegen; ich, ihr Häuptling, werde sie in Empfang nehmen; meine Leute werden im Busch warten, bis ich zurückkomme!«

Damit die Tiere ihn nicht so leicht erkannten, sprach er noch:

»Termitenhäuptling kann kein Licht sehen!«

Er kam nun näher, und die beiden Tiere brachten viel Gold und Silber, Antilopen und Ziegen, Schafe und Hühner und zehn Kalebassen Palmwein. Ejevi aß und trank und schleppte das übrige in den Busch, angeblich zu seinen Termiten. Ohne Dank und Abschied lief er dann davon und brachte dem Termitenhäuptling nicht einmal seine Kleider wieder. Dieser wollte nicht länger auf den Ejevi warten und brach mit seinen Leuten auf, um die versprochenen Geschenke in Empfang zu nehmen. Als sie aber zum Wolf und Leoparden kamen, wurden sie weggejagt, und da sie nicht gehen wollten, zündeten die beiden ein großes Feuer an; viele Termiten flohen nicht schnell genug und wurden verbrannt. Die übrigen liefen betrübt davon.

Ejevi aber freute sich über seinen gelungenen Streich. Seine durch Betrug erworbenen Geschenke trug er einzeln nach Hause. Der Weg führte ihn am See vorbei. Die Frau des durch ihn getöteten Krokodils hat sieben Tage nach seinem Besuch in dem Zimmer, wo Ejevi die Eier färben wollte, nachgesehen, und hatte nur Eierschalen gefunden. Also hatte sie der schändliche Ejevi gegessen. Überdies erfuhr sie von der Ermordung ihres Mannes. Sie wollte sich deshalb an Ejevi rächen. Wie sie ihn am See vorbeigehen sah, ging sie ans Land und stellte sich tot. Der habgierige Ejevi wollte sie nehmen und heimtragen. Als er aber dicht bei ihr war und sie aufheben wollte, biß die Frau Krokodil ihm die Hand ab und lief schnell ins Wasser. Ejevi hatte große Schmerzen, ging nach Hause und steckte seinen Arm mit der verlorenen Hand in den großen Flaschenkürbis, der voll Wasser war und in dem seine Frau immer morgens Wasser holte. Als diese am nächsten Morgen schnell den Flaschenkürbis nahm, schrie er laut:

»Du hast mir meine Hand abgerissen, laufe zum Fetischmann, daß er sie heilt!«

Ejevi lief auf dem kürzeren Wege auch dahin und verbarg sich hinter einem Busch vor dem Fetischhof. Als die Frau kam, rief er ihr mit verstellter Stimme entgegen:

»Ich weiß schon, was du willst, gehe nach Hause, schlachte deinen größten Ziegenbock, koche ihn gut und schütte das Fleisch samt der Suppe in eine Höhle neben dem Feld des Ejevi. Die Hand deines Mannes wird dann wieder wachsen.«

Die Frau ging heim und kochte den Bock recht gut. Ejevi wartete schon in der Höhle darauf. Sie brachte das Fleisch und die sehr heiße Suppe, und noch ehe Ejevi eine Kalebasse auf die Erde stellen konnte (in die das Fleisch hinein fallen sollte), schüttete die Frau alles in die Höhle. Ejevi, der gerade in die Höhe blickte, ob seine Frau schon käme, wurde von der heißen Suppe im Gesicht so verbrannt, daß er lange Zeit nicht mehr unter die Leute gehen konnte.

46. Die Fabel von dem Königssohn Safudu Kwaku

Eines Tages log ein König über seinen Sohn, daß dieser etwas mit seiner Frau gesprochen hätte. Sein Sohn, Safudu Kwaku, sagte zu seinem Vater, er wollte sich einem Gottesurteil unterziehen. Der König war damit einverstanden und sandte Männer nach Ge, die ihm ein Schewrt und Nadeln kaufen sollten.

Als sie die Gegenstände gekauft hatten, da ließ sie der König siebzehn Tage lang schleifen. Die geschliffenen Buschmesser und Nadeln ließ er dann unter einem hohen Seidenbaumwollbaum in die Erde stecken. Dann ließ der König alle Leute einladen, daß sie kommen und dem Gottesurteil beiwohnen sollten. Der König, seine Frau und sein Sohn, Safudu Kwaku, wurden in der Hängematte auf den Platz getragen, auf welchem das Urteil vorgenommen werden sollte. Dort befahl der König seinem Sohn, Safudu Kwaku, er solle auf den Baum hinaufsteigen und sich von dort herunter auf die scharfen Schwerter und Nadeln stürzen. Seine Mutter fing zu weinen an; er selbst aber fürchtete sich nicht, weil er wußte, daß er unschuldig war.

Safudu Kwaku stieg auf den Baum und sang das Lied:

»Dedende manjimato, samafa binihini; dedende samapa wo mampa; dedende manjimato.«

Nachdem er das Lied fertig gesungen hatte, stürzte er sich vom Baum herunter, nahm aber keinen Schaden. Der König aber sagte, er hätte es nicht gesehen, weil er gerade im Bad gewesen wäre. Zum zweiten Male stieg er auf den Baum, sang dort wieder sein Lied und stürzte sich auf die Erde. Darauf sagte der König, jetzt erst habe er sich fertig gebadet, deswegen solle er zum dritten Male auf den Baum steigen. Safudu Kwaku stieg wieder auf den Baum. Aber der König sagte, er hätte sich eben mit Fett eingerieben und hätte deswegen nicht zugesehen. Noch einmal befahl er ihm, auf den Baum zu steigen; aber wieder sah er es nicht, weil er gerade seine Sandalen angezogen hätte. Zum fünften Male stieg Safudu Kwaku auf den Baum; aber der König hatte ihn auch diesmal nicht gesehen, weil er eben eine Prise Schnuftabak genommen hätte.

Als er nun zum sechsten Male auf den Baum stieg, da sagte der König:

»Jetzt erst kann ich kommen, um es zu sehen«, und befahl ihm zum siebentenmal, auf den Baum zu steigen.

Alle Zuschauer ergriffen nun Partei für den Safudu Kwaku; dieser aber stieg zum siebenten Male auf den Baum. Als er sich nun herunterstürzte, da nahm ihn der Himmel weg und versetzte ihn in den Sonnenaufgang. Wenn nun die Sonne aufgeht und man will ihr Angesicht sehen, so verdeckt sie ihr Angesicht und sagt:

»Man hat mir siebenmal Unrecht getan!«

Daher kommt es, daß man das Angesicht der Sonne nicht ganz sehen kann.

47. Der Elefant und die Spinne

Höret eine Fabel!

»Die Fabel möge kommen!«

Die Fabel kam von weither und fiel auf den Leoparden, die Spinne und den Elefanten. Der Leopard machte Farbe mit Honig, färbte Baumwollgarn damit und webte ein Tuch daraus. Eine Zeit darauf hatte die Spinne einen Todesfall, sie kam zum Leoparden und bat ihn, er möchte ihr das Tuch leihen, damit sie zur Totenfeier gehen könnte. Der Leopard war ganz einverstanden und lieh ihr das Tuch.

Als die Spinne zur Totenfeier gewesen war und heimkehrte, fing es an zu regnen, da rollte die Spinne das Tuch zusammen und legte es sich auf den Kopf. Der Regen schlug heftig auf sie und drang in das Tuch und tröpfelte ihr in den Mund. Die Spinne schluckte etwas von dem Wasser und merkte, daß es sehr süß war. Deshalb benachrichtigte sie ihre Genossen, sie wolle ein wenig beiseite gehen, sie komme gleich. Die Spinne ging, verbarg sich, aß das ganze Tuch auf und blieb nackend. Als sie nun lange unterwegs war, begegnete sie einem Elefanten, sie bat ihn, er möchte doch ein Stück von seinem Ohr abschneiden und ihr geben, damit sie es umschlage, sie werde es ihm nachher wiederschicken. Der Elefant sagte, es sei gut, sie solle selber ein Stück mit ihrem Arm abmessen, dann wolle er es ihr abschneiden. Die Spinne nahm das Ohr und ging damit nach Hause. Als sie nach Hause kam, siehe, da kochte gerade Frau Spinne eine Suppe, die Spinne nahm nun das Ohr, röstete es, sie kochten die Suppe damit und aßen.

Einige Tage darauf schickte der Elefant jemanden, er solle ihm das Ohr holen, die Fliegen plagten ihn zu sehr. Der Bote kam mit leerer Hand zurück, er hatte das Ohr nicht erhalten. Nun nahm der Elefant selber es auf sich, zu kommen und das Ohr zu holen. Der Spinnenmann hatte mit seinen Kindern und seiner Frau ausgemacht, sobald der Elefant komme, sollten sie in die Schnupftabaksdose fliehen. Der Elefant kam und die beiden, Elefant und Spinne, unterhielten sich. Nach einer Weile sagte der Spinnenmann zu einem seiner Kinder:

»Gehe hin und hole deinem Großvater Schnupftabak!«

Als es gegangen war, schlüpfte es in die Schnupftabaksdose. So schickte er sie eins nach dem andern, und alle schlüpften hinein. Zuletzt schickte er Frau Spinne auch, aber deren Kopf klemmte sich in der Öffnung der Schnupftabaksdose. Darauf sagte der Spinnenmann zum Elefanten, seine Kinder seien Esel, deshalb wolle er selber gehen und den Schnupftabak holen. Als er ging, sah er, wie der Kopf der Frau Spinne in der Öffnung klemmte, da stieß er sie mit der Faust und sagte:

»Frau Spinne, du Breit-, du Breit-, du Breitkopf, schnell hinein!«

Dann schlüpfte er selber hinein. So gingen sie alle in die Dose und schlossen hinter sich zu.

Der Elefant wartete lange, bis er müde wurde, dann stand er auf, aber er fand niemanden im Hause. Er ging im Hause herum und suchte nach etwas, das er an Stelle des Ohres nehmen könnte, aber er fand nichts Besonderes, nur die Schnupftabaksdose sah er. Er sagte:

»Gut, ich will seine Schnupftabaksdose nehmen, damit er nicht mehr schnupfen kann.«

Der Elefant tat sie in seine Tasche und machte sich auf den Heimweg. Unterwegs fingen die Spinne und ihre Kinder an ein Totenklagelied zu singen:

»Ao, Ao, die Elefantenmutter ist gestorben.«

Der Elefant wußte nicht, wo eigentlich das Weinen tönte, und er sagte:

»Soeben habe ich meine Mutter verlassen, und nun ist sie schon gestorben?«

Die Spinne mit den Ihren weinte kräftig weiter; da nahm der Elefant die Schnupftabaksdose und schleuderte sie gegen einen Stein, daß sie zerbarst. Sogleich kam die Spinne mit den Ihren heraus, und sie gingen alle in den Felsen. Der Elefant wurde zornig und bestellte Leute, daß sie sie ihm griffen. Die Spinne hatte ein scharfes Messer, gegen das fliegt keine Fliege, fliegt sie dagegen, so wird sie in sieben Stücke zerschnitten. Das Wildschwein und die Hyäne sagten, sie wollten sie fangen und bringen. Aber als das Schwein die Schnauze ausstreckte, hieb ihm die Spinne seinen Rüssel ab. Als die Hyäne das sah, fing sie an zu schreien:

»Die Spinne hat des Schweines Schnauze abgehauen!«

Das geriet allen anderen Tieren zur Furcht, und sie gingen lieber nicht mehr. So weilt die Spinne bis heute unter Steinen.

Deshalb sagt man: Der Barmherzige bekommt keinen Dank.

Das haben die Leute mir erzählt, und ich habe euch damit unterhalten.

»Wohl, du Salzmund!« Ihr seid Rundohrige!

48. Die Wespe, die Spinne und die Ratte stehlen der Hyäne Honig

Die Wespe, die Spinne und die Ratte gingen aus, um Honig zu stehlen. Sie stießen auf die Hyäne, denn sie war auf dem Feld, da kehrten sie um. Die Nacht brach nun an, und sie hatten noch keinen Honig bekommen. Die Spinne sagte:

»Laßt uns gehen und der Hyäne den Honig stehlen.«

Die Hyäne war nachts auf den Kehrichthaufen gekommen, um Knochen zu zerbeißen, und als die Spinne das sagte, hörte es die Hyäne. Sie lief zu ihrer Frau und sagte:

»Die Spinne, die Wespe und die Ratte kamen in unsere Ortschaft und sagen, sie kommen, meinen Honig zu stehlen, ich habe es gehört, darum sage ich dir: Ich werde gehen, sie daran zu verhindern.«

Die Hyäne ging und ließ ihre Frau allein im Gehöft. Nach einer kleinen Weile zündeten die Spinne, die Wespe und die Ratte ein Feuer auf dem Baum an, wo die Kürbisschale lag, in der der Bienenstock war. Die Hyäne kam hinzu und fragte:

»Wer hat dieses Feuer angezündet?«

Die Spinne sagte:

»Ich, ein Kind Gottes, habe es angezündet.«

Da sagte die Hyäne:

»Wenn du auch ein Kind Gottes bist, heute müßt ihr alle sterben.«

Die Ratte sagte:

»Laßt uns gehen!«

Die Spinne lehnte ab, und sie stahlen allen Honig und aßen ihn. Dann flog die Wespe davon, die Spinne klebte sich an ein Blatt und die Ratte blieb übrig. Die Hyäne sagte:

»Alle sind fortgelaufen und haben dich verlassen.«

Die Spinne sagte:

»Du hast unrecht, ich bin nicht fortgelaufen.«

Die Hyäne sagte:

»Wenn du nicht fortgelaufen bist, so sterbe ich mit dir.«

Die Hyäne kam herzu, die Spinne versteckte sich, und die Ratte blieb übrig. Da rief die Ratte:

»Gott rette mich!« und sprang von dem Baum herab, und die Hyäne rannte ihr nach, sie zu fangen.

Die Ratte lief in ein Loch, und die Hyäne mühte sich vergeblich ab. Darum lebt die Ratte im Loch, die Spinne in den Blättern und die Wespe fliegt auf, weil sie einst der Hyäne den Honig stahlen und die Spinne in den Blättern des Baumes zurückblieb, denn sie kann nicht auffliegen und auch nicht herabsteigen.

49. Von vier Brüdern

Es lebte eine Frau, welche vier kräftige Söhne hatte. Ihr Namen sind: Opanjin Antoto, Wotiwoti, Watawata, Njansanjansa. Als diese Kinder noch gar nicht erwachsen waren, starb ihre Mutter und hinterließ sie als Waisen ihrer Großmutter. Die alte Frau sorgte nicht recht für sie, so daß sie sehr viel an ihre Mutter dachten. Jeden Tag war ihre Klage diese: Warum war ihre Großmutter, die doch schon so lange Salz gegessen hatte, nicht gestorben und ihre Mutter nicht am Leben geblieben für sie?

Als sie heranwuchsen, legten sie eine große Plantage an und pflanzten in derne Mitte Melonen, die üppig aufschossen. Weil die alte Frau im Sinne hatte, sie umzubringen, band sie einige Schlangen unter dem Gebüsch fest, damit sie bei ihrem Hinkommen gebissen würden und sterben müßten. Njansanjansa war durchdringend klug wie der Rauch, denn als er geboren wurde, brachte er ein Amulett mit auf die Welt. Sobald sie die Farm erreichten, sagte das Ding zu ihm:

»Eure Großmutter hat einige Schlangen unter den Melonen versteckt, nehmt euch daher in acht!«

Njansanjansa sagte das seinen Brüdern, welche sich Ruten schnitten und die Schlangen töteten. Als das alte Weib merkte, daß sie durchschaut war, war sie aufs höchste verwundert. Nach diesem versuchte sie verschiedene andere Wege, sie umzubringen, aber das Zaubermittel des Njansanjansa errettete sie von allen.

Das alte Weib nahm all ihren Scharfsinn zusammen, um sie doch umzubringen, und tat daher folgendes. Sie machte sich fertig, ging in die Königsstadt und sagte zum König:

»Mächtiger, ich habe vier Enkelkinder. Ärgere Unglückskinder als diese gibt es nirgends. Deshalb, Großvater, will ich sie dir morgen bringen, damit du sie enthaupten läßt, denn, wenn sie in deinem Reich hier leben, wird das Unglück, das sie bringen, über die Maßen groß sein. Aber, da sie sehr klug sind, mache ich dich darauf aufmerksam, passe gut auf sie auf!«

Der König sagte zu ihr:

»Gut, morgen werde ich sie herholen lassen.«

Frühe am andern Morgen ließ er seine Leute den Weg, welchen die Brüder kommen mußten, aufbrechen und voll mit Dornen und Scherben, Knochen und Eisenstücken streuen. Dann wollte er sie darüber hinspringen lassen. Er befahl, daß sich einige Leute im Busch verstecken sollten. Wenn die Brüder sich verletzten und hinstürzten, sollten seine Leute sich auf sie werfen und sie umbringen. Njansanjansa aber verriet auch dieses Geheimnis schnell.

Der König befahl, man solle sie herbringen. Als sie an die aufgebrochene Stelle kamen, hieß er sie laufen. Da Njansanjansa sie unterrichtet hatte, rannten sie mit großer Schnelligkeit durch den Graben und präsentierten sich vor dem König, ohne daß sie die kleinste Schürfung erlitten hätten, was ihm über die Maßen erstaunlich war. Danach probierte er es auf allerlei andere Weise. Aber er sah, daß sie unverwundbar waren und jemand bei ihnen war.

Eines Tages rief er den Njansanjansa und sagte zu ihm:

»Ich sehe, daß du tapfer bist. Aber du hast gesehen, daß ich ein mächtiger König bin. So wünsche ich, daß du mir ein Geheimmittel verschaffst, denn ich habe viele Feinde. Aber ehe du das für mich tun darfst, will ich dich zuerst auf die Probe stellen. Geh und hole mir die Palmtraube des Okrabedom!«

Njansanjansa erwiderte ihm:

»Großvater, das will ich gerne für dich tun. Morgen schon werde ich eine Palmtraube des Okrabedom dir vor die Füße legen.«

Als er nach Hause kam, rief er seine Brüder und sagte zu ihnen:

»Wartet hier geduldig, und wenn euch ein Unglück passiert, werde ich euch später heraushelfen.«

Er machte sich auf den Weg. Sein Amulett teilte ihm unterwegs mit:

»Man wird deine Brüder töten und heute noch begraben, und auch dir wird man, wenn der Himmel mit dir ist und du wiederkommst, eine Lieblingsspeise zu essen geben, in welche ein tödliches Gift gemischt ist. Sobald die Speise deinen Mund berührt, wirst du auf der Stelle sterben. Aber auch darin will ich dir helfen.«

Er schlug sein Amulett auf den Boden. Sogleich erschien ein schöner Hund. Es sagte weiter zu ihm:

»Wenn du wiederkommst, und man sagt zu dir: ›Bade dich und komm zum Essen!‹ dann erwidere, du wollest zuerst essen, weil du so sehr hungrig seist. Sobald du die Schüssel aufdeckst, wird dieser Hund ein großes Stück Fleisch wegholen und damit auf das Grab deiner Brüder laufen. Wenn das geschieht, dann stehe rasch auf und verfolge den Hund bis hin zum Grab. Wenn du dort bist, dann schlage mich dreimal an. Das Grab wird sich öffnen für deine Brüder, und sie werden heraussteigen, ohne daß man nur den geringsten Schaden an ihnen sieht.«

Njansanjansa gab zur Antwort:

»Gut, ich gratuliere dir und danke dir vielmal.«

Auf dem Weg begegnete er einem Schmied und dieser fragte ihn:

»Freund, wohin gehst du?«

Er antwortete ihm:

»Ich gehe auf die Farm des Okrabedom, um eine Traube dem König zu bringen.«

Der Schmied fragte ihn weiter:

»Wer bist du? Noch nie ist ein Mensch dorthin gegangen, der lebendig wiedergekommen wäre. Wenn es dir gelingt, wiederzukommen, dann lege meinen Kopf auf diesen Amboß und zerschmetterte ihn mit dem Hammer!«

Er traf einen Farmer, welcher seine Jamsstöcke setzte. Dieser fragte ihn:

»Mann, wohin zeigt dein Gesicht?«

Njansanjansa erwiderte:

»Der Palmtraube des Okrabedom wegen bin ich unterwegs.«

»Du Held, du weißt nicht, was du sagst. Sobald du auf seine Farm kommst, wirst du dein Leben verlieren. Wenn du wieder zurückkommst, dann nimm dieses Buschmesser und spitze meine Füße und stelle mich dahin als Stock für diesen Jams!«

Er ging weiter und traf einen Palmbauern, welcher ihn fragte:

»Schlangentöter, wohin gehst du so eilig?«

Er antwortete ihm:
»Ich gehe zur Farm des Hauptmanns Okrabedom, um eine Palmtraube dem Herrn der Erde zu bringen.«
Der Palmbauer sagte zu ihm:
»Mann, du hast, wie es scheint, noch niemand getroffen, der dir von ihm erzählt hat. Sobald du dorthin kommst, dann denke dran, daß du nicht mehr unter die Kinder deiner Mutter zählst. Wenn du gehst und wiederkommst, nimm mein Messer und schneide mir den Hals ab!«
Er ging ein wenig weiter und traf einen Jäger. Dieser fragte ihn:
»Du Held, deine Art zu gehen zeigt mir, daß du einen weiten Weg vor dir hast und eine außerordentliche Arbeit dir bevorsteht. Wohin gehst du denn so eilig?«
Er antwortete ihm:
»Ich gehe, die Palmtraube des Okrabedom dem Mächtigen zu holen.«
Der Jäger ermahnte ihn und sagte:
»Mein schöner Bruder, plage dich nicht, sondern kehre wieder nach Hause zurück und iß noch ein wenig Salz!«
Njansanjansa sprach zu ihm:
»Warte ein wenig, morgen werde ich sie dir zeigen, dann wirst du sehen, daß ein Eisen ein anderes zerschlagen hat.«
Der Jäger sagte:
»Wenn es dir gelingt, wiederzukommen, dann nimm meine Flinte und schieße mich in die Stirn!«
Er ging seines Weges weiter und kam an die Stelle, wo die Palme wuchs. Sie stand am Rand eines überaus tiefen Abhanges. Wenn man zwanzig lange Palmen aneinander gereiht hätte, wäre man noch nicht auf den Boden gekommen. Jedermann, der dort hinging, wurde von Okrabedom in die Schlucht geworfen. Auf diese Weise hatte er schon unzählige Menschen umgebracht.
Sobald er des Njansanjansa ansichtig wurde, sprach er zu ihm:

»Komm schnell, dann will ich dir zeigen, wer du bist.«
Njansanjansa sagte zu ihm:
»Wenn du noch nicht auf eines anderen Farm gewesen bist, sagst du nicht, du allein seist ein Farmer. Heute werde ich ein großes Heulen auf dem Begräbnisloch verursachen.«
Okrabedom wurde sehr zornig und fragte Njansanjansa:
»Wenn ich dorthin komme, wirst du stehenbleiben?«
Er erwiderte ihm:
»Du wirst mich treffen, über mich hinausspringen und wieder zurückkommen.«
Darauf warf er sich im höchsten Zorn auf Njansanjansa, um ihn zu zerreißen. Njansanjansa, welcher sehr klug war, bezauberte ihn, so daß er weit über ihn hinwegsprang. Njansanjansa verwandelte sich in einen Wind und kletterte die Palme hinauf. Als Okrabedom sah, daß er hinaufgeklettert war, wurde er sehr niedergeschlagen. Er stellte sich an den Rand des Abgrunds, um ihn beim Herunterkommen da hineinzuwerfen. Njansanjansa schlug eine große Palmtraube ab und hing sie an sein Amulett, dann rief er seinem streitsüchtigen Gegner zu:
»He, Okrabedom, mache dich fertig, ich komme herunter.«
Er tat, als ob er sich herunterfallen ließe. Okrabedom wollte ihn in seinem Zorn auffangen. Da spaltete er ihm mit seinem langen Messer den Schädel, so daß er wankte und in den Abgrund stürzte. Hierauf ließ sich Njansanjansa in großer Freude auf den Boden herab.
Sein Amulett sagte zu ihm:
»Ehe es dir gelingen wird, die Schlucht zu überschreiten, mußt du mich dreimal anschlagen.«
Er tat das pünktlich. Es sprach wiederum zu ihm:
»Schlage mich dreimal auf den Boden und sprich: ›Ich schwöre, daß, den Okrabedom ausgenommen, jeder-

mann, der in dieser Schlucht sich befindet, sein Haupt erhebe.‹«

Er tat das – da stiegen unzählige Leute, Könige, Königskinder, viele Hohe und Edle herauf. In großer Verwunderung dankten sie ihrem Wohltäter Njansanjansa aufs herzlichste. Sie eröffneten ihm, daß sie dort eine Stadt gründen wollten und ihn zu ihrem König machen würden. Njansanjansa antwortete:

»Ich habe keine Lust, König zu werden. Jedermann gehe in seine Vaterstadt und zeige sich seinem Weib und seinen Kindern, seiner Familie und seinen Freunden!«

Große Freude herrschte in der Tat in der ganzen Gegend. Die schon sehr lange in der Schlucht gelegen hatten und nicht wußten, wie sie dorthin gekommen waren, und die niemand kannte, gründeten dort ihren Wohnsitz. Njansanjansa nahm seine Palmtraube auf, machte sich auf den Weg und kam nach Hause.

Er traf den Jäger, den Palmbauern, den Farmer und den Schmied, welche ganz außer sich vor Staunen waren. Jeder hatte schon von der Geschichte der Palme des Okrabedom gehört, aber keiner hatte sie je gesehen. Sie war ganz eigenartig und wertvoller, als irgend etwas auf der Welt, so daß die großen Könige versucht hatten, etwas davon in ihrem Königsschatz aufzunehmen, aber vergebens. Njansanjansa schenkte ihnen ihr Leben und tat nicht, wie sie ihn angewiesen hatten.

Als er in die Nähe der Stadt kam, ließ er dem König sagen, er solle eine Versammlung einberufen, denn er käme. Der König erfüllte diesen Wunsch mit Freuden. Njansanjansa legte die Palmtraube mitsamt den jungen Palmschößlingen vor dem König nieder. Man gratulierte ihm von Herzen.

Hierauf fragte er nach seinen Brüdern, und man sagte ihm, daß sie verschwunden wären und niemand wüßte, wohin sie sich gewandt hätten.

Als er nach Hause ging, brachte man ihm Wasser zum Baden, damit er dann essen könne. Er sagte, da er sehr hungrig wäre, sollte man ihm zuerst zu essen bringen. Man brachte ihm ein wundervolles Königsessen. Sobald er es aufdeckte, erwischte sein Hund ein großes Stück Fleisch und rannte damit zum Grabe. Nachdem Njansanjansa dort hingekommen war, schlug er mit seinem Amulett auf das Grab und sagte:

»Antoto, Wotiwoti, Watawata, da ich von meiner Reise zurückgekommen bin, kommt hervor und neiget euch.«

Sogleich erschienen sie, ohne daß sie auch nur Kopfschmerzen gehabt hätten.

Bodua, das Amulett, zeigte dem Njansanjansa ein Kraut, das sollte er zerreiben und unter das Essen mischen. Dann sollten sie essen. Als sie nach Hause kamen, mischte er die Arznei in das Essen, und alle aßen, ohne daß ihnen etwas geschehen wäre. Der König und sein Volk waren über die Maßen erstaunt, daß die Leute, welche sie geköpft und begraben hatten, aus dem Grab erstanden waren, und daß sie nachher von der vergifteten Speise gegessen hatten, ohne den geringsten Schaden davonzutragen. Der König rief den Njansanjansa und sagte zu ihm:

»Nun habe ich gesehen, daß du in der Tat klug bist. Teile mir jetzt auch von deiner Klugheit etwas mit! Es ist gut, die Wahrheit zu reden; alles, was ich getan habe, tat ich, um dein Leben zu verkürzen. Deine Brüder habe ich umbringen lassen. Ich bitte dich sehr, verzeihe mir all das Unrecht, das ich dir getan habe.«

Njansanjansa sagte zu ihm:

»Beruhige dich nur, ich will dich klug machen wie den Rauch.«

In derselben Nacht kamen die Stadtältesten zum König und sagten zu ihm:

»Wir müssen diese Leute aus dem Wege schaffen, ehe es Tag wird.«

Der böse König gedachte nicht des Bundes, den er soeben mit Njansanjansa geschlossen hatte, und wählte fünfzig Männer, daß sie das Haus, in welchem sie schliefen, umstellen und Feuer daran legen sollten. Bodua verwandelte sie in Rauch, so daß niemand sie sah. Aber ehe sie das Feuer an das Haus legten, schliefen alle vier dort, wie die Wächter deutlich gesehen hatten.

Früh am andern Tag, als sie dem König guten Morgen wünschten, sprach Njansanjansa zu ihm:

»Großvater, ich bitte neunzigmal um Verzeihung; sind's nicht die Weiber, die ein Wort, das sie gesagt haben, wieder verdrehen? Ist's nicht der Heuchler, welcher vor deinem Angesicht ›ja‹ sagt und hinter deinem Rücken sagt er ›nein‹? Das bist du und dein Haupt.«

Der König, welcher das wohl verstand, fürchtete sich heimlich sehr. So sagte er sogleich in seinem Zorn, man solle den Njansanjansa festnehmen und ins Gefängnis legen und ihn zwingen, ihm Klugheit mitzuteilen, und wenn er das getan habe, solle man ihn mit neunundneunzig Flinten erschießen. Njansanjansa antwortete:

»Großvater, verzeihe, weil ich den Tod nicht fürchte, erlaube mir zu tun, was gut für dich ist, damit du noch klüger als ich werdest. Laß bekanntmachen, daß nach sieben Uhr niemand in dein Haus kommen darf, bis morgen früh um sechs Uhr, denn es werde Zauber gemacht.«

Der König ließ das sofort tun. Als es dunkel wurde, ließ er seine Brüder sich in einer Schmiede verbergen, die sich am Ausgang des Ortes befand. Um acht Uhr etwa kamen er und der König auch dorthin. Er zündete das Feuer in der Schmiede an und hieß den König sich schürzen und den Blasebalg ziehen. Als das Feuer hell brannte, legte er den Hammer hinein. Als der Hammer glühend rot war, sprach er zu dem tölpelhaften König:

»Ich werde dich nun bezaubern, so daß keinerlei Arznei oder Flinte oder Pfeil oder Schlange oder sonst ein Tier dir etwas tun kann. Lege dich daher auf diesen Amboß hin, damit ich die Arznei, welche ich bei mir trage, dir in die Nase und in die Augen blasen kann.«

Der König, dessen Kopf so unförmlich groß war wie ein Elefantenkopf, legte sich auf den Amboß, und Njansanjansa blies ihm die scharfe Medizin in seine Augen mit den Worten, er müsse sie jetzt noch zerreiben, nahm den glühend roten Hammer und spaltete ihm den Schädel.

Gleich nachher ergriffen er und seine Brüder die Flucht. Da Njansanjansa nicht schwimmen konnte, sagte er zu seinen Brüdern:

»Wenn ihr jenseits angekommen seid, so wartet auf mich, und sobald ich sehe, daß jemand kommt, werde ich mich in einen Wurfstein verwandeln, damit er ihn nach euch werfen kann. Sobald ich euch jedoch erreicht habe, verwandle ich mich wieder in einen Menschen und wir gehen weiter.«

Watawata sagte:

»Ich glaube, es ist besser, du verwandelst dich sofort in einen flachen Stein, daß wir mit deiner Hilfe durch das Wasser schwimmen können, und wenn wir jenseits angekommen sind, dann verwandelst du dich wieder in einen Menschen.«

Njansanjansa erwiderte:

»Klugheit findet man nicht in *einem* Kopf, was du sagst, ist gut.«

Wotiwoti sprach:

»Wir wollen den klugen Rat, den Njansanjansa zuerst aussprach, annehmen, damit die Leute merken, wie gescheit wir sind.«

Antoto war mit Wotiwoti einig. So kreuzten sie alle den Fluß, und Njansanjansa legte sich als Stein an sein Ufer.

Beim Morgengrauen suchte man den König. Man fand ihn nicht, bis der Schmied in seine Schmiede ging und ihn dort erblickte. Mit Furcht und Zittern kehrte er um und sagte es den Stadtältesten, welche das noch nie dagewesene Schauspiel anstarrten. Die königliche Garde machte sich in großer Wut auf den Weg und verfolgte den Njansanjansa und seine Brüder. Sie trafen den Antoto, Wotiwoti und Watawata, als sie am Flußufer standen. Da der Fluß hoch angeschwollen war und sie nicht wußten, wie übersetzen, nahm der stärkste von ihnen den Stein auf und warf ihn mit aller Macht nach ihnen, um sie zu zerschmettern. Sobald der Stein den Boden berührte, verwandelte er sich in Njansanjansa. Ihr Hauptmann befahl ihnen, sie sollten sich ins Wasser stürzen und die vier Brüder über dem Fluß fangen. Kaum waren sie mit dem Wasser in Berührung gekommen, so verschwanden sie alle bis auf einen, der wieder herauskam und diese Nachricht nach Hause brachte. Die Brüder gingen ihres Weges weiter.

Bald sahen sie, daß in der Ferne Rauch aufstieg. Antoto ging, um dort Feuer zu holen. Als er hinkam, sah er, daß es das Haus des Leoparden war, welcher mit seinem Weib und vier Kindern dort wohnte. Sobald der Leopard ihn sah, griff er ihn, legte ihn in den Block und sagte:

»Meine Seele, heute bekomme ich das Herz eines Menschen, um es meinem Dämon vorzulegen, und meine Kinder bekommen Menschenfleisch, das sie noch nie gekostet haben, unter ihre Zähne.«

Wotiwoti wartete, und als Antoto nicht kam, ging er, um nachzusehen, was ihm passiert wäre. Als er dorthin kam, griff ihn der Leopard und legte ihn an den gleichen Block. Als wieder einige Zeit verstrichen war, ging auch Watawata ihnen nach. Es ging ihm ebenso.

Bald nachher ging auch der unbesiegbare Njansanjansa ihnen nach. Als ihn der Leopard sah, bedrohte er ihn. Njansanjansa sagte zu ihm:

»Wenn du in keine Ungelegenheiten kommen willst, dann binde mir meine Brüder sofort los.«

Der Leopard antwortete erstaunt:

»Schau, was dieser Narr sagt! An dir gerade will ich zuerst meine Arbeit verrichten.«

Er sprang auf, um ihn auf der Stelle zu greifen. Njansanjansa wich ihn aus und schlug ihm mit ausgestreckter Hand eins hinter die Ohren. Der Leopard erwiderte:

»Vater, ich habe gemerkt, daß mit dir nicht zu spaßen ist. Binde deine Brüder, die hier liegen, nur los und geht!«

Njansanjansa sagte:

»Da sie dir nichts getan haben und du sie so gebunden hast, mußt du mit deinem Weib und deinen Kindern deinen Kopf auslösen.«

Der Leopard bat ihn lange in großer Demut um Verzeihung. Njansanjansa sagte zu ihm:

»Du hältst dich für den Stärksten auf der ganzen Welt. Heute aber sage ich dir, nur Frauen greifst du immer an und machst dich groß vor ihnen.«

Er ging fort bis zu einer großen Palme. Dort schlug er Bodua dreimal auf die Erde, und die Palme verwandelte sich in eine Pflanze. Diese riß er aus, kam zurück zum Hause des Leoparden und sprach zu ihm:

»Diese Pflanze setze ich in den Boden. Wenn du sie ausreißen kannst, dann halte ich dich für einen Mann. Kannst du's nicht, dann siehst du selber, daß du nichts nutz bist.«

Er grub mit seiner Hand ein wenig auf und setzte sie ein. Dann rief er dem Leoparden zu, er solle sie herausziehen. Dieser hatte, als jener weg war, zu sich selbst gesprochen:

»Mit meinem kleinen Finger will ich's herausreißen.«

Er machte sich daran, um es herauszureißen, aber es gelang ihm nicht. So sehr er sich auch bemühte, alles war umsonst. Solange er sich also anstrengte, nannte er Njansanjansa mit folgenden Beinamen:

»Ich habe den Antoto gesehen, ich habe den Wotiwoti gesehen, ich sah den Watawata, ich sah den Njansanjansa. Njansanjansa ist ein Mann, ein Mann, ein Mann, ein Mann, ein Mann, vor dem ein Mann sich fürchtet.«

Von dem Tage an brüllte der Leopard so. Njansanjansa band seine Brüder los und reiste mit ihnen weiter. Auf ihrer Reise kamen sie immer wieder in große Verlegenheit. Wohin sie kamen, überall stießen sie an, so daß sie nirgends bleiben konnten. Njansanjansa sagte:

»Niemand kann mit uns zusammen leben. Wir wollen uns daher in eine Suppenschüssel, in einen Suppenlöffel, in Salz und Pfeffer verwandeln. Wenn wir das tun, dann wird, wer über uns kommt, uns mit nach Hause nehmen, und wir werden für jedermann von Nutzen sein.«

Damals kannte man diese Dinge noch nicht.

Als etliche Leute des Weges kamen, sahen sie eine Suppenschüssel, einen Löffel, Salz und Pfeffer an dem Wege. Weil sie diese Dinge noch nie gesehen hatten, waren sie sehr erstaunt, lasen sie auf und brachten sie ihrer Königin. Ein kluger Mann erklärte ihnen, sie sollten den Löffel nehmen und den Pfeffer und das Salz in der Schüssel verreiben und in das Essen mischen. Dann würden sie merken, daß es sehr gut zusammen passe. Die Königin ließ den Pfeffer verreiben. Als er gerieben wurde, sprach er:

»Antoto, Wotiwoti, Watawata, Njansanjansa. Es ist erreicht, es ist erreicht!«

Die vier Brüder trennten sich nie voneinander. Sie werden es nur an dem Tage tun, wenn die Schüssel, der Löffel, das Salz und der Pfeffer nicht mehr sind.

50. *Elefanten-Fabel*

Der Elefant und die Tiere wollten zur Arbeit gehen. Die Antilope sprach:

»Geht mit in mein Haus!«

Der Elefant sprach:

»Nein, sie sollen an meine Arbeit gehen.«

Da sprach die Antilope:

»Dann werde ich eure Arbeit stören«, nahm ihre Harfe, setzte sich an den Weg und begann, Harfe zu spielen.

Nun kamen alle Tiere und fingen an zu tanzen. Als sie eine Zeitlang getanzt hatten, setzten sie sich neben die Antilope, aber zur Arbeit gingen sie nicht. So war denn die Arbeit gestört vom selbigen Tage an, und sie gingen nicht mehr hin. Da kam der Elefant und fragte:

»Was ist geschehen, warum kommt ihr nicht zur Arbeit?«

Die Antilope sprach:

»Ich sagte euch, ihr solltet in meinem Hause arbeiten, du sprachst: nein! Darum störe ich dir so die Arbeit.«

Der Elefant sprach:

»Das ist wahr.«

Von demselbigen Tage an haben sie nicht mehr gearbeitet. Fertig!

51. Raupe und Schmetterling

Eines Tages schwebte ein Schmetterling von unvergleichlicher Schönheit über einer Blume. Eine erbarmungswürdige Raupe kroch über die Erde, welche zu dieser Blume gehörte. Der Schmetterling sagte zu ihr:

»Ist das da eine Raupe?«

Sie sagte zu ihm:

»Ja!«

Da ruft der Schmetterling:

»Warum gehst du Schmutzige auf meinen Weg? Pfui, Kind der Flüche! Ich aber, sieh, wie ich schön bin! Wahrlich, Gott hat uns nicht denselben Ursprung gegeben! Ich schwebe zum Himmel auf, du kennst nur die Erde!«

Da sprach die Raupe:

»Schmetterling, prahle hier nicht. All dein Farbenschmelz gibt dir kein Recht, mich zu beleidigen. Wir haben einen Ursprung. Wenn du mich beschimpfst, beschimpfst du deine Mutter. Die Raupe stammt von dem Schmetterling, der Schmetterling von der Raupe!«

52. Geschichte des Königreichs Uagadu

Der erste Herrscher, der die Königswürde im Lande hatte, war der König von Uagadu. Folgendermaßen wurde das Königreich gegründet:

Man sagt, daß ein Mann mit seinen Begleitern aus dem Orient gekommen sei, namens Digna, Sohn des Khiridion Tamaganke, Sohn des Jugu Dumbesse, Sohn des Hiob, Sohn des Salomon, Sohn des David (Heil über ihn!).

Er hatte dreihundert Zauberer bei sich, und der oberste dieser Zauberer war Karabara Diadiane, der Vorfahr des Stammes der Sudoro. Sie setzten ihre Reise fort, bis sie an ein Dorf kamen, Dienne genannt, und verweilten bei den Bewohnern des Dorfes. Sie waren bereits längere Zeit dort, als Digna von den Einwohnern eine Frau zur Heirat erbat, Setakhulle Dafe genannt. Er heiratete sie und hielt sich dann siebenundzwanzig Jahre mit ihr im Orte auf, ohne daß diese Frau ein einziges Kind von ihm bekam. Darauf verstieß er sie und entfernte sich aus Dienne mit seinem Stamm, um sich in ein anderes Dorf zu begeben, Diagha genannt, wo er sich niederließ und eine Eingeborenenfrau heiratete, mit Namen Assakhulle Sudoro; diese gebar ihm Drillinge. Von diesen drei Söhnen starb einer und zwei blieben übrig, der eine, Dia Fune genannt, wurde der Vorfahr des Soninke-Stammes, der unter dem Namen Djikine bekannt ist. Er war der erste, der sich in dem Gebiet Diafunu niederließ, das so genannt ist nach diesem Dia Fune, welcher sich hier angesiedelt hatte. Der andere,

Diaghaba Fune genannt, war der Vorfahr des Stammes, der unter dem Namen Suare bekannt ist; er ließ sich nieder in Diaghaba.

Darauf reiste Digna wieder ab aus Diagha mit seinem Stamm. Sie kamen in das Gebiet Kingi und machten halt bei einem Orte, Daraga genannt, dicht bei dem Dorfe Diagha gelegen. Als sie in diesem Ort waren, schickte Digna seine Leute zum Wasserschöpfen an einen Brunnen, welcher sich dort befand. Als die Leute bei dem Wasser ankamen, verbot der Brunnengeist ihnen den Zutritt. Sie kehrten zurück und berichteten Digna die Sache.

Da machte sich Digna selbst nach dem Brunnen hin auf und fand den Geist bei dem Brunnen vor. Digna schrie dem Geist ins Gesicht, daß er blind wurde und sich setzen mußte, da es ihm unmöglich war, sich aufrecht zu halten. Doch gleich darauf wandte der Geist sein Zaubermittel an: Er schrie Digna ins Gesicht und dieser wurde blind und taub und mußte sich setzen, ohne sich wieder erheben zu können. Digna rief den Obersten seiner Zauberer zu Hilfe, der nun auch Bezauberung anwandte und dem Geist ins Gesicht schrie, so daß der Geist blind und taub wurde und sich setzen mußte, seiner Kräfte beraubt. So zur Ohnmacht verdammt, bat der Geist Digna um Gnade und sagte:

»Wenn du den bösen Zauber, den du mir zugefügt hast, wieder von mir abwenden willst, können wir zusammen wohnen, und ich werde dir meine drei Töchter zur Heirat geben.«

Digna nahm den Vorschlag an, und die beiden schlossen ein Bündnis auf dieser Grundlage. Dann nahm Digna den bösen Zauber wieder von dem Geist weg.

So geschah es, daß sie im Dorfe Dalaga zusammen wohnten. Und Digna heiratete die drei Töchter des Geistes, dessen erste hieß: Diangana Boro, die zweite: Katama Boro und die dritte Sinangille Gunekhusso. Er hatte mit

Diangana Boro fünf Söhne und eine Riesenschlange, in fremder Sprache Uagadu Bida genannt.

Die Gelegenheit zur Begründung des Königreichs Uagadu, nach dem, wie wir es erfahren haben von denen, die es uns erzählt haben, war folgende:

Als Digna alt und blind geworden war, sagte er eines Tages zu seinem ältesten Sohne, genannt Tere Khine:

»Wenn du mir ein Stück gebratenes Fleisch gibst, werde ich dir, wenn ich es gegessen habe, den Talisman der Könige geben, durch den du imstande sein wirst, über die Menschen zu herrschen.«

Als Tere Khine dieses Wort seines Vaters gehört hatte, wandte er sich dem Gehölz zu, um auf die Jagd zu gehen. Nun hatte sich Karabara Diadiane an der Tür des Zimmers befunden, in welchem Digna mit Tere Khine über den Gegenstand der königlichen Gewalt geredet hatte. Er war der ständige Begleiter von Maghan Diabe, hegte Freundschaftsgefühle für ihn und machte ihm häufig Nahrungsmittel und andere Sachen zum Geschenk.

Als er nun diesen Ausspruch von Digna gehört hatte, unterrichtete er Maghan Diabe davon und riet ihm, seinem Vater das Fleisch zu bringen, indem er ihn durch List täuschte und daraus Nutzen zog, daß dieser, da er blind war, nichts unterscheiden könnte. Darauf bemächtigte sich Maghan Diabe eines Schafbockes, erwürgte ihn, zog ihm das Fell ab und ließ ihn braten. Dann bekleidete er sich mit dem Fell des Tieres, damit sein Vater ihn mit Tere Khine verwechseln sollte, der sehr behaart war. Darauf nahm er das Fleisch des Schafbocks, legte es in seines Vaters Hände und grüßte ihn.

Sein Vater erwiderte den Gruß, dann berührte er ihn mit der Hand und sagte:

»O mein Sohn, deine Stimme ist die Stimme von Diabe, aber dein Körper ist der von Khine; aber schließlich seid ihr alle meine Kinder.«

Dann aß er das Fleisch, und als er satt war, erbrach er die Königsketten über Diabe, der sie verschlang und dann von seinem Vater fortging.

Einige Zeit danach kam Tere Khine aus dem Gehölz zurück mit einem Stück gebrantenen Wildbrets und legte es seinem Vater in die Hände, indem er ihn grüßte und also sprach:

»O Vater, hier hast du das, was du von mir erbeten hast, nimm es hin!«

Digna aß das Wildbret und sagte:

»O mein Sohn, dein Bruder Diabe ist dir zuvorgekommen und ist fortgegangen mit der von dir gewünschten Sache.«

Khine sagte:

»Dann werde ich ihn töten.«

Sein Vater meinte:

»Nein, töte ihn nicht, denn er ist dein Bruder.«

Khine antwortete:

»Das soll mich nicht daran hindern.«

»Nein, lasse ihn, ich habe noch einen anderen Talisman, das ist der Regentalisman; von heute bis zum letzten Tag der Welt wird jeder, der wünscht, daß es regnen soll, von Gott erreichen, daß er es regnen läßt, selbst in der trocknen Jahreszeit.«

Und Digna gab Khine diesen Talisman, und die Fähigkeit, es regnen zu lassen, ist der Nachkommenschaft des Tere Khine geblieben bis zu den ihn gegenwärtig Überlebenden.

Bald darauf sagte ein Wahrsager zu Diabe:

»O Diabe, alle Anzeichen deuten daraufhin, daß du König eines großen Königreichs im Lande des Uagadu sein wirst in einem Ort dieses Landes, der Kumbi genannt und östlich von Sahel gelegen ist.«

Als Diabe dieses gehört hatte, machte er sich auf den Weg mit vierzig Stuten, die noch selbst Füllen waren und noch nicht gefohlt hatten. Sie verließen Daraga nach dem Tode von Digna und verfolgten ihren Weg durch die Wüste und wandten sich dem Orient zu, bis sie das Land der Hyänen erreicht hatten. Da herrschte der Häuptling der Hyänen, welcher Turukhulle Fadiga hieß. Diabe näherte sich ihm und fragte:

»Kannst du, der so lange schon gelebt hat, mir wohl kundtun, wo der Ort Kumbi zu finden ist?«

Der Häuptling der Hyänen antwortete:

»Ja, aber ich bin alt, mein Körper ist schwach, und ich kann dich augenblicklich nicht dahin führen; jedoch der Ort, den du soeben genannt hast, liegt vor dir.«

Diabe verfolgte also seinen Weg vom Lande der Hyänen ab, bis er das Land der Geier erreicht hatte. Da fand er einen schon bejahrten Geier, blind und kraftlos. Den grüßte er, der Geier erwiderte seinen Gruß und sagte:

»Wer rückt denn bis zu diesem Ort vor, den er gar nicht kennt?«

»Ich bin Diabe, der Sohn des Digna.«

»Was suchst du hier?« fragte der Geier.

»Das Dorf Kumbi«, erwiderte Diabe, »weißt du, wo es ist?«

»Ja«, sagte der Geier.

»Willst du mich dann wohl dahin führen«, fragte Diabe, »wenn ich dir eine Belohnung anbiete?«

»Mein Körper«, sagte der Geier, »ist alt und schwach, und ich habe keine Flügel mehr zum Fliegen, wenn dem nicht so wäre, würde ich dich gern in das Dorf geführt haben.«

»Gibt es ein Heilmittel, das deine Wiederherstellung gewiß macht?«

»Ja«, sagte der Geier.

»Welches ist das?«

»Vierzig Tage nacheinander eine Stutenleber«, sagte der Geier.

Als Diabe das gehört hatte, befahl er seinen Leuten haltzumachen; sie ließen sich also an diesem Ort nieder, und jeden Tag erwürgte Diabe eine Stute, riß ihr die Leber aus und gab sie dem Geier zu essen, bis die Herde aufgebraucht war. Der Geier wurde wieder jung, seine Federn wuchsen wieder, er konnte wieder fliegen. Darauf sagte er zu Diabe:

»Ich bin bereit, nach dem Ort zu gehen, von dem die Rede war.«

Sie brachen also auf und setzten Tag und Nacht ihre Reise fort, bis sie in dem gewünschten Dorfe ankamen. Da ließ der Geier sich auf der Spitze eines hohen Baumes nieder. Diabe wie seine Leute machten im Schatten dieses Baumes halt, und der Geier sagte zu Diabe:

»Dies ist der Ort, Kumbi genannt.«

Diabe befahl seinen Leuten, den Baum umzuhauen, und sie schlugen ihn um. Als der Baum umfiel, erschien die Schlange, die unter den Kindern des Digna erwähnt war aus einem großen Brunnen, der unter diesem Baume lag, und aus den Zweigen dieses Baumes fiel eine große Trommel, die ganz allein ertönte. Und siehe, da erschienen von allen Seiten Männer, vornehme und andere, die alle zusammengenommen 9999 ergaben, auf braunroten Pferden. Unter ihnen waren vier Häuptlinge. Als sie alle versammelt waren, stritten sie sich, wer den Oberbefehl übernehmen sollte, jeder von ihnen sagte:

»Ich will den Oberbefehl unter Ausschluß aller anderen haben.«

Und sie stritten sich über diesen Gegenstand, bis der eine von ihnen, der sich durch große Urteilsfähigkeit auszeichnete, schrie:

»So wollen wir losen, wer unser Häuptling sein soll.«

Darauf erwiderten alle:

»Wir nehmen das Los an, was du uns vorschlagen wirst.«

Er sagte darauf:

»Es führe also jeder der Älteren seinen Arm in das Loch der Trommel, und der, dessen Arm an der Trommelwand hängen bleiben wird, sei unser König.«

Jeder von ihnen näherte sich der Trommel, führte seinen Arm in das Loch ein und zog ihn zurück, ohne daß der Arm eines einzigen an der Trommelwand hängengeblieben wäre, mit Ausnahme des Armes von Diabe, der in der Trommel hängenblieb, wie die Beute in der Falle hängenbleibt, von der sie ergriffen wird. Da sagten alle:

»Wir sind es zufrieden, daß du über uns herrschst, o Maghan Diabe!«

Und alle erkannten ihn als Häuptling an. Danach schlossen alle die Leute sich zusammen und bildeten eine unzählige Menge. Da sagte die Riesenschlange:

»Oh, Diabe, erkennst du mich?«

»Nein«, erwiderte Diabe.

»Ich bin«, sagte die Schlange, »eins der Kinder des Digna; als ich größer wurde, bin ich aus eurer Mitte geflohen und bin hierher gekommen; nun seid ihr hierher zu mir gekommen; mit mir zusammen könnt ihr nicht wohnen, weil die Leute eurer Familie Angst vor mir haben würden. Trotzdem, wenn du dich verpflichtest, mir jedes Jahr hundert schöne Frauen auszuliefern, unter der Voraussetzung würde ich in meinem Brunnen bleiben, und niemand würde mich sehen.«

Diabe antwortete:

»Darauf kann ich nicht eingehen.«

Und sie fuhren fort, sich darüber zu unterhalten, bis sie schließlich übereinkamen, daß man der Schlange an jedem Fest ein Opfer darbringen sollte, nur eine Frau, aber eine, die hervorragte über ihre Zeitgenossinnen. Wenn man der Schlange gegenüber so handelte, dann würde jedes Jahr zwanzig Tage lang ein Goldregen niedergehen, während welcher Zeit jeder so viel Goldpulver einsammeln könnte, wie seine Behendigkeit zuließe.

Der Volksstamm des Diabe vermehrte sich, und jedes Jahr entledigten sie sich der Verpflichtung, die sie der Schlange gegenüber eingegangen waren. Ihre Herden wuchsen an, ebenso wie ihre Lebensfreudigkeit und ihr allgemeines Wohlbefinden zunahm, so daß sich niemals einer über den anderen zu beklagen hatte. Als ihre Lage so günstig geworden war, teilten sie das Gebiet auf unter den Hauptführern. Sie kamen miteinander überein, sich zu jedem Opferfest nach Kumbi zu begeben, und dieser Verpflichtung blieben sie treu bis zum Tode von Diabe.

Auf diesen folgte sein Bruder Maghan Tane, und die Dinge gingen so weiter bis zu seinem Tode. Sein Nachfolger wurde Maghan Tane Fankante. Nach dessen Tod wurde Maghan Mamadi als sein Nachfolger bezeichnet, und als er starb, folgte ihm Maghan Kaja nach; unter dessen Herrschaft fand der Untergang des Reiches Uagadu statt.

Die Ursache zu der Verwüstung des Königreiches war folgende: Es war dort ein Mann, Mamadi Sefe-Dokhote (Wenig-Sprecher) genannt, dem man den Namen gegeben hatte wegen der kleinen Zahl seiner Worte, denn er sprach nicht zweimal in einem Jahr; er wohnte nach Gadiaga zu, in dem Dorf des Dugu-Kure; das war ein Zauberer. Als er aus seinem Lande fortging, fand er Maghan in Kumbi und erkannte ihn als Oberlehnsherrn an. Maghan wies ihm als Wohnsitz Diara an, dicht bei Uagane Sakho, weil dieser Mamadi verwandt war mit Uagane, da er den Stammesnamen Sakho-Biba führte. Mamadi ließ sich also in Diara nieder. Nun gab es in dem Dorfe Diara eine Frau, die an Schönheit alle ihres Alters übertraf. Sie nannte sich Sija Jatabare. Mamadi Sefe-Dokhote wurde der Geliebte der Sija. Da kam der Augenblick, in dem die Reihe an Sija war, der Schlange überliefert zu werden. Denn als es offenbar wurde, daß es in dem Gebiet Uagadu an Schönheit nicht ihresgleichen gab, wurden sie sich einig über die Notwendigkeit, sie am Tag des Opferfestes der Schlange zu überliefern. Als die Zeit kam, das Versprechen gegen die Riesenschlange zu erfüllen, führte man Sija zu ihr in das Gebiet Kumbi.

Da traf Mamadi Anstalten, um die Schlange durch Verrat zu töten, und er schärfte seinen Säbel ohne Wissen der anderen. Alle hatten sich nach Kumbi begeben; als man dort angekommen war, bereitete man alles vor, um Sija am Tage des Festes der Schlange zu überliefern, und man führte sie bis dicht an die Öffnung des Brunnens, in welchem die Schlange sich aufhielt. Nun hatte die Schlange die Gewohnheit, ihren Kopf dreimal wie zum Spiel herauszustecken und dann das junge Mädchen schleunigst zu ergreifen und mit ihr in den Brunnen hinabzusteigen. Als die Schlange nun zweimal ihren Kopf herausgesteckt hatte, steckte sie ihn ein drittesmal heraus und schickte sich an, Sija zu ergreifen. Da zog Mamadi seinen Säbel und hieb der Schlange den Kopf ab. Aber die Schlange hörte nicht auf, einen Kopf nach dem anderen hinauszustecken, und Mamadi hörte nicht auf, sie abzuschlagen, bis man bei der Zahl von sieben Köpfen angekommen war. Als der siebente Kopf abgeschlagen war, flog dieser davon, indem er sagte:

»O Mamadi, Uagadu ist zugrunde gerichtet; während der Dauer von sieben Jahren wird nicht ein Tropfen Regen auf das Gebiet Uagadu niederfallen und es wird aufhören, Gold zu regnen.«

Dann flog der Kopf davon und fiel auf dem Gebiete Bure zur Erde, und deswegen gibt es in Bure auch reichlicher Gold als in den meisten Ländern, nach dem was die Erzähler sagen.

Nach diesem Ereignis herrschte sieben Jahre lang eine solche Hungersnot, daß die Menschen sich untereinander aufaßen und daß alle Überlebenden sich zerstreuten. Aber als Mamadi der Schlange die Köpfe abgeschlagen hatte, war er gleich auf sein schnellstes Pferd gestiegen und geflohen; keiner seiner Verfolger erreichte ihn, mit Ausnahme des Pferdes von Uagane Sakho; aber auch der tötete ihn nicht, wegen ihrer Verwandtschaftsbande. Von den Leuten von Uagadu sind einige nach Sahel zugegangen, andere nach Mande zu, andere nach dem Osten zu, andere dem Westen zu.

Das ist die Erzählung, wie sie uns überkommen ist, die Geschichte von Uagadu, aus dem Munde der Greise und der beredten Leute.

Ende!

53. Die Geschichte von dem Schakal und der Hyäne

Einmal war eine große Hungersnot, bei der jedermann vom Hunger zu leiden hatte. Da war nichts zu essen. Man wußte nicht, wo man hingehen und Speise suchen sollte. Alle saßen zu Hause und dachten darüber nach. Eines Tages machte sich die Hyäne auf und ging in den Wald, um Speise zu suchen, und traf eine große Menge Affen, die sich im See badeten. Da redete sie die Affen an und sagte:

»Mein Fell ist so schmutzig, bitte laßt mich doch mit euch zusammen baden.«

Die Affen antworteten ihr:

»Bruder Hyäne, Gott hat diesen See geschaffen, komm und wasche dich!«

Die Hyäne nahm die Einladung an, folgte den Affen, und so gingen sie in den See und badeten. Dabei wußten die Affen nicht, daß die Hyäne gekommen war, um sie zu fressen. Die Hyäne war schlau. Sie faßte einen Affen, drückte ihn unter das Wasser und hielt ihn unter dem Wasser fest. Die Affen merkten nichts davon und, als sie gebadet hatten, gingen sie nach Hause. Als sie weg waren, ging die Hyäne wieder ins Wasser, nahm den Affen, den sie ertränkt hatte, und ging nach Hause.

Als die Affen wieder nach Hause kamen, fehlte einer von ihrer Zahl, und ihr Häuptling fragte alle seine Leute:

»Wir sind alle nach Hause gekommen, aber einer von uns ist nicht hier. Wo ist er hingegangen?«

Aber keiner von seinen Leuten wußte etwas. So blieb denn der Häuptling der Affen ruhig in seinem Hause. Am folgenden Tage kam das Affenvolk wieder zu ihm, und sie machten sich auf, um im See zu baden. Als sie an den See kamen und die Hyäne wieder zu ihnen kam, fragten sie sie:

»Bruder Hyäne, du bist gestern zu uns gekommen und wir haben zusammen im See gebadet, aber als wir nach Hause gingen, da fehlte einer an unserer Zahl, hast du ihn vielleicht gefangen?«

Die Hyäne antwortete den Affen und sagte:

»Als wir zusammen im See badeten und wir alle wieder herauskamen, um nach Hause zu gehen, habt ihr da gesehen, daß ich einen von eurem Volk gegriffen und getötet habe? Oder seht ihr etwa Blut an mir? Wollt ihr mich beschuldigen, daß ich stehle?«

Die Affen hörten, was die Hyäne sagte, und antworteten:

»Komm nicht mehr zu uns! Wir wollen dich nicht mehr sehen. Wenn wir dich wiedersehen, tun wir uns alle zusammen und töten dich.«

Die Hyäne hörte zu, was die Affen sagten, und ging nach Hause und, als sie geschlafen hatte, machte sie sich am folgenden Morgen wieder auf. Sie nahm einen kleinen Stein, versteckte ihn und ging wieder hin, wo die Affen badeten. Dann, als sie an den See gekommen war, versteckte sie sich unter einem Baum, so daß die Affen, als sie zum Baden kamen, sie nicht sehen konnten; aber sie sah die Affen. Sie nahm ihren Stein, wartete ihre Gelegenheit ab und traf einen von den Affen mit dem Stein an seinen Kopf, so daß der Affe ins Wasser fiel. Darauf zerstreuten sich all die andern Affen und gingen nach Hause. Da ging die Hyäne hin, holte sich ihre Beute und kehrte nach Hause zurück. Der Schakal war ein Priester. Er machte sich auf und ging zur Hyäne und sagte:

»Bruder Hyäne, ich komme zu dir.«

Die Hyäne sagte zu dem Schakalpriester:

»Was willst du von mir?«

Der Schakalpriester erwiderte der Hyäne:

»Alle meine Frauen und meine Kinder sind hungrig und haben nichts zu essen, deshalb komme ich zu dir. Bitte zeige mir einen Weg, wie ich Speise finden kann.«

Die Hyäne hörte auf die Bitte des Schakals und sagte:

»Gehe und schlafe heute nacht in deinem Hause und komme morgen früh wieder, dann will ich dir zeigen, wo ich Speise zu essen bekomme.«

Der Schakalpriester achtete auf das, was die Hyäne sagte. Er ging nach Hause und legte sich zu Bett, und am andern Morgen stand er auf und kam wieder zur Hyäne.

»Bruder Hyäne, ich komme zu dir wegen dessen, was du mir gestern erzählt hast.«

Die Hyäne hörte auf das Wort des Priesters, stand auf und ging voran, und der Schakalpriester ging hinter ihr her, und so kamen sie zu dem See, wo die Affen badeten. Als sie nahe zu dem See gekommen waren, versteckten sie sich unter einem Baum und warteten. Dann kamen alle Affen zum Baden und, als die Hyäne sie im See baden sah, sagte sie zum Schakalpriester:

»Bruder Priester, du hast mir gesagt: ›ich bin hungrig‹, siehe, hier zeige ich dir nun, was ich esse. Nun brauche eine List und, während ich heimgehe und in meinem Hause warte, bitte Gott, daß er dir hilft, und wenn du dann hingegangen bist und hast etwas gefangen, dann bringe es mir, damit wir es teilen, und dann nimmst du dein Teil, und ich nehme mein Teil.«

Der Schakalpriester hörte, was die Hyäne gesagt hatte, stand auf und versteckte sich, aber die Hyäne machte sich auf und ging nach Hause.

Der Schakalpriester sah aus seinem Versteck die Affen im See baden, dann stand er auf, ging zu ihnen und stieg ins Wasser. Da nun der Schakalpriester mit dem Wasser vertraut ist, tauchte er unter und schwamm unter Wasser zu den Affen. Aber die badenden Affen sahen ihn nicht und wußten auch gar nicht, daß irgend etwas dort im Wasser war. Der Schakalpriester erhob seinen Kopf ein klein wenig aus dem Wasser, ergriff einen Affen beim Bein und zog ihn unter das Wasser, und als dem Affen das Wasser in die Nase lief, ertrank er. Als der Affe tot war, nahm er ihn, schwamm weit weg mit dem Affen und stieg aus dem Wasser heraus. Dann nahm er seinen Affen und ging zu der Hyäne und sagte zu ihr:

»Bruder Hyäne, du hast eine große Sache für mich getan. Als ich hungrig war, zeigtest du mir eine Stelle, wo Speise ist. Ich bin hingegangen und habe mit Gottes Hilfe die Speise bekommen, die du mir gezeigt hast. Siehe, hier ist sie, komm, teile sie und gib mir mein Teil!«

Die Hyäne hörte, was der Schakalpriester sagte, stand auf, nahm ihr Messer, schnitt ein Vorderbein ab und gab es dem Schakalpriester. Der Schakalpriester nahm dies eine Vorderbein und ging mit seinem Stück Fleisch nach Hause. Am folgenden Morgen machte er sich wieder auf, ging zu dem See, wo die Affen badeten und versteckte sich. Aber die Affen wußten nicht, daß er versteckt war, und so kamen sie alle zum See. Als sie hineingegangen waren, sah der Schakalpriester sie im See spielen. Da tauchte er und kam dahin, wo die Affen spielten, merkte sich einen großen Affen und ergriff ihn. Aber der Affe schrie laut, so daß die andern alle wegliefen. Doch der Schakalpriester hielt ihn fest, band ihn, legte ihn sich auf den Kopf und ging mit ihm nach Hause. Unterwegs dachte der Schakalpriester nach und, da er seine Beute in der Hand hatte, sagte er zu sich:

»Die Hyäne sitzt da zu Hause, und ich komme nun, töte ein Tier und trage es hier hin, und sie steht nur auf, nimmt es an sich, gibt mir ein wenig und behält das meiste.«

So machte er sich auf, nahm das Tier und wandte sich um auf dem Wege, der zum Hause der Hyäne führte, und ging zu seinem eigenen Hause. Unterdessen wartete die Hyäne auf den Schakalpriester, aber sie sah ihn nicht.

Die Hyäne kannte die Schlauheit des Schakalpriesters. Sie stand auf, ging hin und versteckte sich an dem Wege, wo der Schakal kommen mußte. Der Schakal wußte nichts davon, nahm seine Beute und ging seines Wegs nach Hause, als auf einmal die Hyäne, die schon auf ihn gewartet hatte, ihn antraf. Als sie zusammenkamen, sprang die Hyäne auf und stand vor ihm und, als der Schakal die Hyäne sah, stand er vor ihr mit dem Fleisch in der Hand. Da fing die Hyäne an und sagte zu dem Schakalpriester:

»Mag niemand von dem gegenwärtigen Geschlecht euch Schakalen irgend etwas Gutes tun! Ich saß zu Hause, und du machtest dich auf und kamst und batest mich und sagtest: ›Ich bin hungrig, und meine Frau ist hungrig, und meine Kinder sind hungrig.‹ Ich habe auf deine Beschwerde geachtet, habe dich mitgenommen und habe dich hingeführt zu dem Platz, wo Speise zu bekommen war. Ich habe dir die Stelle gezeigt und habe dir gesagt: ›Wenn du durch die Hilfe Gottes Speise bekommen hast, bringe sie mir, dann können wir sie teilen.‹ Du bist einmal hingegangen, hast Fleisch bekommen und, als du es mir brachtest, stand ich auf, zerteilte das Fleisch, gab dir dein Teil und nahm mir das meine, und nun gehst du heute wieder zu dem Fleisch, und wie Gott dir nun geholfen hat, etwas zu bekommen, da gehst du nicht den Weg zu mir, sondern gehst den Weg zu deinem eigenen Hause. Ich habe dir Gutes getan, aber wenn du das Gute nicht magst, was ich dir getan habe, dann sollst du Beute sein, und was du bekommen hast, soll Beute sein, ihr alle beide sollt eine Beute für mich sein, und nach Hause kommst du nicht!«

So sagte sie und ergriff den Schakalpriester, und sie rangen miteinander, bis der Schakalpriester ihr das Fleisch ließ und nach Hause lief. Und die Hyäne nahm das Fleisch und ging nach Hause.

Nun ist aber der Schakalpriester der Priester für alle Tiere im Walde und versteht sich auf mancherlei Zauber. Als er wieder nach Hause gekommen war, verwandelte er sich in einen alten Mann und ging wieder zu der Hyäne und sagte:

»Hyäne, kennst du mich nicht? Der Schakalpriester ist zu mir gekommen und hat mir erzählt, daß du ihn unterwegs aufgehalten hast und hast ihm abgenommen, was Gott ihm im Walde gegeben hat, und hast ihn geschlagen und bist weggegangen. Kennst du denn den Schakalpriester nicht? Weißt du nicht, daß er unser Priester ist, der Priester von allen Tieren im Walde? Bring' schleunigst her, was du ihm unterwegs abgenommen hast, ich werde es dem Priester hinbringen und ihm geben, was ihm gehört. Aber wenn du es nicht bringen willst, dann will ich hingehen und meine Söhne zusammenrufen, daß sie dich binden und dich zu mir bringen, dann will ich dich nehmen und dich zum Schakalpriester hinbringen und dich ihm überliefern, und dann kann er dich umbringen.«

Als die Hyäne die Worte des alten Mannes gehört hatte, entsank ihr das Herz. Ihr ganzer Körper zitterte und sie wußte nicht, was zu tun wäre, wie der alte Mann so dastand und sie ansah. Sie stand auf, ging in ihre Höhle, nahm das Fleisch und gab es dem alten Mann, der noch dastand. Als der alte Mann das Fleisch bekommen hatte, sagte er zu der Hyäne:

»Heute ist die Sache nun in Ordnung, aber wenn ich in Zukunft noch einmal höre, daß du irgend etwas anrührst, was einem Priester gehört, dann will ich dich in ein Loch stecken, aus dem du nicht wieder herauskommen sollst. heute ist die Sache gut, aber laß mich morgen nicht wieder etwas Böses von dir hören!«

Der alte Mann nahm das Fleisch des Schakalpriesters, ließ die Hyäne in ihrem Hause und ging in seinen Wald.

Die Hyäne war dumm. Sie wußte nicht, daß der Schakalpriester mancherlei Künste konnte, er hatte sich mit Zaubermedizinen eingerieben und sich in einen alten Mann verwandelt und war dann zu der Hyäne gekommen.

Noch jetzt, wenn eine Hyäne und ein Schakal sich sehen, gehen sie sich aus dem Wege. Wenn die Hyäne den Schakal sieht, kommt sie ihm nicht nahe, und wenn der Schakal die Hyäne sieht, kommt er ihr nicht nahe. Diese Geschichte von dem Schakal und der Hyäne in der Hungersnot, die ich gehört und dir erzählt habe, ist nun zu Ende.

54. Der Schakal

Ein Schakal ist hier. An diesem Tage hat er mit einem Haushunde Freundschaft geschlossen. Sie unterhalten sich. Der Schakal sagt zum Hund:

»Was euch betrifft, ihr fühlt euch wohl, daheim seid ihr mit Menschen zusammen, ihr seid geschickt.«

Der Hund sagte:

»So ist es sicher, ich verfüge über zwölf Fertigkeiten. Wenn man mich z. B. umstellt, und ich wende eine davon an, sicherlich, so bin ich gerettet.«

»Was mich anlangt, so verstehe ich nur *eine* Fertigkeit.«

An diesem Tage sagte der Schakal auch zu dem Haushund:

»Begleite mich zu dem Hause eines Priesters, damit er mir prophezeie.«

Er ging mit dem Hunde in ein Dickicht mit dornigen Bäumen, bis sie die Tür einer kleinen Halle in dem Dunkel eines Dornbaumes erreichten. Sie setzten sich nieder. Der Schakal sagte:

»Das ist das Haus des Priesters.«

Sie sahen nur die Jungen einer Hyäne. Sie umgaben sie, bis die Alten kamen und bis der große Priester selbst (die Hyäne), bedeckt mit einer belappten Mütze, herauskam. Er setzte sich nieder. Es war eine alte, männliche Hyäne. Der Schakal sagte:

»Priester, ich möchte, daß du mir prophezeist.«

»Gut, warte, ich hole mein Taschenbuch.«

Als die Hyäne aufstand, sagte der Schakal:

»Hund, du siehst den Ort, an den wir gekommen sind. Nur, wenn du deine Fertigkeiten anwendest, kommen wir wieder heraus.«

»Gut«, sagte der Hund, »sicher, ich habe alle meine Fertigkeiten vergessen, seit wir mit diesem Dreck-Priester zusammengetroffen sind. Jetzt ist alles aus.«

Der Schakal sagte:

»Was mich anbetrifft, so ist meine *eine* Fertigkeit hier.«

Als nun der Priester herauskam, prophezeite er. Er sagte:

»Ich sah einen Weg zum Hineingehen, aber zum Hinausgehen sah ich keinen.«

Der Schakal sagte:

»Gut, Priester, sage zu den Jungen, sie sollen weggehen, ich möchte heimlich mit dir reden.«

Der Priester sagte:

»Kinder, geht weg!«

Der Schakal sagte:

»Hund, stehe schnell auf, treibe die Ziegen, die wir dem Priester als Geschenk geben wollen, hierher!«

Der Hund entkam und lief fort.

Gut, sie sind hier und verhalten sich ganz ruhig. Als man eine kleine Weile gewartet hatte, sagte der Schakal:

»Der Hund ist zu langsam, Priester, gehe seinen Fußspuren nach.«

Der Priester brach auf und ging den Fußspuren des Hundes nach. Der Schakal ging nun auch hinaus, schlug einen gewissen Weg ein und schlüpfte dann ins Dickicht, bis er entkam. Dort begegnete er dem Hund, welcher zum Schakal sagte:

»Ah, wahrhaftig, du verfügst über mehr als tausend Fertigkeiten.«

Der Schakal sagte:

»Nicht über so viel, es ist nur *eine,* du bist der Mann mit den vielen Fertigkeiten.«

Sie lachten. Schluß!

55. Die Geschichte von den zwei Mädchen, die dieselbe Mutter und denselben Vater hatten

Die eine von den Mädchen sagte zu ihrer Schwester: »Ich bin schöner als du.«

Ihre Schwester antwortete:

»Ich bin schöner als du.«

Die erste sagte darauf:

»Wenn du schöner als ich bist, dann komm, laß uns in die Welt gehen und zusehen, wer von uns beiden mehr Güter gewinnt.«

Ihre Schwester erwiderte:

»Schön!«

So machten sie sich denn auf und gingen. Als sie in ein Land kamen, da sagten sie zu den Leuten:

»Wer von uns beiden ist schöner? Der, die schöner ist, müßt ihr etwas schenken.«

Einigen Leuten gefiel die eine Schwester besser, anderen die andere, so gaben sie in dem Lande jeder von ihnen etwas. Dann gingen sie weiter und kamen in ein anderes Land. Als sie dahin gekommen waren, machten ihnen die Leute dort wieder allerlei Geschenke. Dann gingen sie weiter.

Als sie so weiterzogen, da bekam die jüngere Schwester viel geschenkt. Sie reisten durch viele Länder und kamen dann zurück. Auf der Heimreise kamen sie an das Ufer eines Sees. Ihre Kühe und Ziegen und alles, was sie bekommen hatten, brachten sie dahin. Und das Vieh trank dort von dem Wasser. Als es sich satt getrunken hatte, ging die jüngere Schwester hin, um Wasser zu schöpfen. Die ältere Schwester sagte zu ihr:

»Bring mir Wasser zu trinken!«

Sie sagte:

»Jawohl!« und ging hin, holte Wasser und brachte es ihr. Die ältere Schwester sagte zu ihr:

»Dies Wasser ist nicht gut, deine Schafe, deine Ziegen und deine Kühe haben davon getrunken. Bring mir nun auch etwas zu trinken, ich möchte nicht selbst gehen, aber bring mir gutes Wasser!«

Sie sagte so, weil sie auf ihre Schwester eifersüchtig war. Die jüngere Schwester ging hin und fragte:

»Von diesem Wasser?«

Die Ältere antwortete:

»Nicht von dem, geh weiter!«

Sie ging noch weiter zu einer tiefen Stelle, da versank sie und kam um, und die Ältere nahm alle ihre Habe mit nach Hause.

Als man sie fragte:

»Wo ist denn deine Gefährtin?« sagte sie zu ihnen:

»Sie ist umgekommen.«

Und als sie fragten:

»Wo?« antwortete sie:

»Im See.«

Während sie zu Hause blieben, ging ihr jüngerer Bruder hin, um die Schafe am Ufer des Sees zu weiden. Und er sang den Namen seiner Schwester und sagte:

»Komm nach Hause!«

So sang er da und rief den Namen seiner Schwester. Als er eine Weile gewartet hatte, sah er, wie sie aus dem Wasser heraus zu ihm kam. Er grüßte sie, sie setzte sich hin, kämmte die Haare seines Hauptes und salbte sie mit Öl. Dann sagte sie zu ihm:

»Ich will nach Hause gehen.«

»Zu welchem Hause gehst du?«

»Ich gehe ins Wasser.«

Sie ging und stürzte sich ins Wasser, und er sah sie nicht mehr. Am Abend kehrte er nach Hause zurück und erzählte den Leuten:

»Ich habe meine Schwester gesehen.«

Sie sagten:

»Es ist nicht wahr«, denn sie glaubten es nicht.

Am andern Tage ging er wieder hin. Eines Tages saß er da und weidete seine Herde und sang sein Lied. Da kam sie heraus zu ihm und grüßte ihn, und er erwiderte den Gruß. So saßen sie da eine Zeitlang. Am Abend ging seine Schwester wieder hin und stürzte sich ins Wasser, und er ging nach Hause. Wieder erzählte er es den Leuten und sagte:

»Ich habe sie wirklich gesehen.«

Er sagte auch zu ihnen:

»Wenn ihr sie sehen wollt, müßt ihr euch in Schafe verwandeln, morgen wollen wir hingehen, und dann könnt ihr sie sehen.«

Sie sagten:

»Jawohl!«

Als es Morgen wurde, verwandelten sie sich in Schafe und kamen zur Weide. Als sie auf die Weide gegangen waren, zusammen mit seiner Mutter und seinem Vater, die sich auch in Schafe verwandelt hatten, kam er an das Ufer des Sees, setzte sich hin und sang sein Lied. Da kam sie aus dem Wasser und grüßte ihn.

Und sie setzten sich nieder und unterhielten sich. Und sie sagte zu ihm:

»Wirklich, früher hattest du nicht so viele Schafe wie jetzt.«

Er sagte:

»Ich hatte sie.«

»Ich glaube es nicht.«

Dabei weideten die Schafe das Gras ab und sahen sie an. Am Abend sagte sie zu ihm:

»Ich gehe nach Hause.«

Er sagte:

»Jawohl.«

Sie kämmte das Haar seines Hauptes, salbte es mit Öl und flocht ihm Flechten. Dann ging sie nach Hause.

Er sagte zu ihnen:

»Habt ihr eure Tochter gesehen?«

»Natürlich, wir haben sie gesehen, sie kämmte das Haar deines Hauptes und salbte es mit Öl. Wir sahen sie, sicher war sie es. Was sollen wir machen, um sie wiederzubekommen?«

Da war ein junger Mann, der Sohn des Königs, der sagte zu ihnen:

»Wenn ich sie aus dem Wasser bekomme, wollt ihr sie mir dann zur Frau geben?«

»Ja, natürlich, wir wollen sie dir geben, daß du sie heiraten kannst.«

»Sehr schön!«

Er verwandelte sich in einen Aussätzigen, sein ganzes Gesicht war nicht schön, und seine Hände waren voll Aussatz. Die Leute wußten nicht, daß er es absichtlich getan hätte. Er sagte zu ihnen:

»Wenn ich in das Wasser gegangen bin und ihr seht, daß das Wasser weiß wird, dann müßt ihr euch nicht freuen; wenn ihr seht, daß das Wasser schwarz wird, dann müßt ihr schreien, ihr müßt euch nicht freuen. Wenn ihr seht, daß das Wasser rot wird, dann könnt ihr euch freuen.«

»Sehr schön!«

Dann nahm er sein Messer und ein Rasiermesser und ging ins Wasser und grüßte den Mann der jungen Frau und sagte zu ihm:

»Geht's dir gut, du Herr des Wassers?«

Der Nix antwortete:

»Sehr gut.«

»Möchtest du, daß ich dir die Haare schere?«

»O ja.«

»Sehr wohl!« und zog das Rasiermesser heraus, um ihm den Kopf zu rasieren.

Da sahen die Leute, daß das Wasser ganz weiß wurde. Als sie ein Weilchen gewartet hatten, bemerkten sie, daß das Wasser ganz schwarz wurde. Da fingen sie an zu schreien. Darauf schnitt der Mann dem Nix den Kopf ab. Da warteten sie ein Weilchen und sahen, daß das Wasser ganz rot wurde, und sie fingen an, sich zu freuen, schlugen die Trommeln und tanzten. Der Mann brachte das Mädchen aus dem Wasser. Ihre Eltern sahen sie und freuten sich mit Tränen. Der Mann nahm seine Frau, brachte sie in sein Haus und heiratete sie. Wenn sie nun Essen kochte, pflegte sie ihm das Seine auf einer Schüssel zu geben, die nicht schön war oder gar schmutzig. Sie liebte ihn nicht, sie wusch seine Teller nicht, wenn er gegessen hatte, sie ließ sie schmutzig. Sie gab ihm auch Wasser zu trinken aus einem Gefäß, das nicht schön war.

Eines Tages versammelte er die Leute im Hofe, erzählte es ihnen und sagte:

»Von dieser schlechten Schüssel esse ich meine Speise, und aus diesem schlechten Gefäß trinke ich mein Wasser.

Meine Frau liebt mich nicht, weil mein Leib nicht schön ist. Heute will ich in mein Haus gehen und mich verwandeln.«

Sie sagten:

»Wir haben es gesehen.«

Er ging, wusch sich die Hände, wusch seinen ganzen Körper und verwandelte sich ganz und gar und wurde schön. Der ganze Aussatz fiel von ihm ab. Eine Frau lief hin, kam und erzählte es der jungen Frau und sagte:

»Dein Mann, den du nicht liebtest, hat heute seinen Leib fein gemacht, gehe schnell, wasche seine Schüssel und sein Trinkgefäß, wasche sie gut!«

Sie sagte zu ihr:

»Jawohl!«

Sie sprang auf, wusch die Schüssel und wusch das Trinkgefäß und wusch sie schön. Sie bereitete sehr schöne Speise und legte sie auf die Schüssel, stellte sie beiseite und wartete ein wenig, bis sie trocken war. Ihr Mann kam und ging ins Haus. Er sah seine Schüssel und sein Trinkgefäß gewaschen und sah die gute Speise. Er sagte zu seiner Frau:

»Ich für mein Teil wünsche nicht von dieser reinen Schüssel zu essen, ich wünsche nicht, aus diesem reinen Gefäß zu trinken. Gib mir zu essen von meiner schmutzigen Schüssel und zu trinken aus meinem schlechten Gefäß! Von dieser reinen Schüssel will ich nicht essen, und aus diesem reinen Gefäß will ich nicht trinken. Erst sollst du hingehen und die Schwanzquaste eines jungen Löwen bringen und das Gefäß damit reinigen, dann erst will ich daraus essen und trinken.«

Sie sagte:

»Jawohl!«

Dann ging sie in ihr Zimmer, setzte sich hin und dachte:

»Wie soll ich es anfangen, den Schwanz eines jungen Löwen zu bekommen!«

Sie ging hin, erzählte es einer anderen Frau und sagte:

»Mein Mann will von der reinen Schüssel nicht essen und aus dem reinen Gefäß nicht trinken, er sagt, ich sollte hingehen und die Schwanzquaste eines jungen Löwen holen, damit sollte ich die Schüssel und das Wassergefäß auswaschen, dann erst wollte er daraus trinken.«

Die Frau antwortete:

»Dies ist für das, was du ihm getan hast, das vergilt er dir nun!« Und sie fügte hinzu: »Ich will dir helfen, gehe hin, mache Korn fertig, wasche es und laß das reine Korn liegen, daß die Fliegen darüber kommen. Nimm die Fliegen und koche sie, und dann nimm sie und gehe damit in den Wald. Wenn du dahin gegangen bist und siehst die Mutter der jungen Löwen, dann klettere auf einen Baum und bleibe da. Wenn die Mutter der jungen Löwen ihr Maul öffnet, dann schütte ihr schnell die Fliegen hinein und du wirst den Schwanz des jungen Löwen bekommen.«

Sie antwortete:

»Sehr schön!«

Sie ging in ihr Haus, nahm Korn, weichte es ein, wusch das Korn, ließ das Wasser von dem Korn ab und stellte es beiseite. Als die Fliegen darüber gekommen waren, sammelte sie all die Fliegen und kochte sie, nahm sie auf und ging in den Wald. Da traf sie die Mutter der jungen Löwen und kletterte auf einen Baum.

Die Mutter der jungen Löwen flocht gerade einer Hyäne die Haare. Als sie müde war, öffnete sie ihr Maul. Da nahm die Frau schnell einige Fliegen und schüttete sie der Löwenmutter ins Maul, und die Löwenmutter fraß sie. Nach einem Weilchen öffnete sie ihr Maul, und die Frau schüttete ihr etwas hinein. Die Löwenmutter sagte zu der Hyäne:

»Geh nach Hause, ich bin heute müde.«

Die Hyäne wußte aber nicht, daß es der Löwenmutter so wohl war, als sie sagte: ›ich bin müde‹. Die Hyäne ging. Die Löwenmutter stand auf und sah hinauf in den Baum, konnte aber nichts sehen und sagte:

»Wer ist da auf dem Baum?«

Die Frau antwortete ihr und sagte:

»Ich bin da, eine Frau.«

»Komm herunter!«

»Ich kann nicht herunterkommen.«

»Warum kannst du nicht herunterkommen?«

»Wenn ich herunterkomme, fressen deine Kinder mich auf.«

»Oh, nein, nein, sie sollen dich nicht fressen, komm nur herunter!«

Die Frau kam herunter und nahm den Rest von den Fliegen und gab sie der Löwenmutter. Die Löwenmutter fragte sie:

»Was wolltest du denn, daß du hierher kamst?«

»Ich möchte den Schwanz von einem deiner Kinder haben.«

»Sehr schön! Komm, laß mich dich verstecken, daß sie dich nicht sehen können, wenn sie nach Hause kommen.«

Die Frau ging in den Vorratsraum, und die Löwenmutter deckte sie zu. Als sie sie zugedeckt hatte und es Abend war, kamen ihre Kinder und rochen das Menschenfleisch und sagten:

»Oh, Mutter, heute riecht es hier nach Menschen.«

»Es ist nicht wahr. Wie soll es hier nach Menschen riechen? Ihr denkt, es soll nach Menschen riechen, und ich rieche nichts!«

Der Vater der jungen Löwen kam und sagte:

»Setze dich doch hin, was schreist du so?«

Als sie schlafen gegangen waren, ging die Löwenmutter nicht schlafen, sondern sie sagte zu der Frau:

»Komm heraus, gehe und schneide dem kleinsten von den jungen Löwen den Schwanz ab!«

Sie antwortete:

»Jawohl!«

Dann sagte die Löwenmutter:

»Wenn du siehst, daß das Zimmer hell ist, dann mußt du nicht kommen, dann schlafen sie noch nicht, aber wenn du siehst, daß das Zimmer ganz dunkel ist, dann gehe hinein, dann schlafen sie.«

»Jawohl!«

Die Frau nahm ihr kleines Messer aus der Tasche und ging hin, aber sie sah, daß das Zimmer hell war. Sie lief zurück, versteckte sich und dachte: ›Sie schlafen noch nicht.‹ Die Löwen kamen zu ihrer Mutter und sagten:

»Wir haben einen Menschen gesehen.«

»Es ist nicht wahr. Geht, legt euch hin und schlaft!«

Sie gingen weg, und als sie eingeschlafen waren, kam die Frau und sah, daß das Zimmer ganz dunkel war. Sie ging hinein, faßte nach dem jüngsten von den Löwen und schnitt ihm den Schwanz ab. Die Mutter der jungen Löwen sagte zu der Frau:

»Laufe schnell und gehe nach der Stadt!«

Die Frau sagte:

»Jawohl!«

Die Frau lief, was sie konnte, hatte sie doch den Schwanz des jungen Löwen bekommen. Am Morgen stand ein junger Löwe auf und sagte:

»Ich springe auf und recke meinen Schwanz aus.«

Ein anderer sprang auch auf und sagte:

»Ich springe auf und recke meinen Schwanz aus.«

Als sie alle mit ihren Schwänzen aufgesprungen waren, stand auch der jüngste auf und sagte:

»Ich habe nur noch einen Stummel von meinem Schwanz!« denn er stand ohne Schwanz auf. Da sagten sie:

»Wer hat denn dem jüngsten Löwen den Schwanz abgeschnitten?«

Da nahmen sie ihre Trommeln und trommelten:

»Zurück! zurück! Der dem jungen Löwen den Schwanz abgeschnitten hat, muß wiederkommen.«

Die Frau ging wieder ein wenig zurück. Als die Löwenmutter die Frau in der Ferne zurückkehren sah, sagte sie zu ihren Kindern:

»Gebt mir eure Trommeln, ich will selbst trommeln!«

So trommelte sie denn den Ruf:

»Vorwärts, vorwärts!«

Da lief die Frau vorwärts. Sie kam in die Stadt und brachte den Schwanz des jungen Löwen mit, ging in das Haus und wusch die Schüsseln mit der Schwanzquaste des jungen Löwen und wusch das Trinkgefäß damit aus. Dann trocknete sie alles ab, tat Speise auf die Schüssel und Wasser in das Trinkgefäß und brachte ihrem Mann die Speise und das Wasser. Dann legte er seine Hand darauf und aß seine Speise. Seit dem Tage wußte sie, daß er der Sohn des Königs war. Das ist es, es ist aus, die Geschichte von den zwei Mädchen ist zu Ende.

56. Die Pilgerfahrt nach Mekka

Dies ist die Geschichte von einem Gelehrten. Ein gewisser Lehrer wollte nach Mekka gehen, um auch das noch zu seinen Verdiensten hinzuzufügen. Er hatte ein sehr mageres Pferd, er bestieg es und ritt tief in den Wald, bis er eine Hyäne sah. Das Pferd war erschöpft, und die Hyäne sagte:

»Wo willst du hin, Lehrer?«

»Ich bin auf der Pilgerfahrt.«

»Wie geht es denn?«

»Ja, das Pferd ist müde.«

»Ist es das? Gib es mir, ich werde es schlachten und aufessen, dann kannst du auf mir reiten, und wir können uns aufmachen.«

»So?«

»Ja!«

»Du mußt mich nicht betrügen.«

»Komm nun, Lehrer, ich habe das nur gesagt, weil ich sehe, daß das Pferd nicht weiter kann. Im übrigen kannst du, wenn du willst, mich sofort besteigen, und ich will dich nach Mekka bringen.«

»Schön, fange das Pferd und friß es!«

Und die Hyäne griff das Pferd, zerriß es, hob das Fleisch auf und nahm es mit nach Hause. Sie fraß das ganze Fleisch mit ihren Jungen, aber sie kam nicht wieder. Der Lehrer saß da und wartete, aber er sah nicht, daß die Hyäne zurückkam.

So stand es, als da ein Schakal des Weges kam und den Lehrer da sitzend fand. Der Schakal fragte:

»Lehrer, was ist geschehen?«

»Ich habe mich von Hause aufgemacht, um nach Mekka zu gehen, da wurde mein Pferd müde, und ich mußte abbsteigen. Die Hyäne kam und fragte mich, wie es stände, und ich sagte: ›Ich gehe nach Mekka, und mein Pferd ist mir müde geworden, und deshalb sitze ich hier.‹ Und die Hyäne sagte: ›Ach, dies kann dich niemals nach Mekka bringen, gib es mir zu fressen, dann kann ich vergnügt werden und Kräfte bekommen, daß ich dich nach Mekka bringen kann.‹ Darauf sagte ich: ›Hyäne, du mußt mich nicht betrügen, mir mein Pferd auffressen und dann auf Nimmerwiedersehen weglaufen.‹ Sie antwortete: ›Wo tut man denn so etwas? Es ist die Wahrheit, was ich dir gesagt habe, und es ist keine Lüge darin.‹ Und darauf dachte ich, es wäre wahr, und sagte ihr, sie möchte das Pferd greifen. Das ist alles. Die Hyäne ist weggelaufen, und bis heute habe ich sie nicht wiedergesehen.«

Der Schakal sagte:

»Laß nur, Lehrer, ich will sie dir jetzt wiederbringen.«

Er hob den Sattel und die Satteldecke und Gebiß und Zaum und Sporen und Peitsche auf und ging damit weg, und er bekam auch ein Stück Fleisch und nahm es. Unterwegs ließ er die Stücke vom Sattel- und Zaumzeug einzeln fallen, bis er in die Nähe der Höhle kam, wo die Hyäne wohnte. Er legte die Satteldecke beiseite, ging weiter bis zu der Höhle und stand und meldete sich, aber er bekam keine Antwort, denn die Hyäne hatte ihren Kindern gesagt:

»Wenn jemand kommt, um nach mir zu sehen, müßt ihr sagen, ich wäre nicht da.«

Als nun der Schakal rief, sagten sie:

»Sie ist nicht zu Hause.«

Und der Schakal sagte:

»Gott verfluche sie! Sie hat kein Glück. Wenn man die Leute sucht, daß sie etwas Gutes bekommen sollen, dann hindert das Unglück sie, daß sie es nicht bekommen. Seht, eine sehr fette Kuh ist totgeblieben, und ich bin gekommen, um sie zu rufen und sie ihr zu zeigen, und ihr sagt, sie ist nicht hier. Ich will wieder umkehren.«

Da sagte die Hyäne:

»Wer sucht mich?«

Der Schakal antwortete:

»Ich suche dich. Da ist eine sehr fette Kuh totgeblieben, ich habe ein großes Stück abgeschnitten und dir mitgebracht, aber diese Jungen hier sagen, du wärst nicht zu Hause.«

Und die Hyäne sagte:

»Es ist kein Gott als Gott! Ihr seht, ihr Nichtsnutze, ich schlief und konnte gerufen werden, und ihr sagt, ich wäre nicht da.«

Und da kam sie heraus und sagte:

»Hier bin ich!«

Der Schakal sagte:

»Nimm es, koste!«

Und sie nahm das Fleisch und verschlang es und gab ihren Kindern nichts. Sie sagte:

»Laß uns gehen!«

Sie machten sich auf den Weg und gingen weiter, und die Hyäne war weit voran und der Schakal hinten. Sie sagte:

»Du kannst ja nicht gehen, steige auf mich und laß uns schnell gehen.«

Und der Schakal bestieg sie und sie gingen weiter. Und so kamen sie an der Satteldecke vorbei, und der Schakal sagte:

»Ich möchte dies Ding über deinen Rücken breiten, die Haare auf deinem Rücken sind so rauh.«

»Tue es schnell und laß uns gehen!«

Und der Schakal hob die Decke auf und breitete sie ihr über, und er stieg auf, und sie gingen weiter. Und sie kamen an dem Gebiß vorbei, und der Schakal sagte:

»Ich möchte dies aufheben und in deinen Mund stecken, vielleicht kann ich mich dann besser halten.«

»Lege es mir schnell an und laß uns weitergehen.«

Der Schakal legte ihr das Gebiß an und stieg auf. So gingen sie voran und kamen zu den Sporen. Er stieg ab, nahm die Sporen auf, schnallte sie an seine Füße und stieg auf. Sie gingen weiter und waren schon nahe dem Lehrer, als die Hyäne sagte:

»Hier mußt du nicht gehen.«

Der Schakal antwortete:

»Aber hier ist das Fleisch.«

Die Hyäne sagte:

»Dann wollen wir einen Umweg machen.«

Da bogen sie aus in einen anderen Weg, den der Schakal kannte, und kamen so auf die andere Seite des Lehrers. Und da lenkte er den Zügel dahin, wo der Lehrer war, und gab ihr die Sporen. Da sprang die Hyäne vorwärts und schrie:

»Uuh, uuh!«

Sie stand auch nicht still, bis sie zu dem Lehrer gekommen waren. Dann hielt der Schakal vor dem Lehrer, sprang ab und sagte:

»Lehrer, hier ist dein Schuldner! Nun vorwärts, steige auf und steige nicht ab, bis ihr euer Ziel erreicht habt. Wenn du absteigst, auch am Wasser, sage nicht, daß sie nach dem Fluß gebracht werden soll.«

Der Lehrer erwiderte:

»Ich habe gehört!«

Er stieg auf und stieg nicht herunter, bis er in Mekka angekommen war. Dann stieg er ab und gab einigen Jungen die Hyäne zu halten und sagte:

»Ihr dürft nicht auf ihr reiten und dürft sie nicht zum Fluß bringen!«

Dann ging er in die Moschee zum Beten. Darauf stiegen die Jungen auf und ritten zum Fluß. Als sie hinter der Stadt waren, galoppierten sie, die Hyäne nahm sie mit, lief in den Wald mit ihnen und rannte, bis sie sie abwarf und sie ihrer Wege gehen konnte. Dann kam der Lehrer aus der Moschee, er sah die Jungen nicht und sah die Hyäne nicht. Das ist alles.

Ab mit dem Rattenkopf!

57. Das schlechte Mädchen und seine Strafe

Es war einmal ein Mädchen, die liebte einen Jüngling, aber ihre Eltern wollten sie ihm nicht zur Frau geben. Er kam immer wieder und bat sie, sie sollten sie ihm lassen. Aber sie sagten:

»Wir geben sie dir nicht.«

Eines Tages kam das Mädchen zu ihm und sagte:

»Ich bin zu dir gekommen und wollte dich bitten: Gib mir dein Messer, daß ich meine Mutter umbringen kann. Dann können wir nach irgendeiner anderen Stadt fliehen und uns heiraten.«

Aber er sagte:

»Nein, nein, das dürfen wir nicht tun.«

Da kam sie wieder und sagte:

»Gib mir dein Messer, ich will meine Mutter umbringen.«

Aber er antwortete wieder:

»Nein, nein, du darfst meinetwegen deine Mutter nicht umbringen.« Und er fügte hinzu: »Gehe nach Hause und bleibe da! Wenn ein Bräutigam kommt, der deinen Eltern so reiche Geschenke geben kann, daß sie zufrieden sind, dann wird er dir auch welche geben.«

Fünf Tage danach fragte ihn das Mädchen:

»Willst du mir dein Messer geben, um Kürbisse abzuschneiden?«

Nun hatte der Jüngling vergessen, was das Mädchen vorhatte, darum zog er sein Messer heraus und gab es ihr. Und sofort, als sie es bekommen hatte, ging sie hin und schnitt ihrer Mutter den Hals ab. Dann lief sie zu dem Jüngling und sagte:

»Siehst du, nun habe ich es getan. Wenn wir jetzt nicht fliehen, werden du und ich getötet. Da ist das Blut an deinem Messer, ich habe meiner Mutter damit den Hals abgeschnitten.«

So machten sie sich auf, der Jüngling nahm Bogen und Pfeile, schickte das Mädchen voraus, und sie entkamen aus der Stadt. Sie eilten bis in den Wald und schliefen die Nacht, und am nächsten Morgen gingen sie wieder weiter, bis sie die Mitte des Waldes erreicht hatten. Da wurde das Mädchen von innerlichen Schmerzen überfallen, fiel nieder und starb. Darauf nahm der Jüngling einen von seinen Pfeilen heraus, legte ihn auf den Bogen und stand und bewachte ihre Leiche. Alsbald versammelten sich die Tiere des Waldes alle, um sie zu fressen, aber er wollte es ihnen nicht erlauben, sondern sagte, es dürfte keines sie berühren, so lange er noch am Leben wäre. Darauf kam der Adler und ließ sich dem Jüngling gegenüber nieder und sagte:

»Laß uns speisen!«

Aber er sagte:

»Nein, nein! Habe ich nicht versprochen, daß ich sie nicht verlassen will? Soll ich euch erlauben, ihren Leib zu fressen?«

Der Adler antwortete:

»Vertraue den Weibern nicht, sie sind nicht zuverlässig.«

Aber der sagte:

»Dem stimme ich nicht zu, dieser einen traue ich.«

Da sagte der Adler:

»Hast du eine Flasche?«

»Jawohl!«

»Gib sie mir!«

Und er nahm sie und flog weg damit. Aber er kehrte bald mit Wasser in der Flasche zurück und sagte:

»Hast du ein Messer?«

Und der Jüngling erwiderte:

»Jawohl!«

Darauf sagte der Adler:

»Bringe ihre Zähne auseinander!«

Und er zog sich zwei Federn aus den Schwingen und rührte damit in dem Wasser herum. Dann wurde der Mund des Mädchens geöffnet, das Wasser wurde hineingegossen und sofort stand das Mädchen auf. Darauf sagte der Adler zu dem Jüngling:

»Nimm diese Federn! Eines Tages, wenn du zu einer anderen Stadt gekommen bist und Speise gefunden hast, wirst du uns für das Mahl, das wir heute verloren haben, entschädigen.«

So gingen denn der Jüngling und das Mädchen wieder weiter und kamen in eine Stadt zu dem Hause einer alten Frau. Da traten sie ein und blieben da bis zum Nachmittag und schliefen da auch. Am nächsten Morgen hörten sie weinen, und ihnen wurde erzählt, daß die Mutter des

Königs gestorben wäre. Da erhob sich der Jüngling und sagte:

»Laß mich gehen und zusehen, was zu tun ist.«

Er machte sich auf und kam zu dem Trauerhause. Und als er hingekommen war, ging er zu einem Manne und sagte:

»Kannst du mir eine Besprechung mit dem König vermitteln?«

»Der König ist tief betrübt«, antwortete der, »kann jetzt jemand hingehen und ihn stören?«

Aber ein andrer sagte:

»Weißt du denn, was er will? Gehe nur hin und frage den König!«

Als der König es gehört hatte, sagte er:

»Laß den Jüngling hereinkommen!«

So wurde er denn aufgefordert und kam und sagte:

»Was wollt ihr mir geben, wenn ich eure Mutter wieder zum Leben bringe?«

Darauf sagte einer von den Dienern:

»Hast du jemals gesehen, daß irgend jemand, der tot war, wieder zum Leben kommt?«

Aber der König sagte:

»Laß ihn nur, vielleicht hat er einen Zauber.« Und er fuhr fort und wendete sich zu dem Jüngling: »Ich will dir zehn Sklaven geben.« Und er sagte weiter: »Sieh, dies Haus will ich dir auch geben und diese Pferde.«

Darauf erwiderte der Jüngling:

»Sehr schön! Bring mir Wasser in einer Flasche!«

Und man brachte ihm das Wasser. Dann ging er hinter das Haus und rührte mit der Adlerfeder in dem Wasser herum und brachte es zurück und sagte:

»Nun öffnet der Mutter des Königs den Mund!«

Sofort, als das Wasser ihre Kehle hinabgelaufen war, stand sie auf und blieb am Leben. Da wurden die Geschenke für den Jüngling gebracht und ihm übergeben. Dann kehrte er zu seinem Hause zurück und blieb in der Stadt, und wenn irgend jemand starb, kamen die Leute und forderten ihn auf, den Verstorbenen durch den Zauber wieder zum Leben zu rufen. Nach einiger Zeit machte einer von den Sklaven des Königs die junge Frau in sich verliebt und sagte zu ihr:

»Sieh einmal, Kind, da wir uns nun so gut kennen, willst du mir da nicht den Zauber deines Mannes geben?«

Und sie sagte:

»Jawohl!«

Wenn sie nun zu Bett ging und ihr Mann ihr etwas erzählte, schwieg sie still. Und wenn er sie etwas fragte, antwortete sie nicht. Da sagte der Mann zu ihr:

»Was ist eigentlich?«

Und sie antwortete:

»Ja, wir sind nun schon eine ganze Zeit zusammen gewesen, aber du hast doch immer noch etwas geheim vor mir, immer versteckst du es.«

»Also nur deshalb bist du so still? Nun, hier ist es, hebe es für mich auf!«

So gab er der jungen Frau die Adlerfedern. Kaum hatte sie sie bekommen, da nahm sie den Wasserkrug und sagte, sie wollte zum Fluß gehen und Wasser holen. Aber statt dessen ging sie hin und gab die Federn dem Sklaven des Königs, der sie mit in sein Haus nahm.

Bald hernach starb wieder jemand in des Königs Familie, und wie sonst wurde der Jüngling gerufen. Er kam und sagte zu seiner Frau:

»Wo ist das,was ich dir zum Aufheben gab?«

Und sie antwortete:

»Es ist hier irgendwo, hier habe ich es doch hingelegt!«

Sie sahen sich um, aber sie konnten es nicht finden. Sie suchten wieder, aber sie fanden es nicht. Da ging der Sklave hin und sagte zu dem König:

»Was willst du mir geben, wenn nun ich ihn wieder aufstehen lasse?«

Der König antwortete:
»Ich will dir alles geben, was du willst.«
Da sagte er:
»Sehr schön!« und ließ den toten Mann wieder aufstehen.
Als das geschehen war, verlangte der Sklave, daß der Jüngling gegriffen und zu seinem Sklaven gemacht würde, und der König sagte:
»Jawohl, gehe und greife ihn!«
So ging er hin und griff ihn und nahm seine Frau für sich. Er band den Jüngling und legte ihm Handschellen an und schickte ihn in den Wald, da mußte er Bäume schlagen.
Einige Tage hernach kam der Adler zu ihm.
»Wie ist es nun mit deinem Versprechen? Ich sagte dir, daß die Frau nicht treu wäre, aber du meintest, sie wäre es. Nun will ich dir noch einmal Gutes tun. Ziehe heute nacht deine Fußfesseln ganz hoch hinauf und gehe in die Stadt und suche mir eine Katze!«
Er ging hin und fand eine Katze und kehrte zurück und versteckte die Katze bis zum Morgen. Dann kam der Adler wieder und sagte:
»Deshalb haben wir dich gesucht, Katze, weil du uns eine Maus fangen sollst.«
Da sagte die Katze:
»Sehr schön!« und lief gleich hin, wo der junge Mann das Holz geschlagen hatte, und fing eine Maus. Darauf sagte der Adler:
»Nun, du Katze, und du Maus, ihr kennt den Geruch von meinen Federn, macht euch auf den Weg, gehet in die Stadt und zu dem Sklaven des Königs und, wenn die Maus da einige Federn findet, dann nimmst du sie, Katze, und bringst sie hierher.«
So gingen sie denn in die Stadt und kamen in das Haus des Sklaven. Die Maus suchte überall herum, in den

Töpfen, im Köcher, aber sie konnte die Federn nicht finden und ging wieder hinaus zu jeder Katze und sagte:

»Ich kann sie nicht finden.«

Darauf sagte die Katze:

»Gehe wieder hin und suche noch einmal!«

Und die Katze ging hinein und schrie:

»Miau!«

Da sagten die Schläfer:

»Gottlob, die wird die Maus fangen, die uns immer im Schlaf gestört hat.«

So gingen sie denn schlafen, der Sklave des Königs und seine Frau. Da kam die Maus und schnüffelte an dem Mund des Sklaven herum und sah, wo die Federn waren. Und sie sagte zur Katze:

»Hier sind sie, ich sehe sie.«

»Wo siehst du sie denn?« fragte die Katze.

Und die Maus antwortete:

»Er hat sie im Mund.«

Darauf die Katze:

»Sehr schön, gehe und beiße ihn!«

Da ging die Maus hin und biß ihn. Und er machte: »Pff!« und die Federn fielen heraus, und die Katze fing sie und brachte sie dem Jüngling in den Wald. Am nächsten Morgen kam der Adler wieder und fragte:

»Wo sind sie?«

Und der junge Mann antwortete:

»Hier!«

Darauf sagte der Adler:

»Schön! Nun möchte ich aber noch etwas sagen. Einmal mußt du mich noch entschädigen für das Mahl, das ich nicht bekommen habe.«

Nun geschah es, daß am nächsten Tage ein anderer von den Söhnen des Königs krank wurde und starb, und man schickte zu dem Sklaven des Königs und befahl ihm, seine

Zauberei anzuwenden. Aber er sagte, er hätte seinen Zauber verloren. Darauf sagte der König:

»Laßt doch den anderen kommen. Hier ist ein Pferd, geht schnell und holt ihn aus dem Walde!«

Es wurde schnell nach ihm gesandt, und er wurde gebracht und, als er kam, sagte der König:

»Sieh, wir haben dich holen lassen, mag Gott dir deine Kraft wiedergeben!«

»Wie kann jemand, der im Wald lebt, über Zauberkräfte verfügen?« fragte der junge Mann.

Aber der König sagte:

»Um Gottes willen, hilf uns!«

»Sehr schön, aber was wollt ihr mir geben?«

»Ich will dir alles geben, was im Hause des Sklavven ist.«

Darauf bereitete der junge Mann seinen Zauber und weckte den toten Mann wieder auf und der König sagte:

»Geht und greift den Sklaven!«

Da ging der junge Mann hin und griff den Sklaven und seine Frau. Er legte seine eigenen Handschellen ab und legte sie dem Sklaven an. Er nahm andere und legte sie der Frau an. Und dann führte er sie dahin, wo er hatte Holz schlagen müssen, und sagte, sie sollten es alles an einer Stelle aufhäufen. Dann sandte er zu dem Adler und ließ ihn kommen und, als er kam, sagte er:

»Gehe und versammle alle deine Verwandten, morgen wollen wir uns hier auf der Waldlichtung treffen.«

Am nächsten Morgen sammelten sich die Adler, alle Vögel kamen zusammen und auch die Tiere des Waldes. Und als sie alle gekommen waren, sagte der junge Mann:

»Nun legt Feuer an den Holzstoß!«

Da legten sie Feuer an, und das Feuer verzehrte das ganze Holz und ließ eine große Menge Kohlen zurück. Darauf sagte er zu dem Sklaven und seiner Frau:

»Nun steht auf und stürzt euch ins Feuer!«

Aber sie wollten nicht. So befahl er seinen Dienern, daß sie sie nehmen und hineinschleppen sollten. Und sie warfen sie ins Feuer. Und jedesmal, wenn sie wieder herauskamen, wurden sie wieder hineingeworfen, bis sie zuletzt gebraten waren. Dann ließ der junge Mann die Leichname von den Dienern aus dem Feuer ziehen und ließ sie dort liegen. Dann sagte er:

»Adler!«

Und der Vogel antwortete:

»Hm!«

»Nun sieh, hier ist dein Mahl!« sagte der junge Mann.

Und dann stieg er auf sein Pferd und ritt zur Stadt zurück. Es ist wirklich wahr, daß man den Weibern nicht trauen kann.

58. Geschichte von zwei jungen Männern und vier jungen Mädchen

Sie liebten sich und brachten ihre Abende damit zu, sich zu belustigen.

Eines Abends, als sie von einem Raubzug sprachen, der versuchen wollte, am kommenden Tage ihr Dorf zu überraschen, da sagte der eine junge Mann:

»Ja, wie das Gerücht sagt, kommt der Raubzug morgen, ich werde den Häuptling töten.«

Seine Verlobte erwiderte:

»Das glaube ich dir nicht, aber wenn dein Freund das sagte, dann würde ich es glauben.«

Dieser Freund dagegen sagte:

»Morgen werde ich nicht zu Pferd steigen, um gegen den Raubzug zu kämpfen.«

»Nun denn, leihe mir deine Lanze!«

»Oh«, erwiderte der Freund, »wenn es nur eine Lanze sein soll, die will ich dir geben.«

Während sie schliefen, kam der Raubzug; der junge Mann ging mit der Lanze seines Freundes fort; er schlug die Leute nieder und durchbohrte den Häuptling, der mit der Lanze im Körper entfloh. Die Krieger kehrten zurück und jauchzten ihm zu, indem sie die Trommeln schlugen und in die Trompeten stießen.

So kam er nach Hause. Und die Bewohner des Dorfes sagten zum Häuptling:

»Was gedenkst du zu Ehren des jungen Mannes zu tun als Belohnung für seinen Sieg?«

»Ich weiß wohl, was ich zu tun habe.«

Er ließ Festkleider bringen und legte sie auf seine Schultern bis über den Hals.

Er ließ eine Million Kaurimuscheln bringen und machte sie ihm zum Geschenk.

Er ließ hundert Ochsen herbeiführen und gab sie ihm.

Darauf fragte ihn sein Kamerad, der eifersüchtig geworden war:

»Wo ist meine Lanze?«

»Deine Lanze steckt im Körper des Häuptlings, der entflohen ist.«

»La, la, la«, sagte der Freund, »ich will, daß du mir meine Lanze wiedergibst.«

»Ich werde dir hunderttausend Kaurimuscheln geben«, sagte der junge Mann.

»Was gehen mich deine hunderttausend Kaurimuscheln an«, erwiderte der andere, »meine Lanze will ich!«

»Nun denn, ich lasse meine Ochsen teilen und gebe dir die Hälfte davon.«

»Ich habe aber gar kein Verlangen nach deinen Reichtümern, ich verlange nur meine Lanze von dir.«

Darauf sagte der junge Mann zu seiner Braut:

»Morgen werde ich ihm mit Gottes Hilfe seine Lanze zurückbringen.«

Das Mädchen antwortete:

»Wir werden zusammen gehen, weil jemand wegen einer Lanze deinen Ruf beflecken will, will ich, daß wir zusammen gehen.«

Als der Tag erschien, war der junge Mann schon sehr früh am Morgen fortgeritten, damit seine Braut ihm nicht folgen sollte. Allein sie hatte es bemerkt, folgte ihm und rief:

»Halt an! Laß mich aufsitzen, damit ich mit dir gehen kann, denn wenn du sterben mußt, will ich, daß wir zusammen sterben.«

Und so ritten sie denn alle beide zum Dorf des Feindes. Nahe beim Dorf trafen sie mehrere junge Mädchen, die in einem Teich badeten, und diese jungen Mädchen waren die Töchter des Häuptlings. Die älteste von ihnen, die von ihrem Vater besonders geliebt wurde, sagte zu ihm:

»Junger Mann, woher kommst du?«

»Und du, wessen Tochter bist du?«

»Ich bin die Tochter des Häuptlings.«

Der junge Mann sagte:

»Du kennst mich nicht? Ich habe deinen Vater durchbohrt und will meine Lanze holen.«

Sie sagte zu ihm:

»Folge mir, ich will dir deine Lanze geben!«

Nun setzte der junge Mann das andere junge Mädchen, das mit ihm gekommen war, ab und ließ sie vor dem Dorfe. Dann folgte er der Tochter des Häuptlings, und sie gingen beide zusammen, bis sie an die Tür des Häuptlingshauses gekommen waren.

Die Hofleute sagten:

»Woher kommt dieser Fremde?«

Er antwortete ihnen nicht; sie sprach auch nicht mit ihnen, sondern trat ins Haus. Sie nahm mehrere Lanzen und sagte zu ihm:

»Sieh zu, ob du die Lanze dazwischen findest, mit der du meinen Vater durchbohrt hast?«

Er antwortete ihr:

»Sie ist nicht dazwischen.«

Sie stellte sie fort und brachte andere und noch wieder andere, bis zum dritten Male. Beim dritten Male sah er seine Lanze und sagte:

»Das ist sie!«

Er nahm sie. Sie sagte darauf zu ihm:

»Warte, bis ich die andern zurückgestellt habe und wiederkomme.«

Und als sie wiedergekommen war, sagte sie:

»Ich liebe dich; nimm mich mit dir, wir werden zusammen fortgehen. Aber wenn du mich nimmst, werde ich anfangen zu schreien: ›Hu, hu, huj!‹ und werde sagen: ›Der meinen Vater durchbohrt hat, kommt jetzt, um mich zu entführen. Schnell, schnell, steigt zu Pferd!‹«

Er ließ sie hinter sich aufsitzen, und sie fing an zu schreien:

»Hu, hu! Dies ist der, der meinen Vater durchbohrt hat. Er entführt mich! Er entführt mich!«

Er ritt zum Dorf hinaus, traf das junge Mädchen, mit dem er gekommen war, wieder und setzte sie vor sich aufs Pferd.

Darauf bestiegen die Leute aus dem Dorf ihre Pferde, verfolgten sie und erreichten sie.

Er trieb sie zurück. Sie kamen wieder. Er schlug sie wieder ab. Sie kamen noch einmal, um ihn am Ufer des Flusses gefangen zu nehmen.

Da sagte er zum Fährmann:

»Schnell, schnell, hilf mir weiter! Schnell, schnell, hilf mir weiter!«

Und der Fährmann antwortete ihm:

»Ich werde dich nur hinüberlassen, wenn du mir eins der beiden jungen Mädchen gibst.«

Aber die Tochter des Fährmannes tötete ihren Vater und führte den jungen Mann und die beiden Mädchen hinüber; dann sagte sie zu ihm:

»Ich liebe dich, und um dich zu retten, habe ich meinen Vater getötet; ich liebe dich.« Sie fügte hinzu: »Laß uns gehen, entführe mich!«

Darauf legte sich der junge Mann unter einen großen Baum zum Schlafen. Die drei Mädchen hatten ihn dahin gebracht. Schlaf überfiel ihn, und er starb.

Die jungen Mädchen fingen über ihn zu weinen an. Da erschien eine junge Fee und sagte:

»Was habt ihr denn zu weinen?!«

Sie antworteten:

»Sieh hin! Unser Gatte ist tot.«

»Und wenn er wieder lebendig wird, kann er dann uns allen, uns allen vier gehören?«

»Wir sind einverstanden, daß unser Gatte uns allen vieren gehören soll.«

Darauf benetzte sie ihn mit ihrem Speichel, und er erhob sich. Nun wohl! Welche von diesen vier Frauen wirst du als deine erste Frau erwählen?

Darüber streitet man sich seit dieser Zeit, und bis heute hat man noch nicht zu wissen bekommen, welche von den vieren die Herrin des Hauses werden soll. Das ist es!

59. Die Geschichte von dem Azbin-Pferde

Die Azbin-Leute ritten ein Azbin-Pferd. Sie wollten es verkaufen, aber sein Preis war sehr hoch, so daß es schwer zu kaufen war. Der Besitzer des Pferdes sagte:

»Dies mein Pferd wird nicht um Geld gekauft, sondern nur um die Brust einer Frau.«

Die Leute kamen und fragten den Besitzer:

»Wieviel kostet dein Pferd?«

»Mein Pferd ist nur für die Brust einer Frau käuflich.«

Die Leute sagten:

»Oh, dein Pferd ist zu teuer, wer kann es kaufen?«

Ein Knabe kam und fragte den Besitzer:

»Wieviel kostet es?«

Er sagte ihm:

»Nur für die Brust einer Frau ist es käuflich.«

Der Knabe sagte:

»Gut!«

Er wußte, was er wünschte, werde seine Mutter für ihn tun. Er fragte den Besitzer des Pferdes noch einmal:

»Wieviel kostet das Pferd?«

Er sagte:

»Wenn du kannst, gehe hin deiner Mutter Brust abzuschneiden und sie mir zu bringen, dann bekommst du das Pferd.«

Der Knabe sagte:

»Gut.«

Er ging hin und bat seine Mutter:

»Meine Mutter, kaufe mir dies Pferd um deine Brust!«

Sie sagte:

»Gut.«

Sie sagte weiter:

»Gehe hin und hole ein Messer!«

Der Knabe ging, holte ein Messer und schnitt die Brust seiner Mutter ab. Dann ging er hin und brachte sie dem Besitzer des Pferdes. Der gab ihm das Pferd. Nun hatte der Knabe das Pferd. Nach drei Tagen sagte er zu seiner Mutter:

»Ich will auf Reisen gehen, ich will das Ende der Welt sehen.«

Seine Mutter sagte:

»Gut.«

Und sein Vater sagte:

»Gut, Gott geleite dich!«

Der Knabe sagte zu seinem Pferde:

»Pferd, siehe, ich kaufte dich um die Brust meiner Mutter, führe mich an das Ende der Welt!«

Der Knabe rüstete sich, band den Sattel auf und ging weg.

Als er so dahin ging, traf er seinen Freund, die Spinne. Die Spinne fragte ihn:

»Du Kind, wo gehst du hin?«

Er antwortete:

»Ich gehe, um das Ende der Welt zu sehen.«

Die Spinne sagte:

»Soll ich dich begleiten?«

»Begleite mich!«

Die Spinne machte sich einen Sattel aus einer Baumblüte. So gehen sie dahin, gehen immer weiter, bis sie an einen Ort gelangten, wo kein Land mehr war. Dort trafen sie eine Frau, eine Hexe, sie sahen sie, aber sie sah sie nicht. Der Knabe und die Spinne kamen zu ihr, sie grüßten sie, sie erwiderte ihren Gruß und sagte:

»Geht's euch gut, meine Kinder?«

Sie antworteten:

»Ganz gut.«

Sie sagte ihnen:

»Kommt, wir wollen in mein Haus gehen.«

Sie erwiderten:

»Es ist gut.«

Nun gingen sie hin, wo kein Land ist, wo keine Bäume sind, nur Wind, nur Wasser, nur ein schwarzer Ort; so kamen sie in das Haus der Hexe. Als es Abend wurde, suchte die Hexe einen Hahn, um ihn zu schlachten, aber der Hahn lief weg und verbarg sich im Grase. Sie sucht und sucht ihn, aber sie findet ihn nicht.

Sie kochte nun Klöße und bereitete sie dem Knaben und der Spinne zu und sagte ihnen:

»Eßt!«

Sie sagten:

»Gut.«

Der Knabe sagte zur Spinne:

»Ich mag diese Klöße nicht essen.«

Die Spinne sagte:

»Es ist nichts anderes da, das wir essen könnten.«

Sie setzten sich hin und aßen die Klöße. Die Spinne hatte einen eisernen Stock. Als sie mit dem Essen fertig waren, gingen sie weg zum Schlafen. Mitten in der Nacht nahm die Hexe ein Messer und schärfte es. Da krähte der Hahn:

»Siehe, sie kommt, nehmt euch in acht!«

Der Knabe verstand die Worte des Hahnes. Die Hexe sagte:

»Wo ist der Hahn? Den ganzen Tag habe ich ihn gesucht und habe ihn nicht gefunden.«

Sie sah nach unter dem Bett, streckte ihre Hand unter das Bett, tastete herum, fand ihn aber nicht. Da setzte sie sich wieder hin.

Bald darauf nahm sie wieder das Messer, schärfte es und sagte dabei:

»Friß Fleisch, friß Fleisch!«

Plötzlich krähte der Hahn wieder:

»Siehe sie, sie kommt!«

Die Hexe verstand die Worte des Hahnes. Dreimal krähte der Hahn, da wurde es Morgen. Sie weckte die Kinder und sagte zu ihnen:

»Habt ihr gut geschlafen?«

Dann fragte sie:

»Habt ihr heute nacht gesehen, daß ich etwas Unrechtes tat?«

Die Spinne antwortete:

»Ich sah dich.«

Die Hexe schämte sich. Sie ging hin, um den Hahn zu fangen und zu schlachten. Als sie ihn geschlachtet hatte, machte sie der Spinne und dem Knaben ein Abendessen daraus. Sie aßen und gingen dann schlafen. Die Spinne sagte zum Knaben:

»Heute nacht paß auf!«

Das Kind sagte:

»Gut.«

Die Spinne nahm ihren eisernen Stock und stellte ihn zu ihren Häupten. Sie setzte sich während der Nacht hinter die Türe. Die Frau rüstete sich, sie kommt, um den Knaben und die Spinne zu töten und zu essen. Sie schleift ihr Messer und sagte dabei:

»Friß Fleisch, friß Fleisch!«

Die Spinne machte sich bereit, sie sagte:

»Siehe sie, sie kommt!«

Da nahm sie ihren eisernen Stock und stellte sich in die Tür. Die Hexe kam leise, leise. Da nahm die Spinne ihren eisernen Stock, und während die Hexe ihren Kopf in das Haus steckte, zerschlug sie ihr den Kopf mit dem eisernen Stock. Da kehrte sie wieder in ihr Haus zurück und leckte sich das Blut ab. Darauf wartete sie ein wenig und sagte:

»Jetzt schlafen sie.«

Sie schärfte ihr Messer wie vorhin und kam dann leise heran. Aber die Spinne hörte sie. Die Hexe steckte wieder ihren Kopf in das Haus und verletzte sich wieder den Kopf an dem eisernen Stock. Sie kehrte ins Haus zurück und leckte ihr Blut wie vorhin.

Dreimal machten sie es so, die Hexe und die Spinne, bis es Morgen wurde. Da sagte die Spinne zu ihrem Freunde:

»Siehe, diese Frau ist eine Hexe, die ganze Nacht habe ich sie ganz blutig geschlagen.«

Der Knabe sagte:

»Wirklich?«

»Wirklich.«

»Wir wollen uns rüsten und am Morgen wieder in unser Land gehen.«

Die Frau kam zu ihnen und sagte:

»Habt ihr gut geschlafen?«

Die Spinne antwortete:

»Ganz gut; aber heute wollen wir wieder in unsere Heimat gehen.«

Die Hexe sagte:

»Geht in Frieden!«

Der Knabe nahm ein Rasiermesser und band es in den Schwanz seines Pferdes. Dann sattelte er, machte sich fertig und bestieg sein Pferd. Die Spinne bestieg ein Baumblatt, das war ihr Pferd. So ziehen sie dahin. Die Frau verwandelte sich in eine Hexe, sie wollte den Knaben fangen, sie griff in den Schwanz des Pferdes, das Rasiermesser schnitt ihr in die Hand. Da stand sie still und leckte sich das Blut ab. Plötzlich kam sie wie der Wind und sagte:

»Steht still am Rande dieses Feuers, jetzt habe ich euch gefangen, jetzt werde ich euch essen.«

Der Knabe und die Spinne liefen und kamen an einen heißen See. Der Knabe sagte zu seinem Pferde:

»Bringe mich über dies heiße Wasser, um die Brust meiner Mutter habe ich dich gekauft.«

Das Pferd sprang auf und setzte über den ganzen heißen See. Als die Spinne herüberritt, fiel sie in das heiße Wasser, sie und ihr Pferd. Da kehrte der Knabe um und zog die Spinne heraus. Die Hexe kam nahe an das heiße Wasser und griff nach dem Schwanz des Pferdes, aber das Rasiermesser schnitt ihr wieder in die Hand. Sie ließ los, stand still und leckte ihr Blut ab. Der Knabe und die Spinne eilten weiter und kamen an ein Feuer, das war wie Wasser. Die Hexe rief ihnen zu:

»Steht still hier, ich habe euch, ich esse euch.«

Der Knabe sagte zu seinem Pferd:

»Trage mich über dies Wasser, um die Brust meiner Mutter habe ich dich gekauft.«

Dann schlug er das Pferd mit der Peitsche; das sprang auf und setzte über das ganze Feuer. Die Spinne hatte der Knabe mit sich genommen. Als sie das Feuer überschritten hatten, kam die Frau wieder wie der Wind. Als sie den Knaben eingeholt hatte, griff sie in den Schwanz des Pferdes, aber sie schnitt ihre Hand in dem Messer, stand still und leckte das Blut ab. Der Knabe und die Spinne galoppierten weiter, sie kamen an einen großen Fluß mit kaltem Wasser. Der Knabe sagte zu seinem Pferd:

»Trage mich über dies Wasser!«

Er schlug das Pferd, nahm die Spinne mit sich und so setzten sie über den Fluß. Da ließ die Hexe, sie sagte:

»Es ist besser, ich gehe nach Hause, ich kriege sie doch nicht.«

Sie kehrte um in ihre Heimat. Der Knabe und die Spinne gingen, bis sie wieder an Land kamen. Sie gingen nach Hause. Der Knabe ging in das Haus seiner Mutter, seines Vaters und seines Bruders. Als sie ihn sahen, freuten sie sich, weil ihr Kind wiedergekommen war.

Das ist es; meine Geschichte ist aus.

60. Der Mann und seine Frau und die Greisin

Ein Mann hatte eine Frau geheiratet; und sie hatten drei Söhne. Der Mann hörte nie auf irgend etwas, was seine Frau ihm sagte. Seine stete Antwort an sie war:

»Ich höre nicht auf das, was die Frauen sagen; denn was die Frauen wissen, das weiß ich schon lange; darum, was du mir auch sagen magst, ich höre nicht darauf.«

Die Frau weinte über die Lieblosigkeit ihres Mannes. So lebten sie, bis eines Tages eine alte Frau von ihnen hörte. Als diese alte Frau in das Haus kam, fand sie die Frau weinend.

Sie fragte die Frau:

»Warum, mein Kind, weinst du?«

Sie antwortete:

»Mein Mann hört nie auf das, was ich ihm sage, ich mag ihm sagen, was ich will, er tut, als ob er es gar nicht höre. Höchstens sagt er einmal: ›Das sind Anschläge von Weibern, und ich kenne die Anschläge der Weiber längst.‹«

Darauf entgegnete die alte Frau:

»Nur deswegen weinst du? Wenn du willst, werde ich schon einen Anschlag machen, den er noch nicht kennt, so daß du von ihm loskommst.«

»Mit einem solchen Anschlag bin ich einverstanden.«

»Wirst du alles tun, was ich dir sagen werde?«

»Ich werde es tun.«

»Lege dich aufs Bett, stehe nicht zur gewohnten Zeit auf. Wenn dein Mann dich fragt, so antworte ihm, du seist nicht wohl. Steh drei Tage lang nicht auf, am vierten Tag, wenn dein Mann hinausgegangen ist, werde ich kommen, mich in die Tür setzen und weinen. Wenn dein Mann wiederkommt, werde ich ihm sagen, du seiest gestorben, nachdem er fortgegangen sei. Wenn er zu mir sagt, er wolle zu dir ins Zimmer gehen, werde ich ihm sagen: ›Für dich als den Ehemann ziemt es sich nicht, daß du zu der toten Frau hineingehst; gehe lieber und teile es den Leuten mit und dann hole ein Leichentuch. Bis du wiederkommst, werde ich die Leiche gewaschen haben und ihr dann das Leichentuch anlegen. Darauf begrabe sie sogleich.‹«

So geschah es, und der Mann entgegnete:

»Gut, du hast recht.«

Er ging also weg, teilte den Leuten die Todesnachricht mit, holte ein Leichentuch und gab es der Greisin. Diese ging in das Zimmer und sagte der Frau:

»Jetzt ziehe ich dir dein Leichentuch an, damit die Männer dich auf dem Friedhof begraben. Wenn sie nach Hause gegangen sind, werde ich eine List anwenden; ich werde deinem Mann sagen, er solle sofort zu deiner Mutter gehen und ihr melden, du seiest gestorben. Wenn er weg ist, werde ich dich aus dem Grab herausnehmen; dann wäschst du dich, ziehst deine Kleider an und gehst in eine weit entfernte Stadt; dort heiratest du einen Mann, der deinem Herzen gefällt.«

Also zog die Greisin ihr das Leichentuch an und sagte ihr noch, daß jetzt gleich die Männer kommen und sie begraben würden. Die Männer kamen, nahmen sie, brachten sie auf den Friedhof und begruben sie; danach gingen sie auseinander; nur der Mann mit seinen Kindern und die Greisin waren noch da. Die sagte zu dem Mann:

»Jetzt mach dich schnell auf und berichte der Mutter deiner Frau, daß ihre Tochter gestorben ist.«

»Bei wem soll ich denn meine Kinder lassen, wenn ich jetzt weggehe?«

»Um der Mutter der Kinder willen und um deinetwillen werde ich bei ihnen bleiben, bis du wieder zurück bist.«

»Gott wird es dir lohnen.«

Also brach er sofort auf, ging weg und kam in die Stadt seiner Schwiegermutter; er teilte ihr mit, daß ihre Tochter gestorben sei. Die Entfernung zwischen seinem Heimatort und dem seiner Schwiegermutter betrug vierundzwanzig Stunden. Als der Mann fort war, machte sich die Greisin daran, das Grab aufzugraben, und ließ die Frau aus dem Grabe herausgehen. Die Frau wusch sich, zog ihre Kleider an und machte sich fort, um in eine Stadt zu gehen, die ihr gefallen würde. Die Greisin schaufelte das Grab wieder zu, so daß es genau wie vorhin war; dann wartete sie ruhig, bis der Mann kam. Als er ankam, fand er, daß die Alte gut für seine Kinder gesorgt hatte; er verrichtete ein Gebet für sie und gab ihr Geld. Als die Frau ihr Haus verlassen hatte, hielt sie sich nirgends auf, sondern machte sich auf den Weg und ging immer weiter, bis sie nach zwölf Tagen in eine große Stadt kam; hier ließ sie sich nieder. Ein Mann heiratete sie, sie lebten miteinander eine lange Zeit, der Frau gefiel es hier sehr gut. Eines Tages brachte der Vater der drei Kinder (der frühere Mann der Frau) seine Kinder in die Schule in der Stadt, in der die Mutter der Kinder wohnte. Als nun einmal die Mutter einen Gang in die Stadt machte, fand sie ihren ältesten Sohn; sie erkannte ihn und redete ihn an:

»Du, woher bist du in diese Stadt gekommen, und mit wem bist du gekommen?«

»Wir sind aus unserer Heimat hierhergekommen, ich und mein Vater und meine beiden jüngeren Brüder; unser Vater hat uns in diese Stadt gebracht, damit wir hier die Schule besuchen.«

»Komm, ich zeige dir unser Haus.«

»Gut.«

Die Frau zeigte ihm ihr Haus und sagte noch:

»Morgen bringe deine Brüder mit, daß ich sie sehe.«

Sie brachte auch noch Geld her und gab es dem Knaben. Als der Knabe nach Hause zurückkam, erzählte er seinem Vater:

»Heute habe ich unsere Mutter gesehen.«

Der Vater sagte:

»Nein, eure Mutter ist ja seit vier Jahren tot.«

Am nächsten Morgen rief der Knabe seine Brüder und sagte ihnen:

»Kommt, ich zeige euch unsere Mutter.«

Sie machten sich also auf den Weg und gingen in das Haus ihrer Mutter. Ihre Mutter brachte Geld und gab es ihnen. Als sie wieder zu Hause ankamen, sagten sie:

»Wir haben heute unsere Mutter gesehen.«

Der Vater entgegnete:

»Morgen sollt ihr mich auch dahin führen, daß ich sie sehe.«

»Gut.«

Am nächsten Morgen führten sie ihren Vater dahin. Als er sie sah, sagte er:

»Wirklich, das ist eure Mutter.«

Der Mann ergriff die Frau und sagte ihr:

»Du, du bist meine Frau.«

»Du lügst, ich kenne dich ja gar nicht.«

»Ich lasse dich nicht wieder los, wir wollen vor Gericht gehen.«

Unterdessen kam ihr zweiter Mann; als er sah, daß ein fremder Mann seine Frau festhielt, rief er ihm zu:

»Warum hältst du eine Frau fest, die nicht dir gehört?«
Er entgegnete:
»Nein, das ist meine Frau, und ich werde sie nicht loslassen, es sei denn vor dem König.«
Also gingen sie vor den König, um durch ihn die Sache entscheiden zu lassen. Der König fragte sie:
»Was ist euer Begehr?«
Der zweite Mann sagte zum Richter:
»Diesen Menschen fand ich, wie er meine Frau festhielt; er sagte, es sei seine Frau. Ich forderte ihn auf, sie loszulassen. Er sagte aber: ›Ich lasse sie nicht los, es sei denn vor dem König.‹ Deshalb sind wir gekommen, um die Sache gerichtlich entscheiden zu lassen.«
Der Richter fragte den ersten Mann:
»Warum hast du die Frau ergriffen, die dir nicht gehört?«
»Sie ist meine Frau.«
Der Richter fragte die Frau:
»Ist dies dein Mann? Sind diese Kinder die deinen?«
Die Frau antwortete dem Richter:
»Es ist nicht mein Mann; ich kenne ihn nicht, und diese Kinder gehören mir keineswegs.«
Der Richter wandte sich an die Männer:
»Morgen bringe ein jeder Zeugen, damit ich sehe, bei wem die Wahrheit ist.«
Sie waren damit einverstanden. Am nächsten Morgen kam jeder mit seinen Zeugen wieder. Die Zeugen beider sagten aus:
»Die Frau gehört diesem Mann« (nämlich dem Mann, für den sie zeugten).
Der Richter betrachtete sich die Zeugen genauer und fand, daß sie alle glaubwürdige Leute seien. Er sagte es dem Könige:
»Ihre Zeugen sind alle glaubwürdige Leute, wie wollen wir es machen, um diese Sache zu schlichten?«
Der König sagte:

»Ich weiß es nicht; sage ihnen, sie sollten weggehen, heute ist keine Gerichtssitzung (die Sache wird vertagt), sie sollen morgen wiederkommen, um die Entscheidung zu hören.«

Der König stand auf und ging mit sorgenvollem Gesicht in sein Haus.

Als seine betagte Mutter seine bekümmerte Miene sah, fragte sie ihn:

»Was ist dir heute begegnet?«

Der König antwortete:

»Heute kam ein Rechtsstreit vor den Hof, von dem ich nicht weiß, wie ich ihn entscheiden soll.«

Die Mutter fragte weiter:

»Was ist es denn für eine Sache?«

Der König entgegnete:

»Eine Frau hat zwei Männer gehabt und hat dem ersten drei Kinder geboren. Nun leugnet sie das aber und sagt, dieser erste sei nie ihr Mann gewesen, und die Kinder seien nicht ihre Kinder, vielmehr der zweite, der sei ihr Mann. Wir sagten dann beiden Parteien, sie sollten Zeugen bringen; beide haben dann auch Zeugen gebracht, und beider Zeugen sagten aus, die Frau gehöre dem Mann (d. h. dem Mann, für den sie zeugten). Und da sie alle glaubwürdige Leute sind, wissen ich und der Richter nicht, was wir mit der heiklen Sache machen sollen.«

Die Mutter sagte ihm:

»Deswegen sei nur nicht erregt, das ist eine einfache Sache. Ich werde dir einen Rat geben, wie du es machen mußt, um herauszubekommen, ob die Kinder ihr gehören oder nicht. Wenn es sich herausstellt, daß es ihre Kinder sind, dann löse die Ehe mit dem zweiten auf und gib sie dem ersten zur Frau, wenn es aber nicht ihre Kinder sind, dann laß sie bei dem zweiten.«

»Wenn ich nur erst weiß, ob es ihre Kinder sind oder nicht, dann ist die Entscheidung leicht.«

»Weißt du denn jetzt, wie du es machen willst?«

»Nein, ich weiß es nicht, außer wenn du es mir sagen wirst.«

»Jetzt rufe drei Leute und sage ihnen, sie sollen gehen und drei Hammel kaufen; wenn sie die gebracht haben, sage ihnen, sie sollen sie in ein Zimmer bringen und sie einschließen; niemand sonst darf sie sehen; sage ihnen auch: ›Ihr seht diese Hammel, ich werde euch wissen lassen, warum ich sie gekauft habe; aber sagt ja niemand etwas davon.‹ Sie werden erwidern: ›Gut, wir werden es keinem Menschen sagen.‹ Dann entgegne ihnen: ›Gut, wisset, ich habe sie gekauft wegen eines Prozesses, der an meinem Hof verhandelt wird; ich kann ihn nicht entscheiden, es sei denn vermittelst dieser Hammel. Ich wünsche, daß ihr diese Hammel morgen schlachtet, aber ich werde euch noch sagen, wie ihr sie schlachten sollt. Morgen werden eine Frau, drei Kinder und zwei Männer vor den Hof kommen, damit ich ihren Rechtsstreit entscheide. Wenn sie kommen, werde ich die Frau fragen: ›Sind diese Kinder deine Kinder?‹ Antwortet sie: ›Es sind nicht meine Kinder‹, so werde ich sagen: ›Gut, die Entscheidung lautet also: Sie, die Kinder sollen sofort auf der Stelle geschlachtet werden!‹ Dann werde ich euch rufen und euch sagen: ›Greifet den ältesten Knaben und schlachtet ihn.‹ Wenn ihr ihn gegriffen habt, führt ihn weg und bringt ihn in das Zimmer, wo die Hammel sind; sagt ihm, er solle dort bleiben und nicht aus dem Zimmer herausgehen. Ihr greift dann einen Hammel, schlachtet ihn und kommt dann mit dem bluttriefenden Messer heraus, damit seine Mutter es sieht und in ihrem Herzen denkt, ihr hättet wirklich ihr Kind geschlachtet. Wiederum werde ich euch sagen: ›Greift den zweiten Knaben und schlachtet ihn.‹ Wenn ihr ihn in das Zimmer geführt habt, sagt ihm, er solle dort bleiben; dann schlachtet den zweiten Hammel und kommt mit dem bluttriefenden Messer heraus, damit die Mutter es sehe und denke, ihr hättet ihr Kind geschlachtet. Wiederum werde ich euch sagen: ›Greift den dritten.‹ Wenn ihr zwei geschlachtet habt, und die Frau sagt nichts und weint nicht, dann weiß ich, daß es nicht ihre Kinder sind. Ich werde dann zu dem Vater der Kinder sagen: ›Diese Frau ist nicht deine Frau, und diese Kinder sind nicht ihre Kinder.‹ Zu dem zweiten Mann werde ich sagen: ›Sie ist deine Frau.‹«

Der König antwortete seiner Mutter:

»Dein Rat ist gut.«

Am nächsten Morgen kam die Frau mit den drei Kindern und die beiden Männer. Der König sagte zum Richter:

»Frage die Frau, ob diese Kinder nicht die ihren sind.«

Der Richter fragte die Frau; sie antwortete:

»Nimmermehr, es sind nicht meine Kinder.«

Darauf sagte der Richter zum König:

»Du hörst, sie sagt, es sind nicht ihre Kinder.«

Der König befahl dem Richter:

»Sage ihr jetzt, die Gerichtsentscheidung lautet also: Alle drei Kinder sollen geschlachtet werden!«

Der König rief nun die Schlächter, um ihnen Anweisung zu geben, wie sie sich verhalten sollten. Sie kamen, und der König sagte ihnen:

»Greift den ältesten Knaben, geht hin und schlachtet ihn in jenem Hause da.«

Sie führten das Kind ins Haus, schlachteten einen Hammel und kamen mit dem bluttriefenden Messer wieder heraus.

Als die Mutter das blutige Messer sah, da zerriß ihr Herz; sie sagte bei sich:

»Bei Gott, der König schlachtet mir wirklich meine Kinder.«

Nun sagte der König:

»Greift den zweiten hier und schlachtet ihn!«

Sie packten ihn, gingen mit ihm in das Haus und schlachteten den zweiten Hammel. Als sie herauskamen, und die Frau wieder das blutige Messer sah, da fingen ihre Augen an, sich mit Tränen zu füllen. Der König befahl:

»Greift den dritten, geht und schlachtet ihn!«

Da begann die Frau laut zu schluchzen, sie brach in Weinen aus, sprang auf, schloß ihr Kind in die Arme und sagte zum König:

»So wahr mir Gott helfe, ich erkenne meine Schuld, laß mir diesen Kleinen, töte ihn nicht!«

Der König erwiderte:

»Warum soll ich den verschonen? Du hast doch gesagt, es seien deine Kinder nicht; und darum hat das Gericht entschieden, daß sie alle getötet werden.«

Die Frau entgegnete dem König:

»Bei Gott, es sind meine Kinder; dieser Mann, ihr Vater ist mein Mann.«

Darauf sagte der König:

»Warum hast du denn alle diese Tage auf unsere Fragen geantwortet, es seien nicht deine Kinder? Nun sage mir doch, wie es zugegangen ist, daß du dich von deinem ersten Mann, dem Vater deiner Kinder, getrennt und einen anderen Mann geheiratet hast.«

Die Frau erzählte ihm nun von dem Rat, den die alte Frau ihr gegeben hatte und durch den sie von ihrem ersten Mann losgekommen war, bis sie dann hierhergekommen sei und den zweiten Mann geheiratet habe. Der König entgegnete:

»Gut, warum hast du denn aber geleugnet und gesagt, dies seien nicht deine Kinder? Du wußtest doch ganz gut, daß es deine Kinder sind.«

»Weil ich ihren Vater nicht liebe.«

»Wie konntest du denn zustimmen, als ich Befehl gab, die Kinder zu schlachten? Du wußtest es doch, daß es deine Kinder sind.«

»Ich dachte mir, du würdest sie nicht wirklich schlachten, sondern du wolltest mir nur bange machen, damit ich sagen solle, es seien meine Kinder.«

»Wie wolltest du es machen, um zu erfahren, ob ich sie wirklich schlachten werde?«

»Ich glaubte nicht, daß du sie schlachten werdest; erst als ich das bluttriefende Messer sah, da wußte ich, daß du sie in der Tat alle schlachten werdest.«

»Warum hast du denn gewartet, bis ich zwei geschlachtet hatte, und hast nichts gesagt, und erst, als ich befahl, auch den jüngsten zu töten, brachst du in Weinen aus und sagtest, es seien deine Kinder?«

»Ich glaubte, du würdest nur den ersten und zweiten töten und mir den kleinsten übrig lassen; als ich aber sah, daß du sie alle umbrachtest, auch den jüngsten, da zerriß mein Herz. Ich weiß nicht, wann sich meine Augen mit Tränen gefüllt haben.«

Der König sagte zum Richter:

»Gut, du hast gehört, welchen Rat die Alte ihr gegeben hat, daß sie von ihrem ersten Mann loskäme.«

Der Richter erklärte die Ehe mit dem zweiten Mann für ungültig und sagte zu dem ersten Mann:

»Nimm diese Frau, es ist deine Frau, die Kinder sind ihre Kinder. Ich habe keins von ihnen geschlachtet, nimm deine Kinder.«

Als die Leute die Nachricht von der Geschichte dieser Frau, dem Rat der alten Frau und dem des Königsmutter hörten, kam sie Verwunderung an, sie sagten:

»In der ganzen Welt gibt es nichts, das der List einer alten Frau gleichkäme; selbst der Satan kennt nicht alle Anschläge einer alten Frau.«

Merke und sieh: Welche der alten Frauen war die klügere, die erste oder die zweite, die Mutter des Königs, die eine Sache entschied, die sogar dem König und dem Richter zu schwierig war?

Als der Mann mit seiner Frau und seinen drei Kindern nach Hause kam, da sagte seine Frau zu ihm:

»Du sagtest doch immer, du kenntest alle Anschläge der Frauen; warum hast du denn nicht den Anschlag der alten Frau erraten?«

Der Mann antwortete ihr:

»Ich bekenne mich schuldig; von heute an werde ich nie mehr sagen, ich kenne alle Anschläge der Frauen.«

61. Der Ziegenbock auf der Pilgerfahrt

Gevatter Bock hatte beschlossen, auf die Pilgerfahrt nach Mekka zu gehen.

»Alle Tiere haben den Titel eines Heiligen erhalten, nur allein unsersgleichen ist noch nicht damit beehrt«, sagte er zu denen, die versuchten ihm von einer so weiten Reise abzuraten.

»Bock, geh nicht nach Mekka, die Gegend ist gefährlich!« rieten ihm die andern.

Aber der Bock antwortete:

»Ich werde allein gehen.«

Und mit einem Pilgerstab in der einen und mit einem Krug Honig in der anderen Hand machte sich unser Bock auf den Weg. Er reiste am Tage, er reiste bei Nacht, durchquerte allein einen dichten Wald und sah sich eines schönen Abends einer Hyäne gegenüber, die sich ins Dorf begab, um Ziegen zu suchen.

»Wer bist du?« fragte ihn die Hungrige.

»Ich bin's, der Bock auf der Wallfahrt!«

»Ein Bock auf der Wallfahrt? Wirklich?« lachte die Hyäne laut, »bist du denn keiner von der Sorte, die im Dorfe leben?«

»Sicherlich!«

»Der Stall ist nicht deine Wohnung?«

»Doch ist er das.«

»Und wohin gehst du denn?«

»Ich gehe auf die Pilgerfahrt nach Mekka«, antwortete der Bock.

»Das ist unmöglich! Gott selbst sorgt für mich. Schon öfter hat er mir so eine im Busch umherstreichende Ziege zukommen lassen, und nun hat er dich mir in den Weg geschickt. Aber ängstige dich nicht, ich werde dich nicht sofort verzehren, ich will nicht von irgendeinem Bettler dabei überrascht werden.«

Als sie dies gesagt hatte, trug die Hyäne den Bock mit sich fort durch den Wald, drang hindurch, stürzte sich in dichtes Gebüsch, aber als sie immer noch das Licht der Sterne über sich sah, verfolgte sie ihren Weg weiter auf der Suche nach einem sicheren Schlupfwinkel.

Eine tiefe Höhle öffnet sich vor ihrem Blick. Sie stürzt hinein und sieht sich nach allen Seiten um. Es herrscht dort völlige Dunkelheit.

»Prächtig«, ruft sie aus, »hier kann ein braver Bursche seine Beute verzehren, aber ich werde dich nicht eher fressen, bis ich den Ort genau untersucht habe. Dann werde ich sehen, wo ich dein Fleisch ablegen kann, um in Ruhe deine Eingeweide verschlingen zu können.«

Gleich darauf, als ihre Augen schärfer sehen, gerät sie in Bestürzung über die Gegenwart eines Löwen, der da bei seinen Jungen liegt. Die Hyäne stottert:

»Du bist es – Bruder Löwe?«

»Ja«, antwortete der Löwe.

»Ich habe erfahren, daß du dich hier niedergelassen hast, eile herbei, um dich zu begrüßen und bringe dir diesen Bock als Geschenk.«

Darauf fängt der Bock an zu schreien:

»Sie lügt, Herr, an deiner Tür hat sie mich getroffen. Ich habe deinen Zustand erfahren, und wenn du auch der König der Tiere bist, so bin ich ein großer Gelehrter. Ich kam, um dir ein Mittel anzubieten, daß du über alle deine Brüder herrschen kannst.«

»Nun setzt euch beide!« sprach der Löwe zu ihnen. Dann wandte er sich an den Bock:

»Du bist also ein Priester? Nun, was willst du für mich tun? Willst du mir ein Amulett schreiben, oder willst du eine Arznei für mich aufschreiben?«

»Ich werde ein Amulett für dich schreiben«, antwortete unser Pilger.

»Aber wo sind deine Papiere?« fragte der Löwe.

»Ich bediene mich dafür meistens einer Hyänenhaut«, gab der Bock zu verstehen.

»Du lügst«, schrie die Hyäne, »nichts als ein abscheulicher Heide bist du.«

»Hyäne, du bist närrisch«, sagte der Löwe, »wie kannst du meinen Priester beleidigen? Kaum haben wir uns begrüßt, ich bin noch nicht mit meiner Rede zu Ende, da beleidigst du ihn schon derartig vor mir.«

»Nein, Bruder, du hast nicht gehört«, sprach die Hyäne, »wie dieser Ungläubige lästert.«

Der Löwe sagte zum Bock:

»Nun, Priester, schreibst du auf einer frischen oder auf einer trockenen Haut?«

»Wenn es gleich sein muß, würde ich eine frische Haut vorziehen«, meinte der Bock.

Die Hyäne sagte:

»Ich möchte mich zurückziehen, mein Bruder!«

»Warte doch noch ein wenig«, antwortete der Löwe, »du siehst doch, daß mein Priester und ich noch beim Plaudern sind. Wir sind noch nicht mit unserer Unterhaltung zu Ende, und du sprichst schon vom Fortgehen.«

»Ach, Bruder, ich glaubte, es handelte sich um irgendeine Hyäne, und daß von mir gar nicht die Rede wäre.«

»Du hast recht, es ist nur von einer Hyäne die Rede gewesen und nicht von dir, aber da wir eine Hyäne haben müssen und da du gerade hier bist, so warte nur noch ein wenig!«

»Nun denn, wie du wünschst«, sagte die Hyäne ergeben.

»Gib mir also ein Stück von deiner Haut, damit er es für mich beschreibt!«

»Ach, Bruder, das ist nicht möglich.«

»Beeile dich, zieh es dir selbst ab; du weißt, wenn ich es mir nehme, dann tue ich dir weh.«

Die Hyäne nahm ein Stück Haut von ihrer Seite und dachte:

»Das könnte ich nehmen«, aber es schmerzte sie, und sie sagte:

»Ach, Bruder, das tut mir weh!«

»Vorwärts, mach schnell, wenn ich mich erst damit befasse, tut es erst recht weh!« sagte der Löwe.

»Nun denn, du Bastard«, fluchte die Hyäne und wirft dem Bock ein Stück Fell aus ihrer Seite hin, das sie sich herausgerissen hat.

Der Pilger nimmt es, taucht es in seinen Honigkrug, dreht es darin um und reicht es dem Löwen, der es verschlingt und ruft:

»Das ist also dein Amulett, Priester, das ist süß.«

»Jawohl, es ist gut, und es wird auch eine gute Wirkung haben.«

»Ach, es ist verbraucht. Hyäne, gib noch einmal!« rief der Löwe.

»Bruder, es ist doch keine Arznei«, winselte die Hyäne.

»Doch, doch«, brüllte der Löwe, »und wenn ich nicht genug davon bekomme, dann hilft es nicht. Es ist verbraucht, also gib mehr her!«

Die Hyäne reißt sich noch ein Stück Haut heraus und gibt es dem Bock. Dieser taucht es in den Honig, wendet es nach allen Richtungen darin um und gibt es dem Löwen, der es verschlingt.

Der Löwe dreht sich um, sträubt seine Mähne, zeigt seine Krallen, funkelt mit den Augen und ruft:

»Gib mehr her! Ich fühle, daß ich anfange wild zu werden.«

Die Hyäne reißt sich wieder ein Stück Haut heraus, wo sie es noch erreichen kann. Ohne lange eine Stelle auszusuchen, reißt sie ein Stück ab, schleudert es dem Bock zu, springt zum Ausgang und ruft:

»Nun schnell fort!«

»Heh, Löwe, die Hyäne reißt aus«, schreit der Bock.

»Schreibe nur schnell, was du zu schreiben hast«, antwortete der Löwe. »Du könntest mir eine weite, große Ebene ohne Blatt und ohne Kraut geben, die nur mit Hyänen bedeckt ist, und ich würde sie dir alle bringen, wie vielmehr diese winselnde Hyäne!«

Der Bock taucht nun also das Stück, das er noch in der Hand hat, in den Honig, durchtränkt es mit Honig und gibt es dem Löwen. Der verschlingt es und macht sich auf die Verfolgung der Hyäne, indem er ruft:

»Ich bin es! Halt, Hyäne! Ob du ein Bein gebrochen hast oder ob du kein Bein gebrochen hast, ich hole dich doch ein und ziehe dir die Haut vom Nacken bis zum Schwanz ab!«

»Das habe ich nicht bestritten«, antwortete die Hyäne, »aber niemand wird sehen, daß ich stehen bleibe!«

Sie legen die Ohren an und wirbeln den Boden auf in ihrem tollen Lauf. Der Löwe erreicht endlich die Hyäne, schlägt sie nieder und zieht ihr mit einem Tatzenschlag die Haut vom Nacken bis zum Schwanz ab. Dann wirft er sich die Haut über die Schulter und kehrt in seine Höhle zurück.

Die Hyäne schleppte sich darauf in ein Gebüsch, in dem ein Hase sein Lager hatte. Als sie ihn bemerkte, rief sie:

»Wer ist da?«

»Ich bin's, Bruder«, antwortete der Hase.

»Dein Leben ist in Gefahr«, antwortete ihm die Hyäne, »du nennst mich Bruder! So habe ich den Löwen auch genannt, und was hat es mir genützt, als nur, daß er mir meine Haut abgezogen hat, ohne daß ich etwas gesagt oder getan hätte. Du willst nicht aufstehen? Komm her, klettere da herauf und brich mir kleine Zweige ab, die ich anzünden will, um meinen Rücken zu pflegen!«

»Ach, Bruder, was ist denn? Was habe ich denn getan?« fragte der Hase.

»Ha! Das ist, daß du dich von mir mußt verzehren lassen, auch ehe ich dich gebraten habe!«

Der Hase stand auf, kletterte in einen Strauch, brach einen Zweig davon ab, warf ihn an die Erde und sagte, als wenn er jemandem antwortete:

»Ja!«

»Wer ruft dich?« fragte die Hyäne.

»Oh, es ist nichts«, antwortete der Hase, »es fragt mich nur jemand, ob ich nicht eine Hyäne gesehen hätte, deren Rücken zerfetzt sei.«

Die Hyäne machte:

»Pst!«

Der Hase rief:

»Paßt auf, sie läuft nach Osten!«

Sie kam zurück und lief nach Westen. Er rief:

»Paßt auf, sie läuft nach Westen!«

Sie kehrte um und entfloh nach Norden.

Sie sprang über einen Baumstamm, um zu entkommen. Da stieg der Hase herab und sagte zu ihr:

»Dein Leben ist in Gefahr, Verfluchte, du weißt ganz genau, daß du erbärmlich bist. Mich wolltest du verspeisen und damit deinen zerschundenen Rücken heilen, du Bastard!«

Und der Hase suchte sein Lager wieder auf.

Während der Zeit war der Löwe in seine Höhle zurückgekommen. Als er dort eintrat, stellte er fest, daß der Bock verschwunden war. Der war mit seinem Honigkrug davongegangen. Darauf nahm der Löwe die Haut der Hyäne ins Maul, aber er fand sie nicht mehr süß.

»Also machte doch nur die Tinte des Priesters sie süß«, dachte der Löwe.

Unser Pilger aber sagte bei sich:

»Deswegen also warnte man mich, auf die Pilgerfahrt nach Mekka zu gehen. Die Gegend ist gefährlich! Doch einerlei, ob ich nun in Mekka gewesen bin oder nicht, immerhin habe ich mir den Titel Pilger erworben.«

Klugheit ist mehr wert als Stärke.

62. Geschichte eines Schaanbi und seiner Braut

In einem Jahre erhoben sich die Jhaggaren, sammelten ein Heer und sprachen:

»Laßt uns gegen die Schaanba ziehen, wir wollen sie ausplündern!«

Sie zogen fort und, im Lande der Schaanba angekommen, stießen sie auf zahlreiche Dörfer, plünderten sie aus und töteten die Männer, die sich darin befanden; dann kehrten sie nach Hause zurück. Sie hatten bei den Schaanba ein junges Mädchen geraubt und führten sie mit sich. Nach Teilung der geraubten Güter blieb das Mädchen noch übrig, und jeder sagte:

»Ich muß sie haben.«

Der Streit wurde hitzig, bis einer der Weisen erschien und zu ihnen sagte:

»Worüber streitet ihr euch?«

Dann sprach er ein Urteil, nahm das Mädchen und gab es dem König, der es heiratete.

Dieses junge Mädchen hatte in ihrem Lande einen Geliebten zurückgelassen; er gehörte dem Stamme der Schaanba an, und jeden Tag sagten ihm seine Stammesleute:

»Du bist ein schlechter Mann, du hast deine Braut fortgelassen, die Jhaggaren haben sie geraubt und mit sich geführt, und du lebst noch hier, du bist weder verwundert noch krank noch verstümmelt, du bist vollkommen gesund; es wäre besser für dich, du wärest tot als lebendig.«

Eines Tages nahm der Schaanbi Abschied; er verkaufte seine Gärten, und von dem Gelde kaufte er ein Reitkamel, sattelte es, belud es mit Gepäck und machte sich auf, indem er sagte:

»Ich werde meine Braut selbst wieder herführen oder aber Nachricht von ihr bringen.«

Während eines ganzen Jahres durcheilte er das Land und befragte die Leute, welche er traf.

Eines Tages kam er zu einem Hirten, und nachdem er ihn begrüßt hatte, sagte er zu ihm:

»Welchem Stamme der Berber gehörst du an?«

»Ich bin ein Ahaggar«, antwortete der Hirt.

»Was hast du für Neuigkeiten?«

»Was für Neuigkeiten wünschst du zu erfahren?« versetzte der Berber.

»Nachrichten über ein junges Mädchen, das die Berber geraubt haben.«

»Wie ist ihr Name?«

»Sahra.«

»Gewiß kenne ich sie«, sagte der Hirte, »sie ist bei uns.«

»Was ist sie bei euch?«

»Sie ist des Königs Frau.«

»Gib mir einen Rat, was ich zu tun habe, um sie zu sehen«, sagte der Schaanbi.

»Ich werde dir gern raten, wenn Gott dir rät«, sagt der andere.

»Schön, hier sind zehn Taler, gib mir einen Rat. Was willst du tun, damit ich sie sehe?«

»Berunruhige dich nicht darüber, ich werde schon ein Mittel finden. Fürs erste sattle dein Kamel ab!«

Der Schaanbi nahm seinem Kamel den Sattel ab und legte ihn in einer Höhle nieder, wo er einen Platz für sich selbst einrichtete; dann band er sein Kamel an.

»Morgen«, sagte der Hirt, »werde ich dir Nachricht bringen.«

Der Hirt ging fort, führte seine Herde in den Ort und traf die Frau des Königs.

»Ich bringe dir Nachricht«, sagte er zu ihr.

»Willkommen!« sagte die Frau, »und was sind das für Nachrichten?«

»Ich habe heute einen der Deinen gesehen; ich weiß nicht, wie er mit dir zusammenhängt, ob es dein Bruder oder dein Gatte ist.«

»Ich habe weder Bruder noch Gatten; ich habe keine Verwandten in meiner Heimat.«

»Dennoch«, sagte der Hirte, »kennt er dich sehr genau; er hat mir eine Beschreibung von dir gemacht und mir deinen Namen genannt.«

»Du lügst!« antwortete die Frau.

Der Hirte ging schlafen. Am nächsten Morgen bei Tagesanbruch fing er an, mit seiner Herrin zu melken, dann ließen sie die Herden aufstehen, er nahm seinen Stock und seinen Schlauch voll Milch, folgte seiner Herde und kam zu seinem Kameraden vom Abend vorher.

»Die junge Frau will nicht mit dir zusammenkommen«, sagte er, »es gefällt ihr bei den Berbern; aber sei unbesorgt, ich werde sie zu dir führen.«

»Tu, was du kannst!« erwiderte Schaanbi. Er zog einen Ring vom Finger und gab ihm den und sagte:

»Bringe Sahra diesen Ring, sie kennt ihn gut.«

Abends brachte der Hirt seine Herde zum Zelt. Die Frau des Königs kam mit ihrem Milchtopf und sagte zu ihm:

»Hirt, bringe mir die Ziegen zum Melken!«

Sie setzte sich und fing an zu melken. Der Hirt brachte

ihr die Ziegen, eine nach der anderen, es blieb nur noch eine Ziege. Er sagte zu seiner Herrin:

»Eine Ziege haben wir noch vergessen.«

»Bring sie her!« sagte sie.

Sie nahm ihren Topf und fing an, die Ziege zu melken. Darauf zog der Mann den Ring aus der Tasche und warf ihn in den Milchtopf. Sahra tauchte ihre Hand in den Topf, ergriff den Ring und verbarg ihn; dann ging sie in ihr Zelt, zündete eine Lampe an, den Ring zu betrachten; sie erkannte ihn wieder und war in Erinnerungen vertieft. Der Hirt beobachtete sie.

»Was ist denn mit dir geschehen?«

»Ich habe nichts«, erwiderte Sahra.

»Ich weiß wohl, was du hast.«

»So bist du es zweifellos, der den Ring in meinen Topf geworfen hat?«

»Ja, ich bin es, erkennst du diesen Ring?«

»Ich kenne ihn und kenne ihn auch nicht«, sagte sie.

»Nun wohl, der Besitzer dieses Ringes ist im Lande, ich habe ihn bei mir versteckt. Was soll ich ihm von dir sagen?«

»Nichts, ich kenne ihn nicht.«

Darauf kehrte der Hirt zu dem Schaanbi zurück und sagte zu ihm:

»Diese Schelmin weigert sich zu kommen, aber wir werden zusammen zu den Zelten gehen. Verkürze die Fessel deines Kamels!«

Über Nacht kamen sie dicht an den Ort, und in gewisser Entfernung hielt der Hirt seine Herde an. Dann versteckte er seinen Gefährten mitten zwischen den Tieren und suchte seine Herrin auf. Sie sagte zu ihm:

»Hirt, warum hast du deine Herde so weit fort lagern lassen?«

»Ich wollte es so machen, was kümmert's dich?« sagte er, »ich werde dir deine Milch bis zu deiner Wohnung tragen.«

Sie fingen an zu melken, und als nur noch eine Ziege übrig war, ließ der Hirt seinen Freund aufstehen und zeigte ihn der Frau. Der Schaanbi ergriff sie und sagte zu ihr:

»Sahra, erkennst du mich nicht?«

»Gewiß erkenne ich dich«, erwiderte sie, »du bist mein Verlobter und mein Vetter.«

»Und warum hast du dich geweigert, mich aufzusuchen?«

»Weil ich für dich fürchtete. Wenn dich die Berber sehen würden, dann würden sie dich töten.«

»Was sorgst du dich meinetwegen?« versetzte er, »als ich hierher kam, wußte ich, daß ich mein Leben aufs Spiel setzte; seit einem Jahr habe ich meine Heimat verlassen, um dich zu suchen; heute hat Gott dich in meine Hand gegeben, und ich werde dich nicht wieder fortlassen. Sage mir offen, willst du mit mir kommen, ja oder nein?«

Und im selben Augenblick zog er seinen Dolch aus der Scheide und fügte hinzu:

»Entweder gehen wir zusammen fort, oder ich werde dich töten und dir den Kopf abschneiden.«

»Nein«, sagte sie, »du wirst mich nicht töten, wir werden zusammen fliehen.«

Sogleich nahm er sie bei der Hand und wandte sich der Richtung zu, wo sein Kamel war; er ließ es niederknien, sattelte es und belud es mit Gepäck. Der Hirte brachte ihm einen Schlauch mit Wasser, einen mit Milch und Mundvorräte; dann nahm er Abschied von ihnen. Sie machten sich auf den Weg und reisten Tag und Nacht, vier Tage lang. Als der König von Ahaggar nach Hause zurückkehrte, suchte er seine Frau, und als er sie nicht fand, wandte er sich an den Hirten und fragte ihn:

»Mein Kind, hast du Sahra nicht gesehen?«

»Nein, Herr«, antwortete dieser, »ich habe sie nicht gesehen; ich hüte meine Herde; wenn dir eine Ziege fehlt, wende dich an mich, aber frage mich nicht, was aus deiner Frau geworden ist, davon weiß ich nichts.«

Der König brachte seine Wächter auf die Beine und befahl ihnen, nach seiner Frau zu suchen, die sich verirrt hätte. Die Wächter erhoben sich, sattelten ihre Kamele und Pferde und durcheilten das Land nach allen Richtungen; sie erkannten die Spur eines Reitkamels, das sehr schnell gelaufen war und kamen zurück zum König mit der Nachricht, daß sie seine Frau nicht gefunden hätten und daß sie nur die Spuren eines Reitkamels entdeckt hätten, das sehr schnell gelaufen und dem Lauf des Flusses gefolgt wäre.

»Verflucht seien die Väter eurer Väter!« sagte darauf der König, »sie ist also entflohen. Sattelt mir mein Reitkamel!«

Sie taten, was ihnen befohlen war. Während dieser Zeit rüstete er sich selbst, gürtete sich, nahm seine Flinte, seine Lanze, seinen Wurfspieß, sein Schwert und seinen Schild. Dann bestieg er sein Reitkamel. Er machte sich zur Abreise bereit. Seine Wächter fragten ihn:

»Sollen wir mit dir gehen?«

»Nein«, sagte er zu ihnen, »niemand soll mich begleiten; es genügt, daß ihr die Spuren eines einzigen Reitkamels gefunden habt, ich werde es allein verfolgen.«

Er reiste also allein ab, fand die Spur des Reitkamels und machte sich an seine Verfolgung. Währenddessen war der Schaanbi bei einem Brunnen angelangt; er stieg ab, entlastete sein Kamel und machte den Wassersack fertig. Darauf sagte er zu Sahra:

»Ich will in den Brunnen steigen und dir das Wasser hinaufreichen, um unser Kamel zu tränken. Er stieg hinein und fing an zu schöpfen. Die Frau blieb oben, dicht am Rand und sah den Weg entlang, den sie gekommen waren; plötzlich bemerkte sie in der Ferne einen Reiter. Der Schaanbi fuhr fort, ihr Wasser zu reichen, aber sie goß es mit Absicht auf den Boden.

»Sahra«, sagte er, »hat das Kamel denn noch immer nicht seinen Durst gelöscht?«

»Nein«, erwiderte sie, »es ist immer noch durstig.«

So schöpfte er wieder Wasser und reichte es Sahra, bis endlich der Berber angekommenw ar. Dieser sprang von seinem Kamel ab, und als er sich über den Brunnen beugte, in dem der Schaanbi noch war, stieß er einen Schrei aus und fuhr ihn mit diesen Worten an:

»Deine Mutter soll umkommen, du Schaanbi-Dieb, der in unser Land gekommen ist, um eine Frau zu stehlen, und der sie entführen will! Glaubst du, sie mir so einfach rauben zu können, und fürchtest du nicht die Leute von Ahaggar? Es gibt doch unter ihnen Männer, die deine Spur bis hierher verfolgt haben.«

»Das ist Gottes Wille«, sagte der Schaanbi ergeben.

Dann legte er sich das Seil um den Hals, das der Berber ihm hinhielt. Dieser und die Frau zogen ihn dann aus dem Brunnen und würgten ihn dabei halb ab. Sie fesselten ihn und legten ihn in die heiße Sonne; dann schlachteten sie sein Reitkamel und brieten das Fleisch; sie legten den Schaanbi dicht an das Feuer, streckten ihn mit dem Gesicht auf der Erde davor aus und ließen auf seinem Rücken die glühend heißen Fleischstücke erkalten. Nachdem sie gegessen hatten, warteten sie, bis die Tageshitze vorüber war. Als der Abend herangekommen war, erhoben sie sich und der Ahaggar ging auf die Suche nach seinem Kamel, das in der Ferne weidete.

Der Schaanbi, der immer noch gebunden war, sagte zu Sahra:

»Gib mir einen Schluck Wasser!«

»Nein«, antwortete sie, »ich werde dir keinen geben.«

»Warum nicht? Hast du keine Gottesfurcht? Alles, was mit mir geschieht, erdulde ich deinetwegen. Hast du denn vergessen, daß wir vom selben Blut sind?«

Sie stand auf und gab ihm Wasser, aber sie reichte es ihm aus der Ferne.

»Was fürchtest du?« sagte er zu ihr, »bin ich für dich ein wildes Tier geworden, daß du Angst vor mir hast?«

»Vor dir habe ich keine Angst, ich fürchte nur, daß der Ahaggar mich sieht.«

»Der Ahaggar ist weit«, erwiderte der Schaanbi.

Sie näherte sich ihm; aber als sie nahe bei ihm war, packte er sie mit den Zähnen und sagte ihr, sie solle ihn losbinden oder er würde ihre Hand zerfleischen.

»Laß meine Hand los«, sagte sie, »und ich werde dich losbinden.«

»Nein«, sagte er, »ich werde dich nicht eher loslassen, als bis du mich befreit hast.«

Sie nahm seinen Dolch in die eine Hand und schnitt die Fesseln durch, die ihn hielten. Sofort erhob er sich und sah sich nach dem Berber um; er bemerkte ihn in der Ferne. Er nahm seine Kleider wieder, gürtete sich für einen Kampf, nahm seine Flinte und nachdem er sich vergewissert hatte, daß sie geladen war, legte er sich in einen Hinterhalt auf den Weg, auf dem sein Feind das Kamel herbeiführte.

Als der Berber auf Schußweite näher gekommen war, feuerte er einen Schuß auf ihn ab, der ihn niederstreckte; dann gab er ihm mit seinem Schert den Rest und schnitt ihm den Kopf ab. Als er dann zu seiner Frau zurückgekommen war, sagte er zu ihr, indem er ihr sein Schwert zeigte:

»Wenn ich keine Gottesfurcht hätte, würde ich dir dasselbe tun wie dem Berber.«

Indessen tat er ihr nichts Böses. Er ließ das Kamel niederknien, sattelte es, belud es mit seinem Gepäck, stieg auf und ließ seine Frau hinter sich aufsteigen; dann zog er fort und führte das Haupt des Berbers mit sich. Schließlich langte er in seiner Heimat an.

Die Leute seines Stammes kamen aus ihren Zelten heraus und sagten nach der ersten Begrüßung zu ihm:

»Wir hielten dich für tot, denn es ist ein ganzes Jahr herumgegangen, seitdem du fortgezogen bist.«

»Ja«, antwortete er, »eure Tochter hat mich töten wollen, aber Gott hat es nicht gewollt.«

»Wieso das?« fragten sie ihn.

Er zeigte ihnen darauf das Haupt des Berbers, sein Gepäck und sein Kamel und erzählte ihnen, was ihm widerfahren war.

Nachdem sie seine Geschichte gehört hatten, standen die Brüder der jungen Frau auf und sagten zu ihm:

»Du bist ein Mann und hast gehandelt wie ein Mann.«

Darauf nahmen sie ihre Schwerter und ihre Flinten und töteten ihre Schwester.

63. Geschichte eines Sultans

In alten Zeiten war einmal ein Sultan. Er hatte eine sehr schöne Frau. Er gab ihr alles, was sie verlangte. Sie sagte:

»Bringe mir Zeug, um darauf zu schlafen.«

Er brachte es ihr. Sie sagte:

»Dieses ist schlecht.«

»Was soll ich dir denn bringen?«

»Bringe mir Seide!«

Er brachte ihr Seide. Sie sagte:

»Nein!«

»Was willst du?«

»Bringe mit Federn!«

»Schön!«

Dieser Sultan lebte zu der Zeit, als die Vögel noch sprachen. Er ließ alle Vögel der Welt holen. Sie kamen. Er wollte ihnen die Federn ausreißen, um ein Bett für seine Frau daraus zu machen. Nur die Eule kam nicht. Sie wartete, bis die Sonne untergegangen war, dann kam sie. Der Sultan sagte zu ihr:

»Warum bist du heute morgen nicht gekommen?«

»Herr, ich verglich die Zahl der Männer mit der der Frauen und die Zahl der Tage mit der der Nächte.«

»Welche sind zahlreicher, die Männer oder die Frauen?«

»Die Frauen sind zahlreicher als die Männer.«

»Welche sind zahlreicher, die Tage oder die Nächte?«

»Die Tage sind zahlreicher als die Nächte.«

Der Sultan fragte sie:

»Warum gibt es mehr Tage als Nächte? Sage! Gibt es nicht zu jeder Nacht nur einen Tag?«

»Herr, die Nächte, in denen der Mond scheint, sind wie der Tag.«

»Und die Männer im Vergleich zu den Frauen? Sag an! Jeder Mann heiratet doch *eine* Frau?«

»Herr, der Mann, der den Ratschlägen einer Frau folgt, der ist ein Weib!«

64. Fricha und die beiden kleinen Mädchen

Ein Mann hatte zwei Frauen geheiratet. Jede von ihnen schenkte ihm eine Tochter. Eines Tages starb die eine der Frauen. Man begrub sie, und dann nahm der Vater das Töchterchen der Verstorbenen und brachte es seiner anderen Frau.

»Sie wird bei dir bleiben«, sagte er zu ihr.

Aber diese Frau war böse und haßte die kleine Waise. Sie schickte sie jeden Tag zu gleicher Zeit mit ihrer Tochter zum Wasserholen an den Bach. Ihrer Tochter gab sie zum Wasserschöpfen einen Mörser, der anderen gab sie ein Sieb. Die beiden Mädchen kamen an den Bach. Die erste schöpfte mit dem Mörser und trug das eingesammelte Wasser nach Hause. Aber die kleine Waise tauchte vergebens ihr Sieb in das Wasser, sie konnte nicht einen Tropfen damit schöpfen. Schließlich fühlte sie sich so müde, daß ihrer Hand das Sieb entglitt und der Fluß es forttrug. Das arme Kind erschrak bei dem Gedanken, mit leeren Händen zu ihrer Mutter zurückzukommen, und lief hinter dem Sieb her. Als sie einen Mann gewahr wurde, bat sie ihn:

»Greif mir mein Sieb!«

»Komm her«, erwiderte jener, »wasche mir meine Wäsche, suche mir meine Läuse ab, schere mir meinen Kopf, rasiere mich auch sonst noch überall, und dann werde ich dir dein Sieb aus dem Bach holen.«

Sie schor ihn, sie fing ihm seine Läuse ab, sie wusch seine Wäsche, und als die arme Kleine damit fertig war, sagte der Mann zu ihr:

»Wende dich jetzt an jenen andern, der dort kommt, der wird dir dein Sieb aus dem Wasser holen.«

So wandte sie sich nacheinander an sieben Männer, die sich alle über sie lustig machten. Der siebente sagte ihr:

»Du mußt an diese Tür klopfen und rufen: ›O Fricha, Tochter des Glücks, ich bin zu dir gekommen!‹«

Das kleine Mädchen folgte dem Rat und klopfte an Frichas Tür.

»O Fricha«, sagte sie, »ich komme zu dir.«

Fricha kam und antwortete:

»Wer mir Freude bereitet, den mache ich froh, und wer mir Kummer verursacht, den ärgere ich. Soll ich dich durch die Tür eintreten lassen oder durch die Gosse?«

»Gute Frau«, sagte die Kleine, »das kann geschehen, wie du wünschst.«

Ihre Gastgeberin ließ sie durch die Tür zu sich eintreten und fragte sie:

»Soll ich dich in dem Seidenzimmer oder in dem Nadelzimmer empfangen?«

»Gute Frau, ich tue, wie du wünschst«, sagte das Kind.

Fricha ließ sie in das Seidenzimmer eintreten.

»Soll ich einen Hund oder einen Hammel für dich schlachten?« fragte sie noch.

»Gute Frau, ich esse, was du mir gibst.«

Man schlachtete einen Hammel für sie. Dann fragte Fricha sie:

»Soll ich dir Brei oder Brot auftischen?«

»Mache das nach deinem Belieben, gute Frau.«

Das Kind speiste Weizenbrot.

Am andern Morgen suchte die Herrin des Hauses das Kind wieder auf.

»Soll ich dich in das Zimmer mit den Ottern oder in das mit den Goldstücken führen?«

»Ich gehe dahin, wohin du gehst«, antwortete die Kleine.

Die Fee ließ sie in einen Saal eintreten, der voll von Goldstücken war. Sie füllte einen Beutel damit und gab ihn ihr. Darauf führte sie sie hinaus und fragte sie:

»Willst du durch die Tür oder durch die Gosse hinausgehen?«

»Wie es dir recht ist, gute Frau.«

Die Kleine ging durch die Tür hinaus und wandte sich nach ihrer Wohnung zu.

Unterwegs traf sie den kleinen Hund des Hauses. Als dieser sie sah, fing er an zu bellen:

»Meine Herrin«, sagte er, »bringt Blumen.«

Sie kam zu ihrem Vater und übergab ihm das Geld, das sie mitgebracht hatte.

Am nächsten Morgen ging sie mit ihrer Schwester zum Wasserholen an den Bach. Ihre Stiefmutter gab ihr den Mörser und gab ihrer Tochter das Sieb in die Hand. Dieses Kind war gerade so böse wie ihre Mutter. Sie konnte nicht einen Tropfen Wasser schöpfen, geriet in Zorn und warf das Sieb in die Strömung. Sie lief hinterher, um es wiederzuholen und hatte von da ab dieselben Abenteuer wie ihre Schwester. Aber sie beleidigte die Männer, die von ihr verlangten, ihre Wäsche zu waschen. Fricha fragte sie wie ihre Schwester:

»Willst du durch die Tür oder durch die Gosse bei mir eintreten?«

»Natürlich durch die Tür!« antwortete sie.

Fricha ließ sie durch die Gosse hinein und fuhr fort:

»Wohin soll ich dich führen, in das Seidenzimmer oder in das Nadelzimmer?«

»Natürlich in das Seidenzimmer«, sagte sie.

Die Herrin des Hauses führte sie in das Nadelzimmer. Dann ließ sie ihr einen Hund kochen, den sie mit Brei auftischte. Am nächsten Morgen, als die Kleine verlangte, in das Zimmer mit den Goldstücken geführt zu werden, warf Fricha sie in das Otternzimmer und steckte ihr eine Otter in einen Sack. Dann ließ sie sie durch die Gosse hinausgehen, die so eng war, daß die Knochen des kleinen Mädchens knackten.

Das Kind kam nach Hause zurück. Als der Hund sie bemerkte, sagte er:

»Meine Herrin bringt eine Schlange.«

Die Mutter des kleinen Mädchens schlug den Hund und sagte:

»Deine andere Herrin hat Blumen gebracht, und diese soll eine Schlange bringen?«

Die Kleine gab den Sack ihrer Mutter. Die öffnete ihn und griff mit der Hand hinein. Die Otter biß sie und biß auch das kleine Mädchen, das sie gebracht hatte. Sie starben alle beide. So wurde der Mann Witwer und lebte mit der einen Tochter.

65. Eine Diebsgeschichte

Es waren einmal zwei Brüder, zwei Wegelagerer, die ständig des Königs Haus plünderten. Der Älteste starb. Er hinterließ einen Sohn. Der fragte eines Tages seine Mutter:

»Was betrieb mein Vater für ein Gewerbe?«

»Dein Vater trug Riemen und Säbel«, antwortete sie.

Darauf fing er auch an zu stehlen. Er ging fort, bis er in einen Ort kam, wo er einen Hammel sah. Den nahm er, führte ihn mit sich fort und erwürgte ihn. Der König suchte den Hammel.

Ein andermal drang der junge Dieb in den Palast des Königs, raubte Gold und kehrte zu seiner Mutter zurück. Diese sagte zu ihrer Tante:

»Leihe mir ein Maß!«

Ihre Tante gab es ihr. Sie bediente sich dessen, das Gold zu zählen, und gab es ihr dann wieder. Ein Goldstück war in dem Maß hängen geblieben.

»Sieh mal«, sagte die Tante zu ihrem Mann, »unser Neffe bedient sich dieses Maßes, um Goldstücke zu zählen.«

Der Onkel ging zu seinem Neffen und fragte ihn:

»Wo hast du das Gold her?«

»Gehe«, antwortete der, »bis dicht an das Haus des Königs, hebe einen Dachziegel hoch, wirf einen Stein hinein und, wenn du ihn fallen hörst, steige nach, wenn nicht, rühre dich nicht!«

Der ging fort, entfernte einen Dachziegel, warf einen Stein hinab und, obgleich er nichts aufschlagen hörte, stieg er doch hinunter. Er fiel in einen Fettkübel, aus dem er nicht wieder heraus konnte. Da kam sein Neffe, um nachzusehen, stieg in das Haus ein und hieb seinem Onkel den Kopf ab.

Am andern Tage fand der König einen enthaupteten Mann vor.

Er fragte einen Weisen und sagte zu ihm:

»Ich habe einen Enthaupteten gefunden.«

»Setze ihn am Wege aus, dann werden ihn seine Verwandten sehen und um ihn weinen.«

Der junge Räuber kaufte Eier auf dem Markt, gab sie seiner Tante und sagte:

»Nimm einen Esel, belade ihn mit Eiern und gehe mit ihm nach dem Leichnam deines Mannes. Lasse sie zerbrechen und weine dann.«

Die Frau tat also. Da kam der König und fragte sie:

»Warum weinst du?«

»Ich habe meine ganzen Eier verloren, die Leute haben sie mir zerbrochen.«

Da schenkte der König ihr Geld, und sie kehrte nach Hause zurück.

In der Nacht nahm der Dieb den Leichnam seines Onkels fort und begrub ihn. Am nächsten Morgen fand der König den Leichnam nicht mehr da, wo er ihn hatte hinlegen lassen. Da ging er wieder zu dem Weisen und sagte:

»Der Leichnam ist gestohlen.«

»Schicke einen Strauß auf die Suche«, riet ihm dieser.

Der König schickte einen Strauß aus. Der Dieb sah ihn kommen, ergriff ihn, zog ihn ins Haus, wo er ihn dann erwürgte und verzehrte.

Der König kam wieder zu seinem Ratgeber:

»Der Strauß ist nicht wiedergekommen!« sagte er. »Schicke eine Negerin aus, um Straußenfett zu erhalten.«

Die Dienerin kam zum Haus des Diebes und sagte:

»Hättet ihr wohl ein wenig Straußenfett, der König ist nämlich krank.«

Die Mutter des Räubers gab ihr etwas. Da bemerkte der Dieb die Negerin und sagte:

»Weshalb bist du gekommen?«

»Mein Herr ist krank, und ich bitte um Straußenfett.«

»Ich werde dir noch etwas holen.«

Sie ging mit ihm zurück, der Dieb führte sie in seine Wohnung, dort schnitt er ihr die Zunge ab. Die Dienerin ließ sich vor den König führen.

»Wer hat dir das Fett gegeben?« fragte er.

Nun machte die Unglückliche vergebliche Anstrengungen, um zu sprechen. Da schrie der König sie an:

»Machst du dich etwa über mich lustig?«

Und damit hieb er ihr den Kopf ab. Der König kam wieder zu seinem Ratgeber und sagte:

»Was soll ich tun?«

»Ich weiß es nicht«, antwortete ihm der.

Da gab der König ein Fest und ließ den Leuten mitteilen:

»Demjenigen, der mir diese Sache aufklären kann, gebe ich meine Tochter zur Frau.«

Da erschienen alle möglichen Bewerber, aber kaum hatten sie den Mund geöffnet, schrie der König sie schon an:

»So ist es nicht gewesen.«

Da kam der Dieb und sagte zum König:

»Höre, was ich getan habe«, und erzählte ihm seine ganzen Abenteuer. Darauf gab der König ihm seine Tochter, und der Dieb heiratete sie.

66. Die Wildente, der Fuchs und der Rabe

Eine Wildente brütete ihre Jungen auf einer hohen Palme aus und saß oben über ihnen. Da kam der Fuchs mit einer Hacke, welche er aus Lehm geschmiedet hatte, blieb unter der Palme stehen und rief der Ente seinen Gruß. Nachdem diese den Gruß erwidert hatte, sagte der Fuchs:

»Du, Ente, ich werde mit der Hacke diese Palme fällen und dich mit deinen Jungen aufzehren, wenn du mir nicht eines von deinen Jungen herabwirfst.«

Die Ente warf ihm eines hinab, das der Fuchs auffing und verzehrte. Am folgenden Tag kam der Fuchs abermals und sprach in gleicher Weise, wie er am vorhergehenden Tage gesprochen hatte; abermals warf ihm die Ente eines von den Jungen hinab, das der Fuchs auffing und verzehrte. Am dritten Tage kam der Fuchs wiederum und sprach in gleicher Weise, wie er am vorhergehenden Tage geredet hatte; und wieder warf ihm die Ente eines von den Jungen hinab, der Fuchs fing es auf, verzehrte es und ging fort. Nachdem der Fuchs fortgegangen war, kam der Rabe auf Besuch zur Ente und fand sie krank.

»Weshalb bist du krank?« sagte der Rabe.

Die Ente antwortete:

»Der Fuchs kam mit seiner Hacke daher und sagte mir, er würde mit seiner Hacke die Palme fällen und mich und meine Jungen auffressen. Ich sagte ihm: ›Friß doch nicht alle auf, ich will dir ja ein Junges hinabwerfen‹, und ich warf ihm eines hinab. Am zweiten Tage kam der Fuchs abermals und sprach in gleicher Weise, wie er am vorhergehenden Tage geredet hatte; abermals warf ich ihm ein Junges hinab. Am dritten Tage kam der Fuchs wieder und sprach in gleicher Weise, wie er am vorhergehenden Tage geredet hatte, ich warf ihm zum dritten Male ein Junges hinab. Weil nun der Fuchs drei von meinen Kindern gefressen hat, deshalb bin ich krank vor Kummer.«

Der Rabe entgegnete der Ente:

»Wir Vögel haben ja Flügel; wenn also der Fuchs die Palme da fällen sollte, so fliegt fort und setzt euch auf eine andere Palme. Sag das nur dem Fuchs, wenn er morgen wiederkommt.«

Nachdem der Rabe ihr diesen Rat gegeben hatte, entfernte er sich. Am folgenden Morgen kam der Fuchs wieder und sprach in gleicher Weise, wie er am vorhergehenden Tage geredet hatte. Die Ente nun entgegnete ihm mit den Worten, welche ihr der Rabe gesagt hatte und sprach zum Fuchs:

»Wenn du diese Palme da fällen willst, so fälle sie, wir wollen dann auf eine andere fliegen.«

Der Fuchs führte nun mit seiner Hacke einen Schlag auf den Stamm der Palme, die Hacke aber zerbrach, da sie aus Lehm geformt war, und nachdem sie zerbrochen war, da sprach der Fuchs bei sich:

»Diese Geschichte da hat mir sicherlich der Schwarzkopf angetan«, und ging seiner Wege.

Der Fuchs ging dann hin und legte sich auf den Rücken in einer Furche und lag wie tot da. Da kam der Rabe daher, und wie er den Fuchs liegen sah, so sagte er:

»Von alter Zeit her pflegen Füchse, wenn sie tot sind, ein Ohr hin und her zu bewegen.«

Der Fuchs bewegte sofort ein Ohr hin und her. Da sprach zu ihm der Rabe:

»Fuchs, du lebst noch!« flog auf und davon.

Der Fuchs stand auf und legte sich in eine andere Furche und lag da, wie er es vorher getan hatte. Da kam der Rabe hinzu und sagte:

»Von alter Zeit her pflegen Füchse, wenn sie tot sind, ihren Schwanz zu bewegen.«

Der Fuchs bewegte sofort seinen Schwanz hin und her. Da sagte zu ihm der Rabe:

»Fuchs, du lebst noch!« flog auf und davon.

Der Fuchs stand auf, ging hin und legte sich in eine andere Furche und lag da mit geschlossenen Augen. Da kam der Rabe daher und sagte:

»Von alter Zeit her pflegen Füchse, wenn sie tot sind, die Augen auf- und zuzumachen.«

Der Fuchs aber blieb ruhig und blinzte nicht mit den Augen, sondern lag wie tot da. Der Rabe flog nun auf den für tot gehaltenen Fuchs und setzte sich auf ihn. Da erfaßte ihn der Fuchs. Da sprach der Rabe:

»Mein Vater und meine Mutter haben über mich folgenden Fluch ausgesprochen: Ein Fuchs soll dich fangen, dich von der Spitze eines hohen Berges herabstürzen und dann deine zerschmetterten Körperteile aufzehren.«

Der Fuchs trug nun den Raben auf den Gipfel eines hohen Berges, stürzte ihn von da hinab, lief dann eiligen Laufs selbst hinab zum Fuß des Berges, fand aber den Raben nicht. Und wie er dastand, so blickte er auf zum

Himmel und sah da den Raben, wie dieser in den Lüften kreiste. Und wie er da den Raben erschaute, so rief er ihm zu:

»Kommst du nicht herab zu mir, mein Rabe?«

Da entgegnete ihm der Rabe:

»Du bist ein Dummkopf! Habe ich's nicht schon zur Ente gesagt, daß sie dir das mitteilen soll? Hat sie dir nicht gesagt, daß wir Vögel Flügel besitzen zum Fliegen? Wenn sie dir das gesagt hat, warum hast du mich denn nicht sogleich aufgefressen, als du mich fingst? Warum trugst du mich denn auf die Spitze des Berges und stürztest mich von da hinab, so daß ich dir entfliegen konnte?«

Also sprach der Rabe. Der Fuchs aber sagte bei sich:

»Ja, das habe ich mir selbst angetan!«

So sprach er bei sich und ging seiner Wege.

67. Geschichten von Abu Nuwas

Ein Mann kam und warb um ein Mädchen, diese wollte ihn aber nicht heiraten, weil seine Nase zu groß war. Der Mann antwortete ihr:

»Ich bin ein guter und edler Mann und kann das Böse vertragen.«

Ein Mann namens Abu Nuwas, der da war, erwiderte ihm:

»Diese deine Behauptung, daß du das Böse vertragen kannst, ist wahr, da du jene Nase vierzig Jahre getragen hast.«

Der Mann schämte sich und ging fort.

Ein Mann fragte eines Tages Abu Nuwas:

»Wann wirst du sterben?«

Dieser ward böse und sagte:

»Warum sprichst du mir diese häßlichen Worte?«

Der Mann antwortete:

»Ich möchte meinem Vater einen Brief mit dir schicken.«
Da sagte Abu Nuwas:
»Nein, da ich den Weg nach der Hölle nicht habe, so schicke deinen Brief mit einem anderen.«
Der Mann schämte sich, verließ ihn und ging.

68. Der unglückliche Hirte

Ein Sudanese hütete die Kamele seines Herrn, aber sein Herr hatte ihm kein Essen mitgegeben. So hatte er immer Hunger. Eines Tages hatte er aber Brei gekocht und Brot gebacken, er hatte eine junge Gazelle gefangen und ein Straußenei gefunden. Ein weibliches Kamel war niedergekniet. Die Gazelle hatte er unter den Milchtopf gesetzt und das Straußenei daneben gelegt. Und nun dachte er:
»Wer kann das alles aufessen!«
Da stand das Kamel auf, und er nahm den Milchtopf, um es zu melken. Sofort lief die Gazelle weg. Da nahm er das Ei und warf damit nach der Gazelle, aber das Ei zerbrach. Unterdessen hatte das junge Kamel die Milch ausgesogen, sein Brot war verbrannt, sein Brei war verbrannt und er hatte nichts zu essen.

69. Die Maus, der Frosch und die Eidechse

Die Maus und der Frosch lebten zusammen und waren Nachbarn. Eines Tages sagte nun der Frosch zur Maus:
»Da man mich zu einer Hochzeit geladen hat, so bewache du, während ich abwesend bin, mein Korn!«
Die Maus aber erwiderte dem Frosch:
»Nein, ich bewache dein Korn nicht.«

Da entgegnete der Frosch der Maus:

»Bin ich nicht dein Freund, bist du nicht mein Nachbar? Du wirst also doch wohl mein Korn bewachen.«

»Gut also«, sagte die Maus, »ich werde dein Korn bewachen.«

Der Frosch reiste ab. Im Kornfeld lebte aber die Eidechse. Als nun die Maus, um zu stehlen, ausging und zum Korn des Frosches kam, erblickte sie diese Eidechse, und da sie ihrer ansichtig geworden, sprach sie zu ihr:

»Verrate mich nicht, daß ich dem Frosch das Korn entwende, ich will dich dafür zum Lohn heiraten.«

»Gut«, sagte die Eidechse, die Maus aber stahl das Korn und nahm es fort.

Viele Tage danach kehrte der Frosch von der Hochzeit heim, und als er sein Heimwesen besichtigt hatte, fand er sein Korn nicht. Da sagte er zur Maus:

»Wie hast du wohl mein Korn bewacht? Hast du mir denn mein Korn gestohlen?«

Die Maus aber erwiderte ihm:

»Ich habe es nicht gestohlen, die Eidechse ist mein Zeuge.«

»Gut«, sagte hierauf der Frosch, »nun denn, so gehen wir zur Eidechse!«

»Gut«, sagte die Maus zum Frosch, »so gehen wir also zur Eidechse!«

Da beide damit einverstanden waren, so gingen sie zur Eidechse. Nun sprach der Frosch zur Eidechse:

»Du, Eidechse, weißt du oder weißt du es nicht, daß diese Maus da mein Korn weggefressen und entwendet hat?«

Auch die Maus ihrerseits sprach zur Eidechse:

»O, mein geliebter Freund und Nachbar! Sahst du es, oder weißt du davon, daß ich dem Frosch sein Korn gestohlen? Rede nur!«

Die Eidechse sagte:

»Daß die Maus dem Frosch sein Korn gestohlen habe, sah ich weder, noch weiß ich etwas davon«, und leistete hierüber einen Eid. Da sonach die Maus einen Zeugen für sich, der Frosch aber keinen hatte, so verlor er. Frosch und Maus gingen nun heim. Die Eidechse nun, das Versprechen der Maus für wahr haltend, machte sich auf, um die Maus zu heiraten, nahm eine schöne Lanze, einen schönen Schild, ein schönes Schwert, ein schönes Krummesser und schöne Kleider und kam an.

»Wer da?« fragte die Maus die Eidechse.

»Ich, die Eidechse«, antwortete sie der Maus.

»Was machst du hier?« fragte die Maus.

»Um dich zu heiraten, bin ich gekommen«, sagte die Eidechse.

»Du Sohn eines Dummkopfes! Mich zu heiraten, kamst du?« sagte die Maus, »gehe hin und heirate die Tochter eines dir gleichen Dummkopfes!«

»Du Dummkopf, Tochter eines Dummkopfs! Wenn du mir einen Korb gibst, so hat das nichts zu bedeuten; stelle nur dem Frosch sein Korn zurück!« sagte die Eidechse und ging heim.

70. Die dummen Eheleute

Es war einst eine Närrin und ein Narr, beide heirateten sich und wurden Mann und Weib. Da sprach einst die Närrin zu ihrem Gatten:

»Bring mir Butter von meines Vaters Haus!«

»Gut«, sagte er, er ging hin und kam zur Mutter. Der nun sagte er also:

»Eure Tochter wünscht Butter.«

Sie füllte daher ein Gefäß voll an, gab es ihm, und er ging damit fort. Auf dem Wege kam er aber zu trockener Erde. Da sprach er:

»Die Erde meines Vaterlandes ist ja vertrocknet« und salbte sie.

Er kam nun zu seinem Weibe ohne Butter. Da sprach diese zu ihm:

»Wo ist denn die Butter?«

»Die Erde meines Vaterlandes war vertrocknet, und da salbte ich sie.«

»Wenn du es so gemacht hast, so wird uns die Mutter nicht dulden, wir verlassen also das Land!«

Sie nahmen nun Mehl zu sich, um davon zu leben, und zogen von dannen. Wie sie so ihren Weg gingen, da kamen sie zu einem Teich voll Wasser und es sprach dann der Gatte:

»Dahier wollen wir unser Essen zubereiten!«

»Gut«, sagte sie, »da ja die Sonne unser Essen kocht, so schütten wir das Mehl in Wasser.«

Sie schütteten also das Mehl ins Wasser, und die Frau nahm einen Rührstock, um das Mehl umzurühren und stieg hinein ins Wasser. Da aber verschlang sie der Teich. Da sprach der Mann:

»Mein Weib ißt nun darin abseits von mir alles Essen weg«, und er stieg nun auch hinein. Da verschlang auch diesen der Teich. So nun erging es jener Närrin und dem Narren.

71. Der Hase

Als einst der Hase in der Sonne spazieren ging, erblickte er seines Ohres Schatten neben sich. Diesen nun hielt er für ein zweihörniges großes Tier und floh Hals über Kopf davon, doch jenes gehörnte Tier lief stets an seiner Seite.

Nachdem er sich unnötig sehr abgemüht hatte und in den Schatten des Gebüsches gekommen war, da entschwand endlich der Anlaß seiner Furcht.

Indem hier der Hase von seiner Ermüdung ausschnaufte, dankte er Gott, indem er sprach:

»Hätte mir der Schöpfer nicht so gute Füße gegeben, so hätte ich einem solchen Angstmacher nicht entgehen können.«

72. Zwei Freunde

Es waren zwei befreundete Männer. Von diesen zwei Freunden verarmte der eine, suchte dann bei Leuten Geld auszuborgen, bekam aber keines.

»Was soll ich nun machen?« dachte er, »ich will jetzt zu meinem Freunde sagen: ›Gib mir sechshundert Taler!‹«

Er ging also zu seinem Freund und sprach zu ihm:

»Du, lieber Freund!« Und sprach weiter: »Gib mir sechshundert Taler!«

Sein Freund erwiderte:

»Verwende also den Gewinn der sechshundert für dich, das Kapital aber stelle mir dann zurück!«

Da dachte der andere:

»Mit den sechshundert Talern, die mir mein Freund gegeben hat, entrinne ich und gehe auf ein Schiff, das abfährt.«

Als er zum Hafen gekommen war und ins Boot einstieg, fiel ihm das Geld zur Erde und blieb liegen. Es kam ein Sklave des anderen Freundes eben dahin, hob das Geld auf und brachte es seinem Herrn. Dieser erkannte das Geld und sprach:

»Diesen Beutel und dieses Geld gab ich ja meinem Freund«, und legte dann das Geld in seine Kiste. Der Mann aber kam zurück und sprach zu ihm:

»Mein Freund, gib mir Geld!«

»Wieviel wünschest du, mein Freund?« erwiderte dieser.

»Gib mir dreihundert Taler!«

Sein Freund gab sie ihm und jener dachte:

»Nun entrinne ich mit diesen dreihundert Talern!«

Er entfernte sich also mit dem Gelde, kam zum Hafen und bestieg ein Boot, dieses fuhr hinaus zum Schiff.

Als das Boot beim Schiff angelegt hatte, stiegen die Leute in dieses ein. Wie nun jener Mann einstieg und eben seinen Fuß auf das Schiff gesetzt hatte, fielen ihm die dreihundert Taler ins Meer; ein großer Fisch hielt den Sack für einen Fisch und verschluckte ihn. Ein Sklave jenes Mannes, der das Geld gegeben hatte, ging mit dem Netz ans Meer, warf es aus und fing den Fisch, der die dreihundert Taler verschluckt hatte; sie fanden sich noch im Fische vor.

Darauf brachte er den Fisch heim und sprach zu seinem Herrn:

»Mein Gebieter, ich habe einen Fisch gefangen, welcher dreihundert Taler im Magen hatte.«

»Nun, so bring dieses Geld!« erwiderte ihm sein Herr, und der Sklave brachte es ihm. Der Herr aber dachte bei sich:

»Das ist ja das Geld, das ich meinem Freund gegeben habe.«

Jener Mann aber, der nunmehr nicht abreisen konnte, kehrte zu seinem Freund zurück und sprach zu ihm:

»Mein Freund, gib mir vierhundert Taler!«

»Gut, mein Freund«, sagte dieser, »von Anbeginn hast du von mir sechshundert, dann kamen dazu dreihundert, also zusammen neunhundert, und hier hast du die vierhundert Taler, danach in Summa tausend und dreihundert Taler.«

Da dachte jener:

»Das Geld meines Freundes läßt sich nicht entwenden; gebe also Gott, daß ich soviel gewinne, um es ihm zurückzuzahlen!«

Danach hatte er das Geld bei sich zu See und zu Land, er trieb Handel, und das Geld mehrte sich; er kehrte dann zu seinem Freund zurück. Zu diesem sprach er:

»Ich nahm das Geld zu See und zu Land, trieb Handel und das Geld mehrte sich; nun zahle ich dir, mein Freund, zurück!« und gab ihm tausend und dreihundert Taler.

»So hast du dir also Geld gemacht?« bemerkte dieser.

»Jawohl!« erwiderte jener. Da sprach dieser Freund:

»Um eins möchte ich dich fragen. Als du dieses Geld von mir empfingst, was dachtest du in deinem Herzen?«

Jener erwiderte:

»Ich dachte an weiter nichts.«

»Sage es mir nur, ich werde dir darob nicht böse!«

»Nun, so sage ich es dir«, sagte jener. »Ich verarmte, verlor mein Geld, und als ich bei Leuten borgen wollte, gab man mir nichts. Da dachte ich, ich gehe zu meinem Freund. Ich kam also zu dir, und als du mir die sechshundert gabst, dachte ich: ›Damit entrinne ich.‹ Ich ging hinab zum Hafen, da fiel mir wohl das Geld ins Meer und war hin. Ich kam dann wieder zu dir und sprach: ›Gib mir dreihundert!‹ Du weißt ja, wie du es mir gabst. Als du mir die dreihundert gegeben hattest, ging ich von dir und dachte: ›Nun entrinne ich mit diesen dreihundert Talern.‹ Ich ging dann, kam zum Hafen, bestieg ein Boot, und dieses fuhr zum Schiff hinaus. Als es da angelegt hatte, stiegen die Leute ein. Als ich nun den Fuß auf das Schiff setzte, fielen mir die dreihundert Taler, die ich von dir hatte, ins Meer. Ich kehrte dann zu dir zurück und sprach bei mir nun: ›Mein Gott, gewähre mir, daß das Geld, welches mir mein Freund etwa gibt, Segen bringe, so daß ich und er davon leben, ohne daß ich ihn übervorteile!‹ Ich kam also wieder zu dir, begehrte von dir vierhundert Taler, du gabst sie mir, und und ich ging hin, trieb mit Glück Handel, und das Geld mehrte sich. Das Geld, das ich mir so gemacht habe, gebe ich dir nun zurück.«

Da sprach der Freund:

»Da ich nun, mein Lieber, sehe, wie du dachtest, so gebe ich dir dein Geld; vierhundert Taler gib mir, die neunhundert nimm wieder zurück.«

»Ja, wieso?« fragte jener.

Da erwiderte ihm dieser:

»Mein Geld habe ich schon, nun nimm du das Deinige!«

Das passierte also jenen zwei Freunden.

73. Ein dummer Mann und eine kluge Frau

Ein dummer Mann saß in einer Versammlung mit vielen Leuten zusammen und sagte in der Unterhaltung:

»Ich weiß, wieviel Ellen das Maß der Erde beträgt.«

Er wettete mit einem Manne um sein Vermögen, daß er es wisse. Er schwur feierlich, am nächsten Tage die Zahl des Erdmaßes zu nennen und ging dann traurig nach Hause.

Als seine Frau ihm sagte:

»Wir wollen unser Abendbrot essen«, sagte er:

»Ich esse nicht«, hüllte sich ein und legte sich schlafen.

Seine Frau sagte ihm:

»Sag mir, warum du heute traurig bist, was für eine betrübende Sache hast du erlebt?«

»Ich habe um mein Vermögen gewettet, daß ich das Maß der Erde kenne. Ich habe feierlich geschworen, morgen zu kommen, um das Maß zu nennen, wenn ich das Maß aber nicht nenne, werde ich meines ganzen Vermögens beraubt.«

»Dies ist eine leichte Sache; morgen früh gehe an den Ort, für den du dich feierlich verpflichtet hast, pflanze einen Stock in die Erde und sage: die Erde beträgt von hier nach der einen Richtung so und so viel, von hier nach der anderen Richtung so und so viel; wenn du es aber nicht glaubst, so miß es mir nach, und wenn ich gelogen habe, soll ich bestraft werden.«

Da aß er, über den Rat seiner Frau erfreut, sein Abendbrot, und verbrachte die Nacht. Am nächsten Morgen ging er hin und tat, wie seine Frau ihm geraten hatte. Als der König diese Sache hörte, ließ er jenen Mann rufen und sprach zu ihm:

»Wer hat dir diesen Rat gegeben?«

»Meine Frau hat mir geraten.«

»Ist deine Frau klug?«

»Ja, sie ist eine sehr kluge und schöne junge Frau.«

»Eine junge Frau, die so klug und schön ist, gebührt uns, wir wollen sie heiraten.«

Da ging er sehr betrübt, bestürzt und nachdenklich in sein Haus. Seine Frau sprach zu ihm:

»Warum bist du heute wieder so traurig?«

»Heute ist eine noch viel schlimmere Trauer als die frühere über uns gekommen.«

»Was für eine Trauer hast du gefunden? Bitte, sage es mir!«

»Der König fragte mich nach deiner Klugheit, und ich sagte: ›Meine Frau ist eine sehr kluge und schöne Frau.‹ Da sagte der König zu mir: ›Eine junge Frau, die so klug und schön ist, gebührt uns und wir wollen sie heiraten.‹ Ich bin nun über die Sache sehr betrübt.«

Da sagte sie:

»Du Dummer, weshalb hast du ihm gesagt: ›Meine Frau ist eine kluge und schöne junge Frau‹; jetzt geh und sage dem König: ›Als ich die Sache, die Sie mir gesagt haben, meiner Frau erzählt habe, war sie sehr froh, und sie hat viel Speise und Met vorbereitet und lädt den König mitsamt seinen Großen zum Essen ein.‹ Dann komm mit ihnen zu uns!«

Er ging, wie seine Frau ihm geraten hatte, lud den König mit seinen Großen ein und kam mit ihnen in sein Haus.

Die Frau hatte den Tisch hergerichtet, indem sie viel Flachs gleichsam als Sauce in die Saucenschüsseln und Fleischplatten tat und indem sie die Deckel der Sauceschüsseln und der Fleischplatten der Reihe nach mit einem goldbestickten Tuch, einem Seidentuch, einem buntgestreiften, einem blumenbestickten, einem changierenden Stoff, einem baumwollenen Tuch, einem Wollstoff, einem Leinentuch, einem weißen Stoff, einem dicken, einem alten dicken Stoff bekleidete und so zudeckte. Als der König sich mit den Großen zum Essen niedersetzte, stand die in Wollstoff eingehüllte Schüssel vor dem Könige, und als er sie öffnete, war es Flachs. Diese warf er weg und ließ die mit dickem weißem Stoff verhüllte kommen, und als er sie öffnete, war es Flachs. Ebenso war es mit der in Leinwand, der in dem baumwollenen Stoff, der in Tuch, der in blumenbestickten Stoff gehüllten, der mit buntstreifigem Seidenstoff, mit rotem Seidenstoff, mit goldbesticktem Stoff verhüllten Schüssel, in einer jeden war, wenn er sie kommen ließ und öffnete, Flachs. Der König war sehr zornig und rief:

»Wie hat diese Frau uns zum Narren gemacht!«

Er ließ die Frau kommen und sagte ihr:

»Was bedeutet diese Sache, die du uns angetan hast?«

»O, König, das Gesicht der Frau ist häßlich und schön, verschieden, wie die Stoffarten je nach ihrer Art häßlich und schön, gering geachtet und geschätzt sind. So ist das Gesicht und die Natur der Frauen, im Innern aber ist alles wie Flachs allein. So ist auch, mögen wir nun schön sein oder häßlich, unser aller Wesen eines.«

Da war der König sehr erstaunt und freute sich, daß sie dieses Gleichnis erzählt hatte, um lieber ihrem armen Gatten des Ehetreuwort zu bewahren, als die Ehre zu haben, des Königs Gattin genannt zu werden.

Deswegen gab ihnen der König viel Geld und sprach zu ihnen:

»Ich habe euch, dich und deinen Gatten durch meinen schlimmen Plan in Bestürzung versetzt und euch betrübt, und du hast mich durch dieses Gleichnis vor einer Sünde bewahrt.«

Und er kehrte in sein Haus zurück.

Sinnspruch: Eine gute Frau ist ihrem Manne eine Krone, wer eine gute Frau gefunden hat, hat einen guten Segen von Gott gefunden.

74. Der Löwe der Steppe

Es wurde erzählt: Ein Mann hatte drei Kinder, von denen er das jüngste am meisten liebte.

Er hielt es zurück, daß es nicht allein weggehe. Denn es hatte sich getroffen, daß seine Mutter starb, als der Junge noch klein war. Die Großmutter erzog ihn also. Die beiden Älteren aber widersetzten sich ihrem Vater, weil er den Jüngsten liebte. Immer trachteten sie nach seinem Verderben. Wenn sie ihn allein trafen, so schlugen sie ihn. Er aber schwieg und erzählte dem Vater niemals davon. Aber die Nachricht hiervon kam von den Leuten der Ortschaft dem Vater zu Ohren, da man sagte:

»Sie haben ihn geschlagen.«

Als der Vater sah, daß sie ihn immer schlugen, nahm er ihn von der Ortschaft weg und sandte ihn in den Ort seines Oheims. Seine Oheime freuten sich und lehrten ihn die auf den Kampf bezüglichen Dinge. Er wurde ein Held über alle Kinder der Ortschaft, so daß, wenn er einem befahl, daß es ihm dienen möge, das Kind es tat aus Furcht. Sie nannten ihn daher mit dem Beinamen ›Löwe der Steppe‹. Sein Ruf drang zu allen Stämmen, die Tapferen beneideten ihn. So oft einer kam, bewältigte er ihn.

Hierauf ließen die Tapferen von ihm ab, und alle Männer achteten ihn, alle Dichter priesen seine Tapferkeit, alle

Mädchen wollten seine Weiber werden. Der Vater wußte nichts hiervon, denn ihre Ortschaft war ein weit entfernter Ort. Dennoch hörte er den Gesang der Weiber und Männer, der den ›Löwen der Steppe‹ pries. Doch er wußte nichts davon, sondern dachte, es wären andere Leute. Nach dem Ratschlusse Gottes wünschte nun der Vater seinen ältesten Sohn zu verheiraten; er freite für ihn eine Maid von den Mädchen ihrer Ortschaft. Er bezahlte drei Pferde und zehn Kamelinnen. Er sprach zur Sippe des Mädchens:

»Wir wünschen von euch, daß ihr die Heirat hinausschiebt.«

Der Vater des Jünglings entgegnete:

»Wenn einer euch mehr Besitz gibt als ich, so verheiratet ihm euer Mädchen! Ich bewillige euch die längere Frist.«

Das Mädchen aber war bekannt wegen ihrer Schönheit und Anmut. Und es gab keine, welche schöner war als sie. Viele Dichter gaben ihr miteinander den Namen ›Saglan‹ (die Verhüllte). Die Kunde von ihr gelangte zu einer Ortschaft, welcher der ihrigen nahe war. Sie beneideten ihn (den Bräutigam). Einer sprach:

»Ich werde mehr Gut bezahlen als jene und das Mädchen nehmen.«

Es war dies ein tapferer und schöner Mann. Doch kam er dem ›Löwen der Steppe‹ nicht an Tapferkeit gleich und war nur einer von dessen vielen Dienern, sein Name war Zorniger. Es ging nun der, von dem wir Erwähnung getan haben, mit vielen Verwandten aus, bis sie zu der Ortschaft kamen. Die Bewohner der Ortschaft bewirteten sie und gaben ihnen Milch zu trinken. Sie fragten nun nach dem Mädchen, und man berichtete ihnen, welches Gut für das Mädchen bezahlt worden sei. Hierauf sandte der Zornige einen seiner Vettern väterlicherseits zu dem Vater des Mädchens. Der Mann ging und brachte ihn zu dem Zornigen. Der Zornige sprach:

»Ich wünsche, daß du mir gestatten mögest, mit dem Mädchen zu sprechen, sowie meinen Vettern väterlicherseits, wie es bei uns Sitte ist, und daß du mir drei Tage Frist gewährest, damit wir das Mädchen an einem von uns abgesonderten Orte sehen. Wenn wir nun sehen, daß es schön ist, so werden wir viel Gut zahlen.«

Der Vater des Mädchens schwieg zuerst, dann sprach er:

»Es geht nicht an, daß ich jetzt schon Antwort gebe, aber ich will mit meinem Stamme dies Wort beraten und zu dir zurückkehren.«

Der Zornige sprach:

»Gut! Aber jetzt ist schon der Abend angebrochen. Es kommt dir die Rückkehr zu uns nicht zu. Es möge daher, wenn es Morgen geworden ist, die Rückkehr geschehen.«

Jener antwortete:

»Gut!« und ging.

Als es Morgen geworden war, kamen die Ältesten und verlangten, daß sie es ihnen noch einmal sagen sollten.

Da sagte ihnen der Zornige das Wort wie früher. Der Vater des Mädchen sprach:

»Es kommt uns nicht zu, daß wir euch einen abgesonderten Ort zeigen, wo ihr das Mädchen sprechen könnet, denn jener hat ihre Zustimmung, und Gut ist bezahlt worden. Und es geht nicht an, daß du hinreisest.«

Da sprach der Zornige:

»Wenn ihr die Macht habt, daß ihr das Mädchen an der Heirat mit mir hindert, so hindert es und neidet mir ihre Heirat! Ich aber werde – dreimal bei Gott geschworen, – sie nehmen, ob ich sie nun auf anständige Weise nicht bekomme oder ob es uns erlaubt wird.«

Da zürnten alle über ihn und gingen in die Ortschaft. Der Zornige und sein Stamm blieben noch an ihrem Orte, bis der Abend anbrach. Da stand der Zornige auf und legte sich einen Frauengürtel an, machte sich einem

Weibe gleich und trat in die Wohnung des Mädchens ein. Sie schlief, da berührte er sie. Als sie ihn erblickt hatte, sprach sie:

»Wer bist du, und was willst du, o Mann?«

Da teilte er ihr die ganze Nachricht mit. Er sprach:

»Nun wünsche ich, daß mir und dir alles gemeinsam sei.«

Da sagte sie:

»Gut!« und wurde von Liebe zu ihm erfaßt, als sie seine Schönheit gesehen hatte.

Sie erhob sich. Als sie sich anschickte, mit ihm zu gehen, trat ihr Vater zu ihr ein, wie sie gerade alles beredeten. Er erkannte die List und erzürnte gegen den Zornigen, ergriff eine Lanze und schleuderte sie auf ihn; der Zornige erhob sich und ging verwundet zu seinen Vettern väterlicherseits.

Und er teilte ihnen mit, was sich ereignet hatte und sprach:

»Nun wünsche ich von euch, daß ihr den Ort des Mädchens nächtlich überfallet und daß wir das Mädchen nehmen und in unsere Ortschaft führen. Wenn ihr ihrem Vater begeget, so tötet ihn!«

»Gut!«

Sie kamen zu dem Orte des Mädchens und sahen, daß es gefesselt war. Nun fragten sie sie, wie das käme, da sprach das Mädchen:

»Mein Erzeuger hat mich gebunden, er will mich jetzt töten.«

Da trat ihr Vater ein. Als sie ihn sahen, erschlugen sie ihn auf der Stelle und nahmen die Maid zum Zornigen mit. Dieser sprach:

»Nun wollen wir alle zu unserer Ortschaft gehen.«

Sie gingen nun alle zu ihrer Ortschaft. Als es Morgen geworden war, erhoben sie sich, wer immer in der Ortschaft war, und nun sahen sie den Toten. Die Leute erhoben ein Geschrei. Als alle Männer zusammengekommen waren, sprach der Vater des Jünglings:

»Niemand hat diesen Mann getötet, wenn nicht der Zornige. Und nun müssen wir wohl Geduld haben mit diesem Frevel, bis Gott uns erlöst und befreit von ihm, denn wir können nicht zum Streit ausziehen gegen den Zornigen und seinen Stamm.«

Auf diese Weise faßten sie den Beschluß, daß sie in der Trübsal ausharren würden und in der Abkehr von diesen Dingen. Als aber des Zornigen Wunde geheilt war, sandte er allen Stämmen Nachricht, daß sie zur Hochzeit kämen. Die Nachricht gelangte auch vollständig zu dem Löwen der Steppe, und er wurde zur Hochzeit eingeladen. Als die Nachricht ihre Bestätigung fand, daß nämlich das Mädchen seinem älteren Bruder zugehöre, zürnte er gewaltig und sprach zu seinen Mutterbrüdern:

»Ich sage euch, daß ihr nicht zu der Hochzeit des Zornigen gehet!«

Der Löwe der Steppe aber nahm ein sehr tüchtiges Pferd und eilte, bis er der Ortschaft des Zornigen nahe gekommen war. Er stieg von seinem Pferd ab und band es an einen Baum; er drang bis in die Mitte der Ortschaft ein und fragte nach dem Zornigen. Da wurde er benachrichtigt, daß er in dieser Nacht in die Hütte seiner Braut eintreten wolle.

Er kehrte zu seinem Orte zurück, bis der Abend einbrach. Der Zornige ging in die Hütte seiner Braut hinein, und der Löwe der Steppe drang ein und kam mit hinein und verbarg sich an dem Orte. Hierauf gingen alle Leute hinaus, niemand blieb zurück außer dem Bräutigam, der Braut und dem Löwen der Steppe, der versteckt war.

Der Bräutigam saß da und plauderte mit seinem Weibe. Sie berührten im Gespräch alles, was gerade vorgefallen war. Während sie redeten, kam der Löwe der Steppe hervor und schrie den Bräutigam an, indem er rief:

»Denkst du etwa daran, dich über diese Braut zu freuen? Und der Löwe der Steppe lebt noch, und nun ist nachher deine Todesstunde auf der Welt; auch für all dein Geschlecht, auf gleiche Weise für die, welche du liebst.«

Der Bräutigam entsetzte sich hierüber. Der Löwe der Steppe warf eine Lanze auf seine Brust und trieb sie auf der Rückseite wieder heraus. Hierauf starb jener. Hernach setzte er sich zu der Braut. Er sprach:

»Fürchte nichts! Ich werde dir nichts Böses zufügen.«

»Bist du der Mann, dessen Name ›Löwe der Steppe‹ ist?«

»Vielleicht bin ich der.«

»Ich soll deine Hand nicht ergreifen, du Held der Welt, denn du hast dir die Rache meines Vaters und der Schwächlinge, welche um mich gefreit haben, ohne mich rauben zu können, zugezogen. Aber ich wünsche, daß du mir kund tuest, was für ein Mann du bist und was die Ursache deiner Ankunft an diesem Orte war.«

Und er teilte ihr mit, was alles geschehen war und was die Ursache von seiner Ankunft an diesem Orte war. Sie sprach:

»Was ist nun dein Beschluß?«

»Daß du mich zur Ortschaft meiner Mutterbrüder in dieser Nacht begleitest.«

»Gut!«

Hierauf erhob er sich und nahm den Toten und legte ihn hin, wickelte sein Gewand um ihn, daß es aussah, als ob er schliefe. Am Abend aber bestiegen er und das Mädchen das Pferd und ritten, bis sie am vierten Tage in die Ortschaft der Mutterbrüder kamen. Und er teilte ihnen alles mit, was geschehen war, darob wunderten sie sich. Die Verwandten des Bräutigams aber vermißten ihn erst am vierten Tage.

Und sie suchten um die Ortschaft herum alles ab. Der Vater des Bräutigams sprach:

»Meinen Sohn hat nur die Menge derer, welche um das Mädchen gefreit haben, getötet. Aber ich wünsche, von euch, daß wir viele Männer zusammenbringen und mit jenen kämpfen.«

Sie rüsteten sich nun zum Raube aus. Jedoch der Löwe der Steppe sammelte viele Männer, sie fielen um Mitternacht in die Ortschaft des Bräutigams ein und töteten Männer, Weiber und Kinder. Es entkamen nur wenige. Als es Morgen geworden war, befahl er den Männern, sie sollten zusammenbringen, was gefangen wäre, und die Weiber und das Vieh; sie brachten auch alles zusammen. Das Vieh verteilte der Löwe der Steppe, die Gefangenen brachte er zu der Ortschaft seines Vaters, die Männer aber kehrten an ihren Ort zurück. Als der Löwe der Steppe die Ortschaft seines Vaters erreicht hatte, erkannte ihn sein Vater und freute sich und segnete ihn.

Er sprach:

»O, mein Sohn, ich wußte nicht, daß du so tapfer bist. Aber ich hörte die Bewohner der Ortschaft den Löwen der Steppe besingen und seine Tapferkeit preisen. Gott sei Lob, daß er es gefügt hat! Mein Sohn, jetzt geht es nicht an, daß ich mich je von dir trenne.«

So blieb der Löwe der Steppe bei seinem Vater; er sandte einen Mann in die Ortschaft des Oheims, damit er die Braut brächte. Der Mann ging und brachte sie zur Ortschaft des Löwe der Steppe. Als sie gekommen war, kamen auch alle Weiber der Ortschaft zusammen und beschimpften sie. Sie sprachen:

»Der Löwe der Steppe hätte dich töten sollen.«

Da weinte sie und sprach:

»Verzeihet mir nun das, was ich mir habe zuschulden kommen lassen!«

Steppenlöwe brachte die Gefangenen zusammen und begnadigte sie. Sie zogen nun alle umher und baten die Gesamtheit jedesmal, wenn sie an einem Dorfe vorbeikamen, um Nahrung; man gab ihnen Milch und sprach:

»Die sind es, von denen uns so und so erzählt wurde.«

Und sie bewunderten die Tapferkeit des Steppenlöwen. Der Steppenlöwe aber rief nach einiger Zeit die Bewohner der Ortschaft zusammen und versammelte sie bei einem Baume. Er sprach:

»Jetzt wünsche ich, daß ich diese Braut meinem älteren Bruder zur Frau gebe.«

Da sprach der ältere Bruder:

»Ich will das Mädchen nicht heiraten, denn ich habe es nicht mit meiner Hand erbeutet. So wisset ihr denn, daß sie den Mann, welcher sie heiratet, beschimpft, indem sie spricht: Steppenlöwe hat mich befreit.«

Da sprachen sie alle:

»Du hast wahr gesprochen. Doch es ist das Beste, daß Steppenlöwe sie heiratet und dir möge ein anderer ein Mädchen verheiraten.«

Auf diese Art kamen sie miteinander überein, sie erhoben sich zum Hüttenbau und zur Einrichtung der Hütte für den Steppenlöwen.

Und es kamen zusammen die Stämme in ihrer Vielheit und die Mutterbrüder, und die Anwesenden führten ihm zu Ehren eine Fantasia auf auf ihren Pferden, sieben Tage lang. Am achten kehrte ein jeder dahin zurück, woher er gekommen war, und Steppenlöwe verweilte bei seiner Braut drei Monate, indem er in seiner Hütte ausruhte, bis er an Kraft zugenommen hatte. Alle Ortsbewohner verehrten seine Tapferkeit.

Da sprach er:

»Wenn ein Mann einem anderen sich verantworten soll, so will ich seine Verantwortung auf mich nehmen und beiden über den ungerechten Richterspruch Recht verschaffen.«

Sie sagten:

»Gut!«

Und sie unterwarfen sich ihm alle und die Ortschaft wurde eine sehr berühmte bei den Stämmen, niemand beging ein Unrecht an ihrem Besitz, von Furcht erfaßt vor dem Steppenlöwen. Nach einiger Zeit verheiratete er seine Brüder und bereitete ihnen eine große Unterhaltung. Sie dankten seiner Güte, die er ihnen hatte zuteil werden lassen. Sie wurden in gleicher Weise seine Diener und blieben es, bis sie alle starben. So ist es.

75. Der Löwe und die neun Hyänen

Ein Löwe und neun Hyänen zogen auf Raub aus und fingen zehn Rinder. Da sprach der Löwe:

»Macht Teilung für uns!«

Eine Hyäne sprach dann zum Löwen:

»So teile doch du unter uns!«

Da teilte der Löwe und sprach:

»Ihr seid neun, nehmt euch eine Kuh, dann werdet ihr zehn; was mich betrifft, so machen die anderen Kühe und ich auch zehn aus.«

Darauf sagten die Hyänen:

»Schön!«

Danach zogen die neun Hyänen ab; auf halbem Weg blieben sie aber stehen und eine Hyäne sprach:

»Männer! Der Löwe hat sich den größten Teil genommen.«

Darauf sagten die andern Hyänen:

»Was machen wir also?«

Da erwiderte die erste Hyäne:

»Wir wollen zum Löwen zurückkehren und zu ihm sagen: ›Wir können die Teilung nicht verstehen.‹«

Die andern Hyänen sagten nun:

»Eine jede soll ein Wort sprechen!«

Die erste Hyäne sagte dann:

»Ich rufe: o Löwe!«

Die neun Hyänen gingen nun zum Löwen zurück und fanden ihn schlafend. Da sagte die erste Hyäne:

»O Löwe!«

Der Löwe stand auf, streckte sich und sagte dann:

»Was gibt es!«

Da sprach die zweite Hyäne:

»Die Teilung!«

Die dritte sagte:

»Wir verstehen die nicht.«

Die vierte sagte:

»Tue sie, die Rinder, wieder zusammen!«

Die fünfte sagte:

»Ein Schakal soll für uns teilen!«

Der Löwe erwiderte:

»Lauft und bringt mir einen Schakal, auf daß er uns austeile!«

Und sagte dann zur ersten Hyäne insgeheim:

»Geh, und sage zum Schakal: Teile viel aus, mir und dem Löwen!«

Hierauf sagte er zur nächsten:

»Lauf und bring einen Schakal!« und so zu jeder folgenden, sie aber merkten nichts.

Da gingen nun die neun Hyänen, er aber fraß inzwischen neun Rinder auf. Danach kamen die neun Hyänen und der Schakal zusammen heran, bemerkten aber, daß der Löwe neun Rinder gefressen hatte. Da setzten sie sich zu Rat, und es wurde der Schakal abgeschickt und ihm gesagt:

»Geh zum Löwen und sprich: Wo sind denn die neun anderen Rinder?«

Der Schakal kam zum Löwen und fragte:

»Hast du die Hyänen zu mir geschickt?«

Der Löwe erwiderte:

»Ich habe von neun Rindern die Eingeweide und die Beine für dich abseits gelegt und schickte dir deshalb die Hyänen; nun sage du zu diesen: Ein Rind ist noch übrig, teilt es unter uns!«

Da kam der Schakal zu den Hyänen und sprach:
»Hyänen! Ein Löwe steht da, neun Rinder hat er schon gefressen, eines ist noch übrig, und von dem gewährt er Teilung.«

Sie erwiderten:
»So mach uns einen Vorschlag!«

Da sprach der Schakal:
»Er ist eben ein Löwe; bekommt er nur die Hälfte, so genügt die nicht, gebt es (das Rind) ihm nur ganz!«

Da sprachen die neun Hyänen zum Löwen:
»O Löwe, von jeher sind Leute des Ostens im Wandern überlegen gewesen.«

Sie gaben nun das Rind hin und gingen. Danach sprach der Schakal zum Löwen:
»Wo sind denn von den neun Rindern die Eingeweide und Beine?«

Der Löwe erwiderte:
»Ih wo! den neun Hyänen gab ich nichts, und sie sind doch mit mir herumgewandert; warum sollte ich einem Schakal was geben? Lauf und such uns anderes Vieh, damit ich dir dann etwas gebe!«

Der Schakal aber sprach:
»Was du mir später geben willst, darauf verzichte ich.«

76. Bestrafung des Verführers

Ein Mann nahm eine schöne Frau. Eines Tages kam ein anderer Mann, der sein Vetter war, zu seiner Frau, mit der er schwatzte, und der Lust bekam, mit ihr durchzugehen. Die Frau nun sagte:
»Mein Gatte ist ein Mann, den ich gegen keinen anderen Mann vertausche.«

Er sagte darauf:
»Dein Gatte ist ja ein Schwächling.«

»Du überhebst dich gegen ihn ob deiner zahlreicheren Familie.«

»Ich weiß ja auch von deinem Gatten, daß er ein Feigling ist.«

»Dieses Wort da höre ich von dir nicht an.«

»Ich wünsche von dir, daß du mit mir ziehst, und wenn er dann ein Held ist, so wird sein Heldenmut offenbar werden; wenn das, was ich sage, richtig ist, dann wird ja das, was ich hier behaupte, eintreffen.«

»Tue also: Spiele du mit ihm hinter dem Hause Schach, und während ihr nun spielet, da sprich du mit ihm in verhüllter Rede, ob er dich wohl versteht oder was anderes meint.«

»Recht so!«

Er ging nun weg, sie aber erzählte ihrem Gatten nichts von diesem Gespräch.

Der andere Mann kam nun am folgenden Tage zu ihrem Gatten und sprach zu ihm:

»Ich wünsche mit dir Schach zu spielen.«

»Recht so.«

Sie gingen dann miteinander und gingen hinter das Haus. Hierauf legte einer das Schachbrett auseinander, und den ersten Zug machte der Mann, welcher das Verlangen trug, mit der Frau durchzugehen. Bevor er den Zug machte, sang er und sagte:

> »Nach euren Stuten, o Abdi, gelüstet es mich; wie eine Bande, die auf Raub auszog, laufe ich in der Steppe umher; ich habe gezogen.«

Da begriff der Ehegatte den Gesang, daß jener nach seiner Frau gelüste, und bevor er den Schachzug machte, sang er also:

> »Die Stute, die ein Mann besitzt, weidet am abgesteckten Pflock beim Haus; den Mann, den danach gelüstet, überkommt Reue; ich habe gezogen.«

Die Frau vernahm ihren Gesang, näherte sich dem Orte

und hörte dem Gesang von innen zu. Hierauf setze der Mann, den nach der Frau gelüstete, abermals zum Gesange ein und sagte:

»Ein Gefäß Honig, an einem Ort aufgestellt,
Und wonach alle Welt Gelüste bekommt,
Wer wird wohl mit uns zanken,
Wenn Hunger sich uns danach bemächtigt?
Ich habe gezogen.«

Da sang der Ehegatte, und in seinem Gesang erwiderte er jenem, indem er sagte:

»Ein Gefäß Honig, an einem Ort aufgestellt,
Danach gelüstet es nicht alle Welt,
Denn sein Äußeres ist ihr verleidet,
Daher man nicht ißt mit Appetit;
Ich habe gezogen.«

Danach sang der Mann, welcher nach der Frau Gelüste hatte, abermals und sagte:

»Des Mannes Vater hat zehn junge Kamele und seine Familie ist nicht schwächer als du;
Wer würde wohl mit uns zanken, wenn er das Mädchen dir wegnimmt?
Ich habe gezogen.«

Da sang der Ehegatte, indem er also sprach:

»Des Mannes Vater, der zehn junge Kamele hat, bleibt in Trübsal;
Wer würde wohl mit uns zanken, wenn ich das Leben dir wegnehme?«

Danach zog der Ehemann den Dolch heraus und tötete auf der Stelle den Mann, den nach der Frau gelüstet hatte; den Männern, denen er den Mann getötet hatte, seinen Verwandten, zahlte er ein Blutgeld. Ende.

77. Der Hase

Ein Mädchen lebte mit ihrer Mutter und ihrem Vater in einem Hause. Die Mutter ging fort und sagte zu ihrem Kind:

»Mädchen, schaue gut auf deinen Vater!«

Jedoch das Mädchen sorgte nicht gut für ihren Vater, sondern ließ ihn hungern. Als die Mutter zurückkam, fand sie den Vater ganz abgemagert vor. Da jagte sie das Mädchen mit einem großen Korb in den Wald, damit es Tamarinden suchen sollte. Sie kam zu einem großen Baum, der den Tieren gehörte, aber die Tiere waren fortgegangen. Das Mädchen sammelte ihren Korb voll Früchte von diesem Baum. Als die Tiere abends zurückkamen, fanden sie das Mädchen oben auf dem Baum und freuten sich sehr auf das Fleisch dieses Mädchens, wenn sie es verspeisen würden. Sie sagten:

»Nicht jetzt, sondern morgen früh wollen wir es essen.«

Und sie schliefen alle unten am Baume ein, damit das Mädchen ihnen nicht fortlaufen konnte.

Nachts erwachte der Hase, stieg auf den Baum und fragte das Mädchen, ob es leben oder sterben wollte. Das Mädchen wollte am Leben bleiben, und da fragte sie der Hase:

»Was gibst du mir, wenn ich dich befreie?«

Das Mädchen erwiderte:

»Ich gebe dir alles, was du verlangst.«

»Ich verlange also Hennen von dir.«

»Wieviel Hennen verlangst du?«

»Viele, sehr viele.«

»Wenn ich nach Hause komme, sollst du sie haben.«

Dann stiegen beide hinab und gingen nach dem Hause des Mädchens. Darauf gab das Mädchen dem Hasen so viele Hennen, bis er zufrieden war. Der Hase nahm die Hennen und kehrte damit in den Wald zurück. Dort schlachtete er die Hennen und goß das Blut in eine kleine Schüssel. Als er sich satt gegessen hatte, kam er wieder zum Baum und brachte die Schüssel mit, dann nahm er das Blut und bestrich damit das Maul und die Krallen der Hyäne. Dann ging er schlafen.

Am andern Morgen erwachten alle Tiere, nur der Hase allein schlief scheinbar noch, er hörte aber alles. Die Tiere sprachen eins zum andern:

»Jetzt wollen wir das Fleisch essen.«

Aber das Fleisch war nicht da. Sie fragten:

»Wo ist denn das Fleisch geblieben?«

Der Hase sagte:

»Ich weiß es nicht, aber die Hyäne hat es gewiß gefressen, denn sie hat ja Blut am Maul und an den Krallen.«

Da wurden einige Tiere böse und schlugen die Hyäne, aber andere glaubten es nicht. Da sprach der Hase:

»Wir wollen eine große, breite Grube graben, darin Feuer anmachen und alle Tiere hinüberspringen lassen. Der, der hineinfällt, ist der Schuldige.«

Sie sprangen denn auch, einer nach dem andern, aber alle fielen hinein, nur der Hase sprang nicht, er entfloh voller Freuden in den Wald, weil er pfiffig war.

Im Walde traf er mit dem Fuchs zusammen. Sie suchten miteinander Früchte von einem Baum, der einem anderen Herrn gehörte. Als dieser kam, um die Früchte zu pflükken, fand er nur noch wenige. Er meinte, daß sie von Dieben gestohlen seien, und wollte diese fangen, wenn sie wiederkommen würden.

Er formte eine Figur aus Gummi und stellte sie oben in den Baum. Als nachts wieder der Hase und der Fuchs kamen, um von den Früchten zu essen, sahen sie das Mädchen dort oben. Der Hase stieg hinauf, aber das Mädchen rührte sich nicht. Da stieß der Hase das Mädchen, aber da blieben seine Beine am Gummi kleben. Er schrie:

»Laß mich los, laß mich los!«

Aber das Mädchen ließ ihn nicht los. Da rief er den Fuchs, daß er ihm helfen möchte. Der Fuchs stieg nun auch hinauf, blieb aber ebenfalls kleben. Da sprach der Hase zum Fuchs:

»Wenn nun der Herr des Baumes kommt und uns schlägt, was machst du dann?«

»Dann werde ich jammern.«

»Jammere nicht viel, sondern nur ganz wenig. Dann stelle dich tot, damit er denkt, du seist gestorben.«

Als am andern Morgen der Herr des Baumes kam, fand er die beiden da oben. Da stieg er hinauf und schlug sie beide. Der Fuchs jammerte gottserbärmlich, aber der Hase jammerte nur wenig, und dann stellte er sich tot.

Da nahm der Herr sie, pflückte noch einige Früchte, legte Tiere und Früchte in seinen Korb und trug den Korb auf seinem Kopf nach Hause. Im Gehen erwachte der Hase und wollte auch den Fuchs wecken, aber der Fuchs war tot. Da aß der Hase viele Früchte aus dem Korbe und stellte sich dann wieder tot. Als der Herr nach Hause kam, fand er nur noch wenige Früchte und wußte nicht, wie das zugegangen sein konnte.

Darauf legte der Herr beide Tiere mit Haut und Haaren in einen großen Topf, daß sie gekocht würden. Als das Wasser heiß war, warf der Hase den Topf um, sprang heraus und entfloh. Der Herr verfolgte ihn, aber umsonst.

78. Die Geschichte von den Hyänen und ihrem Zauberdoktor

Einmal kamen alle Hyänen zusammen und beschlossen, daß sie einen Medizinmann bestellen wollten, der ihnen Rat geben könnte in allem, was sich auf die Wohlfahrt ihres Landes bezog, der ihnen wahrsagen könnte und Zeichen und Träume auslegen. Es war einiger Streit darüber, wer dazu aufgefordert werden sollte, diese wichtigen Pflichten zu übernehmen, und die Wahl fiel zunächst auf den Nashornvogel. Eine Botschaft ging an ihn ab, und als er wußte, was von ihm verlang wurde, nahm er an. Er dachte, es würde gut sein, wenn er gleich etwas wahrsagte, und so erzählte er den Hyänen, daß es gar nicht mehr Tag werden würde, und wenn sie Licht haben wollten außer dem Mondlicht, dann würden sie es von den roten Klunkern bekommen, die er am Schnabel hatte. Die Hyänen freuten sich über diese gute Nachricht und machten sich gleich auf, um ihre Feinde, die Menschen, zu berauben, die in nicht großer Entfernung eine Anzahl Esel besaßen. Mitten in der Nacht griffen sie den Kraal an und töteten viele Esel und fingen gleich an, sie aufzufressen.

Als sie ihren Hunger noch nicht recht gestillt hatten, merkten sie indessen, daß die Sonne aufging, gerade so wie sie früher zu tun pflegte, ehe ihr Zauberdoktor ihnen gesagt hatte, es würde kein Tag mehr sein. Sofort sahen sie, daß ihnen nichts weiter übrig blieb, als ihr Mahl zu verlassen und sich so schnell wie möglich davon zu machen. Aber da war eine alte Hyäne bei ihnen, die konnte schlecht gehen, und so gruben sie sie denn unter einem Haufen Eselmist ein und liefen dann in den Wald.

Sie waren kaum fort, da erschien der Besitzer der Esel, und als er sah, was geschehen war, rief er seine Freunde zusammen und beschloß, sich an den Räubern zu rächen. Gerade als er weggehen wollte, stieß er seinen Speer in den Haufen Eselmist und durchstach die alte Hyäne. Daher wußte er nun, daß es die Hyänen waren, die seine Esel während der Nacht getötet hatten, und er folgte ihren Spuren bis zu ihrem Lager im Walde und erschlug eine große Zahl von ihnen. Die Übriggebliebenen kamen am selben Abend zusammen und beschlossen, daß sie ihren obersten Zauberdoktor absetzen und einen andern an seine Stelle wählen wollten. Diesmal fiel die Wahl auf das

Feldhuhn, das richtig gewählt wurde, und das seitdem immer so weise regiert hat, daß es noch bis heute in Tätigkeit ist. Wenn man am Abend im Felde darauf achtet, dann hört man, wie es die Hyänen ruft, daß sie herauskommen und fressen sollen, und wieder am Morgen warnt es sie, lange ehe die andern Vögel auf sind, und sagt ihnen, daß es Zeit ist, nach Hause zu gehen. Aber dem Nashornvogel haben sie niemals vergeben, und wenn eine Hyäne ihn sieht, verfolgt sie ihn und jagt ihn weg.

79. Die Strafe Gottes

Eine arme Wandorobowitwe, für die niemand sorgte, ging mit ihren beiden kleinen Jungen in einen Massaikraal, damit diese dort durch Viehhüten für sie und sich den Unterhalt verdienen sollten. Der Mann, dessen Vieh die Knaben dort hüteten, nahm die Alte auf. Bald darauf gebar ein Weib dieses Mannes Zwillinge. Das Wandoroboweib, welches gehofft hatte, daß sie der Massai bald heiraten würde, sah mit Unmut, wie er seine Sorge um die junge Mutter verdoppelte, und ihre Eifersucht auf diese stieg so, daß sie auf ihr Verderben sann. Als die junge Mutter daher den Kraal eines Tages für kurze Zeit verließ, steckte das fremde Weib die beiden Kinder in einen großen Holztopf und warf ihn in den nahen Fluß, der ihn weit weg trug. Dann erwartete sie, beide Hände voll Rinderblut, in der Hüttentür die Mutter der Kleinen und beschmierte, als sie heimkam, deren Gesicht mit dem Blut und stürzte schreiend hinaus, jene beschuldigend, sie habe ihre eigenen Kinder aufgefressen. Als die Leute das Blut im Gesicht der so Angeklagten sahen, glaubten sie den Anschuldigungen. Der Mann verließ seine Frau und legte ihr als Strafe auf, daß sie bis zu ihrem Tode seine Esel hüten solle. Dann heiratete er das andere Weib.

Inzwischen waren die zwei Kinder von einem fernen Volksstamm aufgenommen worden. Kinder, welche am Ufer spielten, hatten den Topf ankommen sehen, ihn aufgefangen und zu ihrem Vater getragen. Die Knaben wuchsen dort zu Kriegern heran. Eines Tages wurde ein Kriegzug gegen die Massai unternommen und jene beiden als Spione vorausgeschickt. In der Nähe eines Massaikraals fanden sie ein altes Weib, welches Esel hütete. Da es nicht Brauch ist, daß die Weiber hüten, so fragten sie sie, weshalb sie diese Arbeit täte. Darauf erzählte sie die Geschichte ihres Unglücks und des an ihr begangenen Unrechts. Als die Krieger den Haß des Weibes gegen seine Stammesangehörigen sahen, enthüllten sie ihm ihren Plan und erlangten die Mithilfe der Alten. Nachdem sie die das Vieh hütenden Knaben schnell getötet hatten, nahmen sie einem Rind die Glocke vom Hals und hingen sie einem Esel um. Diesen banden sie recht kurz an einen Baum, so daß er fortwährend schrie und mit der Glocke läutete. Die Massai im Kraal hörten es und entnahmen daraus, daß Vieh und Esel ruhig weideten.

Währenddessen hatten sich aber die Krieger mit der Herde fortgemacht und die alte Frau zum Dank für ihre Hilfe mitgenommen.

80. Die Geschichte von dem menschenfressenden Ungeheuer und dem Kinde

Es war einmal ein Ungeheuer, das von den Bewohnern des Landes, in dem es lebte, außerordentlich gefürchtet wurde, weil es hauptsächlich von Menschenfleisch lebte. Einmal hatte es viele Leute und viel Vieh aufgefressen, soviel, daß es dachte, es hätte sie alle vertilgt. Nur eine Frau hatte sich mit ihrem Kind in einer Höhle verborgen, und als das Ungeheuer abgezogen war, kam sie zurück in ihre Wohnung und sammelte alle die Speise, die dort zurückgeblieben war. Und sie zog ihr Kind dort in der Höhle auf, bis es groß war. Und da sagte seine Mutter zu ihm:

»Du liebes Kind, gehe ja nicht nach draußen, denn da ist das Ungeheuer, das alles Volk aufgefressen hat. Wir beide sind allein übrig geblieben.«

Und der Junge machte sich einen Bogen und Pfeile und sagte zu seiner Mutter:

»Ich gehe hinaus, um mich etwas zu ergehen.«

Und trotz ihres Widerspruchs ging er hinaus nach draußen und schoß einen kleinen Vogel, brachte ihn zu seiner Mutter und sagte zu ihr:

»Mutter, hat der die Leute aufgefressen?«

Und die Mutter sagte zu ihm:

»Nein.«

An einem andern Tage ging er wieder aus und schoß einen kleinen Vogel und sagte:

»Ist er dies?«

Und seine Mutter sagte:

»Nein.«

An einem andern Tage ging er wieder aus und schoß eine Gazelle und dachte:

»Dies ist wohl der die Leute aufgefressen hat?«

Und er trug sie zu seiner Mutter und sagte zu ihr:

»Mutter, ist es dieser, der die Leute verzehrt hat?«

Und seine Mutter sagte:

»Ach nein, mein Kind, das ist Speise, bringe es her, dann wollen wir es essen.«

Und er bekam allerlei Tiere aus dem Wald und fragte immer:

»Ist es dies?«

Und immer hieß es:

»Nein.«

Und die Mutter sagte zu ihrem Sohn:

»Frage nicht immer nach diesem Ungeheuer, denn es hat alle Leute aufgezehrt und ich bin allein übriggeblieben, ich mit dir zusammen, wir sind die einzigen in diesem Lande.«

Und der Sohn ging hin und suchte sich Pfeile und Speere und brachte sie oben in einen Baum und blieb da mit seiner Mutter. Und dann sagte er zu seiner Mutter:

»Mutter, ich rufe das Ungeheuer hierher und werde es töten.«

Und seine Mutter sagte zu ihm:

»Mein liebes Kind, laß es doch, denn du bist ihm nicht gewachsen.«

Aber er sagte:

»Ich rufe es.«

Und dann zündete er ein großes Feuer an der Spitze des Baumes an, und das Ungeheuer sah den Rauch und sagte:

»Ich dachte, ich hätte früher alle Leute aufgefressen, und nun sind sie doch noch da.«

Und das Kind sagte:

»Ja, sie sind noch da, und du kommst, um sie zu vernichten.«

Da ging das Ungeheuer hin und holte Äxte, um den Baum umzuhauen, auf dem der Knabe mit seiner Mutter saß. Als es dann ankam, sagte es:

»Nun steigt herunter, oder ich haue den Baum ab.«

Da sagte der Junge:

»Haue ihn nur ab!«

Und das Ungeheuer führte einen Hieb und der Knabe schoß nach ihm, und es hieb wieder zu, und der Knabe schoß wieder. Und da sagte das Ungeheuer:

»Ach, was stechen doch die Bremsen!«

Und er traf ihn manchesmal, so daß er den Baum nicht abhauen konnte. Und das Ungeheuer wußte, daß es sterben müßte, und es rief den Knaben und sagte zu ihm:

»Wenn ich tot bin, dann schneide diesen meinen kleinen Finger ab, dann wird all das Vieh aus eurem Lande wieder herauskommen. Und wenn du den Daumen abschneidest, dann werden alle Leute wieder herauskommen. Wenn du aber das Gesicht abschneidest, dann wird nur ein Mann herauskommen.«

Als dann das Ungeheuer gestorben war und der Knabe ihm die Finger abschnitt, da kamen all die Leute und all das Vieh heraus, und dann schnitt er das Gesicht auf, und es kam ein Mann heraus. Alle die Leute nun, die da herauskamen, gingen wieder in ihre Dörfer und blieben da. Und die Leute hielten Rat untereinander und sagte:

»Was wollen wir mit dem Mann machen, der uns aus dem Leibe des Ungeheuers wieder hierher gebracht hat? Wir wollen ihn zum König machen.«

Und alle stimmten zu:

»Wir wollen ihn zum König machen.«

So wurde er ihr König. Aber der Mann, der aus dem Gesicht des Ungeheuers herausgekommen war, fing an und sagte zu den andern:

»Warum hat er mich aus dem Gesicht des Ungeheuers herausgenommen? Er muß mich wieder an die Stelle bringen, wo er mich hergeholt hat.«

Und die andern redeten ihm zu und sagten zu ihm:

»Wie kannst du so etwas sagen, denkst du wirklich, daß dir ein Schade geschehen ist, weil er uns aus dem Ungeheuer hierher gebracht hat?«

Und der König sagte:

»Laßt ihn nur, wenn dieser Mann zu Ende ist, bringe ich ihn wieder zurück, von wo er kam.«

Und der König pflanzte Tabak, denn er wußte, daß der Mann den Tabak liebte. Als dann der Tabak reif war, da ging der König hin, ihn zu bewachen. Als es Mittag war, da kam der eine, der aus dem Gesicht des Ungeheuers hervorgegangen war, und pflückte ein Blatt vom Tabak ab und kaute es. Und der König sah ihn und sagte zu ihm:

»Mein Freund, bring das Blatt wieder an die Stelle, wo du es hergenommen hast.«

Und der sagte zu ihm:

»Das kann ich nicht.«

Da nahm der König ihn mit ins Dorf und rief die Männer zur Beratung zusammen und sagte:

»Freunde, Männer! Ich verlange, daß dieser Mann das Tabakblatt wieder an den Platz bringt, von dem er es genommen hat. Und dann will ich hingehen und will ihn wieder in das Gesicht des Ungeheuers setzen, von wo ich ihn hergenommen habe.«

Der Mann sagte:

»Ich bin nicht imstande, es zurückzubringen.«

Und die andern sagten zu ihm:

»Wie kannst du denn sagen zu einem andern: ›Setze mich an die Stelle, wo du mich hergenommen hast, und du bist nicht imstande, das Blatt an die Stelle zu setzen, von der du es genommen hast?‹«

Nun, so sprachen sie miteinander und sie liebten einander, und der König verstand es, sich Achtung zu schaffen während seines ganzen Lebens.

81. Ule und Lue

Es waren einmal zwei Jünglinge. Der eine Jüngling hieß Ule, der von anderer Sippe Lue. Der Jüngling Ule war sehr hübsch, jener Lue war häßlich. Zwei sehr hübsche Mädchen kamen her, sie wollten mit ihnen Freundschaft schließen. Als sie herkamen, fragten sie:

»Alle Jünglinge binden Perlen um, bindest du sie um die Hüfte?«

Als die Mädchen dort herankamen, stellten sie sich auch hübsch nebeneinander hin und fragten:

»Wer ist der Schönste?«

Die Mädchen antworteten:
»Der Schönste ist Ule, er ist sehr schön.«
»Ist für dich Lue hübsch oder häßlich?«
»Warte, bis andere Mädchen kommen!«
Sie mußten abwarten, bis die Mädchen sich Perlen um die Hüften gebunden hatten und kamen.
»Wer ist der Schönste?«
»Schön ist Ule, er ist sehr schön.«
Lue war wütend, jedesmal, wenn Mädchen herzukamen, war Ule der Schönere. Voll Wut dachte er:
»Warte, Ule, ich räche mich.«
Ule sprach:
»Brich auf, Lue, wir gehen hüten.«
Sie gingen hüten. Sie fanden einen Brunnen. Der Brunnen war tief, das Wasser ganz unten. Sie ließen einen langen Baumstamm hinab und stellten ihn auf.
»Warte, aus diesem tiefen Wasser zu trinken«, sagte Lue, »Ule, warte, trinke hinterher, ja, ich will zuerst trinken.«
Lue trank zuerst und stieg wieder herauf.
»Ule, steig auch hinunter!«
Ule stieg auch hinunter. Da zog Lue jenen langen Baumstamm heraus und warf ihn zur Seite. Ule sagte:
»Ich weiß nicht, wie soll ich hinaufklettern?«
»Täglich, wenn wir gingen, sprachen die Mädchen: ›Ule ist der Schönste.‹ Jetzt bin ich's satt, warte nur, ich quäle dich.«
»Wehe, so quälst du mich?«
»Ja.«
Er folgte den Rindern, er schlachtete ein Rind.
»Jawohl, jawohl, ich werde es fein machen.«
Dann nahm er das Fell, dann legte er es oben auf den Brunnen, befestigte es als Deckel, als Deckel der Brunnenöffnung, holte Pflöcke und pflöckte den Rand fest. So oft er zurückkehrte, brachte er es jedesmal in Ordnung. Er

brach auf, trieb die Rinder nach Hause, trieb sie und kam zu Hause an. Ules Mutter fragte:

»Wo ist Ule?«

»Nein, ich weiß nicht, Ule ist vorausgegangen.«

Dann ging er und blieb fort. Der Mond ging unter. Am andern Tag melkte er die Rinder, trieb sie hinaus, kam an den Brunnen und rief:

»Ule, he, Ule!«

Die Erde blieb still.

»Ule, he, wer geht wie alle Tage und sagt: ›Ule ist der Schönste!‹ Davon bin ich wütend. Ule, wer?«

»Ihr Leute, ihr Leute, jetzt muß ich sterben.«

»Quäle dich, quäle dich, der du alle Tage der schönste Ule warst, quäle dich!«

Dann trieb er die Rinder heim und kam zu Hause an. Ule blieb zurück, der Monat ging zu Ende. Er kaute die Fingernägel ab, er aß die Leibriemen auf, er verzehrte das Schurzfell, er aß seine eigenen Haare auf. Ule magerte ab, der Tod war nahe. Was sollte er essen, um fett zu bleiben? Er war beinahe ein Leichnam. Eines Tages bei Monduntergang kam ein kleiner Bursch, Ules Bruder – eines Vaters und einer Mutter mit Ule – dies Kind kam heraus. Lue trieb zur Weide aus und rief Ules Bruder:

»Komm hüten!«

Sie trieben die Rinder und kamen am Brunnen an. Als sie beim Brunnen angekommen waren, sagte Lue:

»Bleib da beim Brunnen stehen!«

Das Kind, Ules Bruder, blieb dort stehen. Lue verabschiedete sich, ging zum Brunnen und rief:

»Ule, he, Ule!« und klopfte auf den Deckel aus Rinderfell. Ule sang:

»Ihr Leute, ihr Leute, jetzt muß ich sterben.«

Das Kind horchte:

»Ei, was spricht dieser? Der Bruder ist doch längst tot, was spricht er? Warte, ja, ich will gut hinhören.«

»Ule, he, Ule!«

»Ihr Leute, ihr Leute, jetzt muß ich sterben.«

Das Kind sprach:

»Nein, warte!«

Sie trieben die Rinder nach Hause. Die Mutter gab dem Kinde Brei, aber es weinte.

»Was ist dem Väterchen?«

Sie gab ihm Milch, es nahm sie nicht, sie gab ihm Honig, Fett und Fleisch, es lehnte alles ab und weinte. Sie fragte:

»Was ist geschehen?«

»Oh, Mutter, was ist der doch längst verstorbene Bruder Ule geworden? Als wir hüteten, da hat Lue auf das Rinderfell geklopft: ›Ule, he Ule‹, da sagte er: ›Ihr Leute, ihr Leute, jetzt muß ich sterben.‹«

»Wo hast du das gehört?«

»Mutter, im Brunnen, ganz gewiß.«

»Ja, du lügst doch nicht?«

»Nein, ich lüge nicht.«

Die Leute wurden versammelt, die Sippengenossen kamen. Sie fragen das Kind:

»Was hast du gehört?«

»Mein Bruder Ule ist am Leben.«

»Lügst du nicht?«

»Nein, er ist am Leben, wer sollte sonst dort reden? Jetzt eben noch hat Lue geklopft.«

»Ja, laßt uns gehen, wir werden ihn finden, ja, wir werden ihn finden, Sippengenossen.«

Sie brachen auf, suchten, gingen hin und kamen an den Brunnen.

Dann bückte sich einer und klopfte plötzlich:

»Ule, he, Ule!«

Sie lauschten still.

»Ule, he, Ule!«

»Ihr Leute, ihr Leute, jetzt muß ich sterben.«

»Ja, jawohl wirklich, er ist noch am Leben.«

Sie nahmen die Pflöcke des Rinderfelles ab und nahmen es weg. Ule war ganz abgemagert. Dann holten sie einen Baumstamm und ließen ihn hinab; hinaufklettern konnte er nicht, da stieg ein Sippengenosse hinab, holte ihn, lud ihn auf den Rücken, trug ihn auf dem Rücken, kletterte hinauf und sie gingen nach Hause und brachten ihn hin. Den Deckel hatten sie festgepflöckt und den Brunnen oben wieder zurechtgemacht. Am andern Morgen, als es Tag war, kam Lue beim Hüten wieder an:

»Ule, he, Ule!«

Alles blieb still.

»Genug bist du gequält, so bist du gestorben; genug bist du gequält, lange habe ich dich also gequält.«

Daß man ihn geholt hatte, wußte er nicht. Ule blieb im Innenraum und aß gekochten Brei; Ule wurde wieder fett und sein Leib schön. Als eines Tages Lue kam, holte Ule ein Beil, holte einen Schleifstein und schärfte es; im Innenraume machte die Beilklinge »Nech, nech«. Lue fragte:

»Wozu ist das?«

»Der Vorratsbehälter innen knarrt.«

Ules Mutter wässerte Hirse und bereitete Leichenbier, Ules Opferleichenbier braute sie. Andern Tages versammelten sich die Leute zum Bier, auch diesen Menschen Lue schickten sie hin, der den Ule getötet hatte, daß er sich am Bier sättige. Als sie gekommen waren, sperrten sie das Haus zu.

»Wozu das?«

»Bleib da und trinke, willst du aus dem Zimmer laufen?«

Ule erschlug ihn mit dem Beil:

»Du, der du mich hast töten wollen, jetzt räche ich mich an dir.«

So starb dieser Mensch Lue. Hier ist die Erzählung zu Ende.

Nachwort

Als diese erste Sammlung von Erzählungen und Märchen aus ganz Afrika 1917 erschien, ging eine Epoche deutscher Geschichte zu Ende. Mit dem Ersten Weltkrieg verlor das Deutsche Reich auch die 1884/85 erworbenen bzw. auf der Berliner Konferenz ausgehandelten Kolonien. Kaum ein Menschenalter lang hatte es gedauert, daß Kaufleute, koloniale Verwaltungsbeamte, Militärs, Techniker, Missionare und Lehrer den Traum gelebt und den Versuch unternommen haben, ein Stück Deutschland nach Afrika zu exportieren. Es kann und soll hier nicht die Rede sein von der Schuld besonderer Art, die unsere Väter mit dem Willen zur kolonialen Expansion auf sich geladen haben; davon haben andere in zahllosen Auseinandersetzungen und mit mehr oder weniger Sachkenntnis gehandelt. Was hier und jetzt aber gesagt werden muß, ist ein Wort der Anerkennung und des Dankes an all diejenigen, die sich in Afrika um ein besseres Verständnis der einheimischen Menschen, ihrer Lebens- und Denkweise bemüht haben, gleichgültig ob Deutsche, Franzosen, Briten oder Portugiesen.

Texte und Quellen

Die Vielzahl der Quellen, aus denen Carl Meinhof, der Herausgeber der Märchen, seine Texte bezog, legen ein beredtes Zeugnis ab von dem Einsatz und dem Fleiß, mit dem vor allem Missionare und Lehrer das reiche Erzählgut der Afrikaner aufgezeichnet, übersetzt und veröffentlicht haben. Es lag nahe, daß er dabei deutsche Quellen, d. h. deutschsprachige Textsammlungen von Autoren, die in den damaligen Kolonien Tanganjika, Südwestafrika, Kamerun und Togo tätig waren, bevorzugt hat; es kommen daneben aber auch französisch- und englischsprachige Quellen zu Wort, so daß große Teile Afrikas einigermaßen ausreichend repräsentiert sind. Die Namen von Missionaren und Regierungslehrern wie J. Augustiny (Madschame/Dschagga), H. Brincker (Herero), K. Endemann (Sotho), R. Fisch (Dagomba), J. Hendle (Pogoro), C. Hoffmann (Transvaal), B. Krumm (Matumbi), H. A. Junod (Ronga), M. Merker (Masai), J. C. Mitterrutzner (Bari), J. Raum (Dschagga), K. Roehl (Schambala, Swahili), J. F. Schön (Hausa), J. Schönhärl (Ewe), C. Schuler (Bakwiri), B. J. Spieth (Ewe), E. Steere (Swahili), H. Tönies (Ovambo), C. Wandres (Nama) und R. Wolff (Kinga) werden auch aufgrund ihrer literarischen Pionierleistungen, die sie bei dem jeweiligen Volk oder Volksstamm erbracht haben, immer mit dessen Namen verbunden bleiben.

Ein ungewöhnlich starker Akzent liegt mit rund der Hälfte aller abgedruckten Texte auf dem bantusprachigen Bereich, was seine Erklärung darin findet, daß in der deutschen Kolonie Tanganjika bzw. im heutigen Tanzania fast ausschließlich Bantusprachen gesprochen werden. Entsprechend dem damaligen Forschungs- und Kenntnisstand sind Völker und Stämme in Küstennähe stärker vertreten als manche innerafrikanischen Landschaften. So fehlen z. B. Zeugnisse aus Ländern wie Niger und Tschad gänzlich; auch der Sudan sowie Mali, Zentralafrika und Zaire mit ihren in die Hunderte gehenden Sprachgemeinschaften sind kaum vertreten.

Die Anfänge der Afrikanistik

Den unermüdlichen Forschungen und zahlreichen Veröffentlichungen des Österreichers Leo Reinisch (1832–1919) ist es zu verdanken, daß immerhin auch Nordostafrika mit einer Reihe von Märchen in dem Band repräsentiert ist. Mit Reinisch begegnet uns zum ersten Mal in der Geschichte der Afrikanistik der Philologe, Gelehrte und Feldforscher, der die kuschitischen Sprachen Ostafrikas aus einer rein wissenschaftlichen Motivation heraus systematisch studiert und aufnimmt. Er leitet damit eine Ära ein, die schließlich zur Begründung der Wissenschaft von den afrikanischen Sprachen und Kulturen, der Afrikanistik, führen sollte; eine Ära, an deren Anfang auch der Ägyptologe und Sprachgelehrte Richard Lepsius (1810–1884) steht, zu deren führender und wegweisender Gestalt aber Carl Meinhof (1857–1944) wurde. Ihm verdankt die Afrikanistik nicht nur ihre ersten grundlegenden Werke über die größte Sprachfamilie Afrikas, die Bantusprachen (Meinhof 1899 und 1906), durch ihn wurden auch die Studien über den anderen großen Sprachenraum Afrikas, die sogenannten Sudansprachen, angeregt und in Gang gebracht (Westermann 1911 und 1927).

Beide, C. Meinhof und D. Westermann (1875–1956), kamen ursprünglich aus dem theologischen Bereich: Meinhof war zunächst Pfarrer, Westermann Missionar. Nach einer Reise nach Ostafrika wurde Meinhof 1903 Lehrer am Seminar für Orientalische Sprachen in Berlin. Ab 1909 leitete er das Seminar für Kolonialsprachen am Hamburger Kolonialinstitut. Nach dem Verlust der Kolonien wurde das Kolonialinstitut bzw. das Seminar in die neu gegründete Universität Hamburg eingegliedert, und Meinhof wurde daselbst Professor für afrikanische Sprachen. Es ist eine unleugbare Tatsache, daß die wissenschaftliche Beschäftigung mit Afrika und die sich daraus ergebende Entwicklung afrikabezogener Disziplinen wie etwa der afrikanischen Völkerkunde und Sprachwissenschaft entscheidende Anstöße durch die Gründung und Existenz der Kolonien empfing. Es ist deshalb nicht verwunderlich, daß ein großer Teil der grundlegenden Werke der Afrikanistik in den 30 Jahren um die Jahrhundertwende erschienen ist; und zwar sowohl auf dem Gebiet der einzelsprachlichen Beschreibung – es sei nur an die bis heute gültigen Arbeiten Westermanns über das Ewe, eine vor allem in Südtogo gesprochene Kwasprache, erinnert –, als auch im Bereich der historisch-vergleichenden Erforschung der Verwandtschaftsbeziehungen zwischen den rund 2000 Sprachen Afrikas. Diese Anfangs- und Pioniersituation verlangte und erlaubte es aber gleichzeitig, in ersten Entwürfen auch noch andere Lebens- und Kulturbereiche der afrikanischen Menschen in das Studium mit einzubeziehen. So entstanden in den Jahren zwischen 1910 und 1914 die kleinen Schriften »Die Dichtung der Afrikaner«, »Afrikanische Religionen«, »Die moderne Sprachforschung in Afrika« und »Die afrikanischen Rechtsgebräuche«.

Die Edition der »Afrikanischen Märchen«

Im Geiste dieser Bemühungen, die die Ergebnisse wissenschaftlicher Forschung einer größeren Öffentlichkeit zugänglich machten, steht nun auch die Edition der »Afrikanischen Märchen«. Meinhof hatte schon als Pfarrer in Zizow bei Rügenwalde regen

Kontakt zu Missionaren, denen er beim Erlernen afrikanischer Sprachen mit Rat und Tat zur Seite stand. Dieser Zusammenarbeit mit aus Afrika zurückkehrenden Missionaren verdankte er die Kenntnis zahlreicher Bantusprachen. Er wurde dadurch schließlich in den Stand versetzt, das gemeinsame Wort- und Formengut dieser etwa 500 Sprachen umfassenden Familie, die den größten Teil Afrikas südlich des Äquators einnehmen, vergleichend zu untersuchen (Meinhof 1899 und 1906).

Die Texte, die in diesem Band versammelt sind, sind verständlicherweise von sehr unterschiedlicher Art und Qualität. Vor hundert Jahren stand den Missionaren und Feldforschern noch kein Tonbandgerät zur Verfügung; sie ließen sich die Erzählung vom afrikanischen Sprachgehilfen diktieren oder veranlaßten ihn, sie selbst zu Papier zu bringen, sofern er des Schreibens kundig war. Daß das Ergebnis eines solchen Unterfangens nur ein schwacher Abglanz des Originals, d. h. der in lebhafter mündlicher Rede vorgetragenen Erzählung sein konnte, liegt nahe; die englische Redewendung »to reduce to writing« deutet den Verlust an, den die lebendige Rede erleidet, wird sie auf den »toten Buchstaben« gebracht. Wer je erlebt hat, mit welch ungewöhnlicher Redekunst, durch lebhafte Gebärden unterstützt, ein Erzähler den Zuhörern die Welt des Märchens vor Augen zu zaubern imstande ist, weiß etwas von Macht und Magie des gesprochenen Wortes, von dem die schriftliche Fassung kaum eine Ahnung zu vermitteln vermag. Solches trifft schon auf jedes wortwörtliche Transkript von einer Tonbandaufnahme zu, um so mehr auf Produkte eines Diktats oder einer lautlosen Selbstaufzeichnung, bei der die lebendige geistige Bewegung, die der mündlichen Erzählung ihren Ausdruck verleiht, durch die unangemessene Langsamkeit der Aufnahmetechnik behindert wird. Und doch! So manches dieser Märchen, das wir den zahlreichen Missionaren, Regierungslehrern und Forschungsreisenden verdanken, läßt noch etwas erahnen von dem besonderen Reiz des mündlich inszenierten Erzählstils. Beispiele dafür sind etwa Nr. 47: »Der Elefant und die Spinne« mit der typischen Eingangsformel »Höret die Fabel! ›Die Fabel möge kommen!‹ Die Fabel kam von weither und fiel auf den Leoparden ...«; oder Nr. 35: »Das Rebhuhn heiratete fünf Frauen« mit den zahlreichen lautmalenden Namen und Anspielungen, deren eigentliche Kraft und Wirkung so recht nur in der Originalsprache selbst empfunden werden können, und mit der Schlußformel: »So endigt auch diese Erzählung, mehr ist von ihr nicht übriggeblieben.«

Probleme der Übersetzung und Herkunft der Texte

Zu der Frage nach den Bedingungen der Aufnahme kommt das Problem der Übersetzung bzw. Übertragung der einmal aufgezeichneten Erzählungen. Eine historisch-kritische Ausgabe der Texte würde unbedingt ein Hinabsteigen zu den Quellen erfordern. Es kann keinem Zweifel unterliegen, daß die einzelnen Herausgeber bei der Analyse und europäischsprachigen Wiedergabe ihrer Texte unterschiedlich sorgfältig und nicht in allen Fällen gleich sprachkompetent vorgegangen sind. Hinzu kommt, daß Meinhof bei der Übernahme der Texte in die vorliegende Sammlung bewußt teilweise nicht ganz unbedenkliche Veränderungen vorgenommen hat. In seinem Vorwort zur Erstausgabe umschreibt er dies folgendermaßen: »Manches habe ich unverändert der Quelle entnommen. Bei anderen Stücken habe ich den Ausdruck gefeilt, um die Übersetzung vergessen zu lassen. Unverständliche Afrikanismen und Bezeichnungen habe ich durch Bekanntes ersetzt, so daß der Leser nun ungehindert seine Straße ziehen kann.« Man vergleiche z. B. Nr. 33, wo in der deutschen Übersetzung aus dem ›Herrn‹ Sonne eine ›Frau‹ Sonne geworden und aus der ›Frau‹ Mond ein ›Herr‹ Mond; oder Nr. 39, wo die ›Tante‹ Schildkröte im Original ein ›Onkel‹ ist (Anmerkungen zu Nr. 33 und 39). Das grundsätzliche Problem der Übersetzbarkeit von Texten aus einem Sprach- und Kulturkreis in einen anderen ist bekannt: Ist schon der Schritt von einer europäischen Sprach- und Kulturgemeinschaft zu einer anderen voller Verständigungsschwierigkeiten, um wieviel mehr trifft dies auf das Verhältnis zwischen Europa und Afrika zu! (vgl. hierzu Jungraithmayr 1986, 1987). Im Idealfalle müßte ja jeder Übersetzung ein ausführliches kulturgeschichtliches Glossar beigegeben werden. Wie soll man z. B. die Stelle in Nr. 31 verstehen: »Und sie brachten Eisenkugeln und verbrauchten zum Aufreihen der Kugeln die Leibriemen der Frauen«?; in der Geschichte Nr. 59 bedarf zunächst der Begriff »Azbin« einer Erklärung: Wer sind die Azbin-Leute und welche besondere Bewandtnis hat es mit einem Azbin-Pferd? (Nach Abraham [2]1962, 383 und 779 ist Asbin/Azbin – aus der Sicht von Sokoto – einer der sieben echten Hausa-Staaten; *sàntìilóo dóokin Asbìn* bedeutet demnach ›this horse is as fine as if it came from Asben‹.)

Schließlich stößt man in einem Originaltext auch manchmal auf eingeschobene Liedtexte oder Zaubersprüche, die zur archaischen Struktur der Erzählung gehören und die nicht einmal vom Erzähler selbst mehr übersetzt werden können; so z. B. der Zauberspruch »msura kwivire-vire tsa kambingu na kasanga« in Nr. 8: »Das Märchen von Mrile«. Im allgemeinen aber ist die Leistung der Übersetzer als beachtlich einzustufen, bedenkt man z. B. auch die Tatsache, daß vor hundert Jahren die grammatischen Strukturen und Bauelemente afrikanischer Sprachen aus noch weitgehender Unkenntnis ihrer Tonstrukturen erst unvollkommen durchschaubar waren. Pater W. Schmidt schrieb 1907 im Zusammenhang mit seinem ›Anthropos-Alphabet‹ folgendes: »Wir betreten jetzt ein Gebiet, das bis vor kurzem dem Europäer überhaupt und damit auch dem europäischen Sprachgelehrten ziemlich fremdgeblieben ist. Die kurze Zeit, die man sich jetzt etwas ernstlicher damit beschäftigte, hat noch längst nicht hingereicht, die Dunkelheiten zu entfernen, mit denen dieser Gegenstand noch behaftet ist ...« Wie viele ostasiatische Sprachen besitzen auch die meisten Sprachen Schwarzafrikas die sogenannte musikalische oder etymologische Tonhöhe, die neben Konsonant und Vokal der Bedeutungsunterscheidung von Wörtern und Formen einer Sprache dient. Man vergleiche z. B. im Mokilko (Osttschad), *yìidè* (hoch-tief) »er tötete«: *yíidé* (tief-hoch) »er ging«, oder im Hausa *tá sháa* (hoch-hoch) »sie trank«: *tà sháa* (tief-hoch) »sie möge trinken«. Zu den Pionieren in der Erkenntnis dieser ›dreidimensionalen‹ Struktur afrikanischer Sprachen zählen – noch im 19. Jahrhundert – die Missionare J. C. Christaller (1827–1895) u. a. mit seiner Schrift »Die Töne der Neger-Sprachen und ihre Bezeichnung« (Basel 1893) und K. Endemann (1836–1919), in dessen Sotho-Grammatik die »drei Töne, die das Sotho hat« (1876, 25), völlige Berücksichtigung finden.

Nun geben uns leider die den Märchen beigegebenen Anmerkungen auch keinerlei Auskunft über die spezifische Situation und die Bedingungen, unter denen Aufnahme und Übersetzung zustande kamen. Wir erfahren nicht einmal die Namen der Erzähler, denen wir die Mitteilung der Geschichten verdanken – mit einer Ausnahme, nämlich Meinhof selbst, der uns verrät, daß ihm die Geschichte Nr. 68 »der Bischarin Karrar in Assuan« erzählt habe. Diese merkwürdige Distanz zur Person des Erzählers, dessen Namen festzuhalten nicht für nötig erachtet wird, ist nicht leicht verständlich, es sei denn, man interpretierte sie als eine falsch verstandene Sicht des Sammlers und Herausgebers von der Anonymität von Volkserzählungen. Wahrscheinlich aber ist es Ausdruck einer gewissen Gleichgültigkeit gegenüber den Menschen, die uns aber als Vertreter eines Volkes doch erst den Zugang zu dem Schatz kollektiver Erinnerungen eröffnen, die afrikanische Völker besitzen. Sicherlich ist es auch ein Zeichen dafür, daß die besondere Bedeutung und Rolle von Personennamen in Afrika nicht begriffen worden ist (vgl. Hallaire 1977). Nun kann man es sich für die Zeit vor hundert Jahren aus dem damaligen europäischen Denken heraus noch gerade erklären; inakzeptabel wird es aber, wenn auch heute noch z. B. geschrieben wird: »Erzähler 5: ca. 30jährige Dama-Frau in Hardap bei Mariental 1961« (Schmidt 1980, 251).

Die Texte sind auch hinsichtlich ihrer Gattungszugehörigkeit uneinheitlich. Tierfabeln und Schwänke überwiegen, daneben sind jedoch ebenso mythische Erzählungen, sagenhafte Geschichten und sogar die »Geschichte des Königreichs Uagadu« (Nr. 52), die legendenhafte Historie der Soninke, in die Sammlung aufgenommen worden. Die Besonderheiten in Genre und Stil ergeben sich zum Teil aus dem kulturell recht unterschiedlichen Hintergrund, aus dem die Erzählungen stammen. Auf der einen Seite stehen die seit einem Jahrtausend wirksamen arabisch-islamischen Einflüsse in Nord- und Ostafrika – vgl. etwa »Die Pilgerfahrt nach Mekka« (Nr. 56), »Geschichte von Abu Nuwas« (Nr. 67) –, auf der anderen die stärker autochthonen afrikanischen Kulturen der Regenwald- und Steppenzonen West-, Zentral- und Südafrikas. Hie und da sind auch europäische Einflüsse zu vermuten, die aber weniger leicht zu identifizieren sind.

Anlage des Bandes

Die Sammlung ist vom Herausgeber nach einem gemischt geographisch-kulturell-sprachlichen Prinzip gegliedert worden. Am Anfang stehen drei Erzählungen der Swahili. Es folgen fünfzehn Erzählungen der »Ostafrikanischen Bantu« und weitere je sieben aus »Südostafrika« und »Südwestafrika«. Unter »Westafrikanische Bantu« (Nr. 33–43) sind offenbar die Westbantu, Völker Zaires und Angolas, verstanden, während sich die Abteilung »Westsudan«, vormals »Westafrikanische Sudanesen«, (Nr. 45–54) auf das Westafrika im engeren Sinne (Regenwaldzone nördlich des Äquators) bezieht. Unter »Zentralsudan und Berber«, vormals »Westafrikanische Hamiten«, finden sich Erzählungen der Hausa, Fulbe und Berber vereinigt (Nr. 54–65), unter den Überschriften »Nordostafrika« (Nr. 66–76) und »Ostafrika«, vormals »Ostafrikanische Hamiten«, (77–81) Märchen und Erzählungen kuschitisch-nilotischsprachiger Völkerschaften im Osten des Kontinents; die letzte Geschichte, »Ule und Lue«, stammt von den Sandawe, deren Sprache mit den südwestafrikanischen Koisan-Sprachen verwandt ist. Diese Einteilung des Stoffes ist in der vorliegenden Neuauflage des Bandes beibehalten worden, einige Zwischentitel wurden aber heutigen terminologischen Erfordernissen angepaßt.

Aufgaben der Märchenforschung in Afrika

Abgesehen von den islamisch geprägten Regionen sind Charakter, Struktur und Motivik afrikanischer Erzählungen wohl kaum geographisch abzugrenzen. Hyäne (Wolf) und Schakal (Fuchs) sind vermutlich überall in Afrika Protagonisten für Dummheit bzw. Schlauheit; die Spinne kommt als Trickster-Figur vor allem in Westafrika und im oberen Nilgebiet vor, während der Hase in dieser Rolle hauptsächlich in Zentral- und Ostafrika verbreitet ist. Die Schildkröte als Symbol für Klugheit dürfte allgemein in Afrika vorkommen. Auf derartige Fragen wird aber letzten Endes erst ein allgemeiner afrikanischer Motivindex präzisere Antworten geben können. Zur Zeit wird ein interuniversitäres Projekt von der Deutschen Forschungsgemeinschaft gefördert, das sich die Erstellung eines Motiv- und Themenkatalogs für Afrika zum Ziel gesetzt hat. Die afrikanische Erzählliteratur wird vom ansonsten international viel benutzten *»Motif-Index of Folk-Literature«* von Stith Thompson (Kopenhagen 1955 ff. u. ö.) nicht ausreichend berücksichtigt. Außerdem ist auch die Dokumentation für einige Regionen Afrikas erst in den vergangenen zwanzig Jahren grundlegend verbessert worden. So hat eine Forschergruppe an der Universität Münster unter Leitung von R. Schott seit den 60er Jahren ein Korpus von mehr als 1300 Erzählungen bei dem nordghanaischen Volke der Bulsa aufgenommen, was »wahrscheinlich eine der umfangreichsten Korpora von Erzählungen einer einzelnen afrikanischen Ethnie überhaupt« darstellen dürfte (Schott 1990, 9). An den Universitäten Bayreuth, Frankfurt, Hamburg und Köln – sowie in Frankreich, wofür vor allem die Forschergruppe unter Leitung von Veronika Görög-Karady besonders zu nennen ist – werden zur Zeit ebenfalls umfangreiche Sammlungen afrikanischen Erzählgutes bearbeitet und für vergleichende Untersuchungen aufbereitet.

So dringend die Wissenschaft einen vergleichenden afrikanischen Motiv- und Themenkatalog auch benötigt, so sehr ist es aber vor allem höchste Zeit für das Sammeln und Einbringen der heute noch in Afrika gewußten und erzählten Märchen und Erzählungen. S. Schmidts Befund (1980, 248) für das südwestliche Afrika gilt vielleicht noch nicht allgemein, kann aber doch bereits für viele Teile Afrikas stehen: »Märchenerzählen als Abendunterhaltung für groß und klein gibt es nicht mehr ... Nur in wenigen Familien wird das Märchenerzählen noch gepflegt. Darum sind die meisten Leute, die man endlich zum Märchenvortrag gewinnt, so außer Übung, daß sie Mühe haben, die Einzelheiten richtig und sinnvoll zu ordnen und dazu einen sicheren Vortragsstil zu verwenden. Denn ein guter Vortrag setzt die Beherrschung des Stoffes voraus.« Die Mündlichkeit des Daseins, die konkret-präsente Form des Lebens, in der das Erzählen Teil der geistigen Existenz ist, geht heute überall auch in Afrika in die Welt der Schriftlichkeit über. Die Kommunikation erfolgt nun vielfach nicht mehr von Person zu Person, konkrete Präsenz der Person ist nicht mehr vonnöten, an die Stelle der mündlichen Erzählung tritt der schriftliche oder medienvermittelte Bericht, die Information. Meinhofs Äußerung (aus dem ursprünglichen Vorwort dieses Bandes): »Sie sind geborene Erzähler, meine afrikanischen Freunde, und Märchen kennen sie alle« gilt heute nur noch in ihrem ersten Teil – ja, sie sind geborene Erzähler! –, der zweite aber nur noch sehr bedingt: Auf ein spontanes, lebendiges Erzählen stößt man heute nur noch in wenigen abgelegenen Regionen des Kontinents. Turay und Möhlig (1989, 11) stellen dazu lapidar fest: »In den letzten Jahrzehnten ist die orale Volksliteratur fast überall in Afrika einen stillen Tod gestorben ...«

Die vorliegende Neuauflage des von C. Meinhof 1917 herausgegebenen afrikanischen Märchengutes hätte ihren Zweck erfüllt, wenn sie einerseits alten und neuen Freunden afrikanischer Erzählkultur eine seit langem vergriffene reiche, vielgestaltige Sammlung von Erzählungen aus ganz Afrika, die großenteils noch aus dem 19. Jahrhundert stammen, zugänglich machen, andererseits damit aber auch auf die Notwendigkeit einer gründlichen zeitgenössischen Sammlung und Publikation afrikanischen Erzählgutes aus möglichst vielen Regionen Afrikas hinweisen könnte. Bisher sind im Gefolge von Meinhofs *»Afrikanischen Märchen«* nur die folgenden Bände mit Originalmaterial erschienen: *»Nubische Märchen«* (Kronenberg 1978), *»Märchen aus Namibia«* (Schmidt 1980) und *»Märchen aus dem Tschad«* (Jungraithmayr 1981), sieht man von den übergreifenden Kompilationen *»Westafrikanische Märchen«* (Schild 1975) und *»Märchen der Bantu«* (Seiler-Dietrich 1980) ab. Es wäre sicherlich auch eine reizvolle Aufgabe, bei Neuaufnahmen darauf zu achten, ob und in welcher Gestalt die einzelnen Meinhofschen Märchen heute noch bei den betreffenden Ethnien bekannt und erzählt werden. Im positiven Falle würde die afrikanische Narrativistik in den Stand versetzt, zeitlich ›vertikale‹ Variantenforschung zu betreiben – eine für das schriftlose Afrika einmalige Gelegenheit zu historischer Erzählforschung.

Marburg, im Januar 1991 *Herrmann Jungraithmayr*

Anmerkungen

1. *Der kluge Arzt oder die Todesfurcht als Heilmittel.* Swahilimärchen arabischen Ursprungs, aus Büttner 1892, 122f.

2. *Geschichte von Seliman bin Daud.* Märchen der Swahili (wie 1), arabischen Ursprungs, aus Lademann 1910, 63ff.

3. *Eine Frau für hundert Rinder.* Märchen der Swahili (wie 1 und 2), entnommen aus Büttner 1894, 128–135.

4. *Das Schwein und der Mensch.* Märchen der Schambala (Sambara), eines Volksstamms mit ca. 200 000 Menschen in der Landschaft Usambara in NO-Tanzania, die eine Bantusprache sprechen. Die Geschichte ist Roehl 1911, 205–210, entnommen.

5. *Die Ursache des Todes.* Märchen der Kamba, die mit ca. 1,5 Millionen Sprechern im Südosten des zentralkenianischen Hochlandes siedeln und eine Bantusprache sprechen. Die Erzählung, der kleinen Schrift Brutzer 1905, 15f. entnommen, findet sich in Zentral- und Südafrika weit verbreitet; vgl. Struck 1909, 174–177; Meinhof 1911, 20, 36; Bleek u. Lloyd 1911, 393.

6. *Das Märchen von der verlorenen Schwester.* Kikuyumärchen, von Meinhof in etwas gekürzter Gestalt übernommen aus Routledge 1910, 290–293; vgl. auch Meinhof 1911, 13–15. Das Kikuyu (Gikuyu), eine NO-Bantusprache, wird von ca. 3 Millionen Sprechern in Zentralkenia gesprochen.

7. *Die Geschichte von Kombe.* Märchen aus dem Madschame, einem Dialekt des Dschagga, einer Bantusprache am Kilimandscharo, Tanzania, entnommen Augustiny 1914, 67ff.

8. *Das Märchen von Mrile.* Dschaggamärchen (vgl. 7), aus Raum 1909, 307–318.

9. *Geschichte von den Steppentieren und der Ratte.* Märchen der Ziba oder Haya, die westlich des Viktoriasees in Tanzania und Uganda siedeln und eine Bantusprache, das Kiziba oder Kihaya, sprechen; die Gesamtsprecherzahl beträgt ca. eine halbe Million. Aus: Rhese 1910, 348ff.

10. *Imana und der habgierige Sebgugugu.* Märchen aus Ruanda,

wo das Kinyarwanda, eine Bantusprache, von ca. 4 Millionen Menschen gesprochen wird. Quelle der Erzählung: Johannsen 1912, 105 ff.

11. *Imana und die kinderlose Frau.* Märchen aus Ruanda (wie 10), aus Johannsen 1912, 108 f.

12. *Ein Mann und seine Freunde.* Märchen der Makonde, die eine Bantusprache sprechen und mit ca. 300 000 Sprechern in SO-Tanzania und N-Mozambique verbreitet sind. Quelle der Erzählung: Lorenz 1914, 14 f.

13. *Der Löwe und der Hase.* Märchen der Matumbi, die eine Bantusprache sprechen und in S-Tanzania wohnen. Quelle der Erzählung: Krumm 1912, 3 f. Der Hase als kluges Tier; vgl. auch Steere 1870, 7 f., 367 ff. In der vorliegenden Sammlung vgl. die Geschichte 17, 18, 32 und 77.

14. *Der Frosch und der Löwe.* Märchen der Pogoro, Nachbarn der Matumbi (vgl. 13) in S-Tanzania. Quelle der Erzählung: Hendle 1907, 72.

15. *Die Reiherfeder.* Märchen der Kinga, die in S-Tanzania wohnen und sprachlich zur Hehe-Dialektgruppe (Bantu) zählen (Gesamtsprecherzahl ca. eine halbe Million). Die Erzählung stammt von Wolff 1905, 135–138. Man vgl. damit die Nummern 31 und 81 sowie die Geschichte »Maschilo und Maschilwane« in ZK VI, 40 ff.

16. *Die Schildkröte und der Elefant.* Märchen der Konde (Ngonde), der südlichen Untergruppe der Nyakyusa, die mit ca. 300 000 Sprechern das nördliche und westliche Ufer des Malawisees in Tanzania und Malawi bewohnen und eine in zahlreiche Dialekte aufgesplitterte Bantusprache sprechen. Das Original der Erzählung steht in Schumann 1899, 82–85. Das bekannte Motiv des Wettmärchens kennt in Afrika viele Parallelen, vgl. z. B. Nr. 41 und E. Meinhof 1889, 47 ff. sowie Schuler 1908, 201 ff. und Hoffmann 1906, 27 ff.

17. *Der Hase und der Mensch.* Märchen der Nyiha, die, wie die ihm benachbarten Konde, eine Untergruppe der Nyakyusa bil-

den (vgl. Nr. 16). Der Hase als kluges Tier wie in 13; vgl. auch 18 und 77.

18. *Der böse Hase.* Märchen der Tete, südlich des unteren Zambezi, bantusprachig. Quelle: von der Mohl 1905, 7–9. Vgl. auch 13, 17, 77.

19. *Der Tausendkünstler der Ebene.* Märchen der Ronga (»ein Bantustamm an der Delagoabai«), die sprachlich zur Tsongagruppe (Südbantu), mit ca. 2 Millionen Sprechern von N-Zululand über S-Mozambique und O-Transvaal bis nach Zimbabwe reichend, gerechnet werden. Quelle: Junod 1898, 353ff.

20. *Sabulana, die Freundin der Götter.* Märchen der Ronga (wie 19), aus Junod 1897, 264–269. Wegen des Motivs der fehlenden Hände vgl. Nr. 26, des der Zauberwürfel vgl. 33.

21. *Märchen von Chuveane.* Märchen der Sotho, Südbantu, in Lesotho und in der Republik Südafrika beheimatet. Quelle: Hoffmann 1906, 15ff.; für das Sothooriginal siehe Hoffmann 1915/16, 238–286. Die Gestalt des Helden hat Züge von Prometheus und vom Eulenspiegel. Die Geschichte von dem mutterlosen Kind erinnert an Nr. 8.

22. *Das Märchen von der Schildkröte.* Sothomärchen (wie 21), aus Hoffmann 1915/16, 28–32.

23. *Kholomodumo.* Sothomärchen (wie 21 und 22), aus Endemann 1910, 29f.; vgl. Hoffmann 1915/16, 305–315, sowie die Erzählungen 8, 49, 80.

24. *Vom Milchvöglein und vom Menschenfresser.* Sothomärchen (wie 21–23), aus Merensky 1875, 110–114; vgl. Büttner 1887/88, 192.

25. *Usembeni oder die Werbung des Usikulumi.* Zulumärchen aus Callaway 1868, 47ff. Das Zulu zählt zu den Bantusprachen der Ngunigruppe und wird von ca. 4 Millionen Menschen in Natal und benachbarten Gebieten gesprochen. Die Unholdin Usembeni (»Axt-Trägerin«) riecht das Vorhandensein von Menschen wie die Löwen in Nr. 55; vgl. auch Nr. 28. Für den Wie-

dergefundenen wird nach Zuluweise zunächst eine Totenklage gehalten und dann erst das Freudenfest gefeiert.

26. *Die Geschichte von der Pantherschildkröte.* Märchen der San (Buschmänner), entnommen aus Bleek und Lloyd 1911, 37–41. Die Pantherschildkröte ist *testudo pardalis.* Wegen des Motivs der abgestorbenen Hände vgl. Nr. 20. Der Mond wird hier als ein Stück Leder vom Schuh der Mantis oder Gottesanbeterin, von dem die Sonne mit ihren Strahlen Stück für Stück abschneidet, vorgestellt.

27. *Der Schakal und das Sonnenschaf.* Märchen der Nama, eines Volksstammes der khoisansprachigen Völker im südwestlichen Afrika (Namibia), entnommen aus Wandres in Meinhof 1909, 169f.

28. *Wie der Elefant die Namafrau heiratet und betrogen wird.* Märchen der Nama (wie 27), entnommen aus Wandres in Meinhof 1909, 155f. Für einzelne Motive dieser Erzählung vgl. E. Meinhof 1889, 74f., Brincker 1886, 350f. sowie Nr. 66 dieser Sammlung. Der »Kniehaarlose« ist ein ausgewachsener Hammel, der vom Knien bei der Tränke die Kniehaare verloren hat. – Der »Namageruch« bezieht sich auf die Tatsache, daß sich die Nama mit einem besonderen Riechpulver einzustreuen pflegen.

29. *Wie die Hyäne Hochzeit machte.* Märchen der Nama (wie 27 und 28), entnommen aus Schultze 1907, 461f. Der Schakal steckt das Holzpflöckchen zwischen die Zehennägel, um sich lahm stellen zu können. Das Motiv findet sich auch sonst in Afrika, z. B. fast gleichartig realisiert bei den Sumray im Tschad (Märchenarchiv Jungraithmayr, Marburg).

30. *Vom Wolf und vom Fuchs.* Märchen der Herero, Volk in Namibia (Südwestafrika), nach Büttner 1888, 198–216. »Wolf« steht für die dumme Hyäne und »Fuchs« für den schlauen Schakal. Das Motiv ist weit verbreitet, vgl. z. B. bei den Swahili: Steere ²1889, 367, und bei den Sotho: Hoffmann 1915/16, 213ff.; vgl. auch Nr. 42 der vorliegenden Sammlung. Hinter dem Motiv des Schlachtens der Mütter oder Großmütter, wobei es sich ursprünglich um das Schlachten der Kinder handelte (vgl. Nr. 43

und 44), steht nach Meinhof der Mythos von Sonne und Mond: »das starke dumme Tier (Hyäne), das sie wirklich schlachtet, ist die Sonne, das schwache kluge Tier, das sie nur versteckt, ist der Mond«. Vgl. die Erzählung unter 44 aus Benin (Dahomey). Daß das Rind des Schakals schwarz, das der Hyäne weiß ist, deutet noch auf diesen Zusammenhang. Vgl. Meinhof 1911, 17f., 20f. Man schlachtet bei den Herero Vieh eigentlich nur bei Todesfällen, deshalb erscheint es dem Wolf ungereimt, Fleisch zu essen, ohne daß jemand gestorben ist. Künstliche Zahnlücken (ausgeschlagene Eckzähne) gelten als Zeichen für Erwachsensein.

31. *Die schöne Tjaratjondjorondjo.* Märchen der Herero (wie 30), aus Brincker 1886, 332ff. Betr. das Motiv des Schönheitsneides vgl. die Erzählung Nr. 15 und 81. Mbazura und Rutangarauane sind zwei berühmte Hereroschönheiten. Das Ablegen der Schmuckriemen ist Zeichen der Trauer.

32. *Die Hyäne und der Schakal.* Märchen der Kwanyama, die im Norden Namibias und Süden Angolas leben. Das Kwanyama, eine südwestafrikanische Bantusprache, wird zur Ovambogruppe gezählt. Die Erzählung ist entnommen Tönjes 1911, 94ff. Die deutschen Fabelnamen, z. B. Lampe für Hase, Isegrim für Hyäne (Wolf), Reineke für Schakal (Fuchs), wurden vom Übersetzer eingesetzt.

33. *Der Sohn des Kimanaueze und die Tochter von Sonne und Mond.* Mythisches Märchen der Mbundu, die, über 100000 an der Zahl, im östlichen Hinterland von Luanda, Angola leben und das Kimbundu, eine südwestliche Bantusprache, sprechen. Die Erzählung entstammt Chatelain 1894, 131–141. Meinhof merkt zu seiner Übertragung ins Deutsche an: »In der deutschen Übersetzung ist aus dem ›Herrn‹ Sonne eine ›Frau‹ Sonne geworden und aus der ›Frau‹ Mond ein ›Herr‹ Mond.« Vgl. Bleek und Lloyd 1911, 393ff. Zum Spinnfaden, der die beiden Welten verbindet, vgl. Schön 1885, Nr. 44, Hoffmann 1915/16, 31.

34. *Der Mann und seine vier Söhne.* Märchen der Luba, die im südöstlichen Zaire leben. Das Chiluba ist eine der großen zentralen Bantusprachen, die aus mindestens sieben Hauptdialekten, z. B. Luba-Katanga, besteht. Die Erzählung stammt aus De

Clercq 1913/14, 200–207. Charakteristisch sind die spontanen Verwandlungen, dafür vgl. Wolff 1905, 16.

35. *Das Rebhuhn heiratete fünf Frauen.* Märchen der Kikongo, die am unteren Zaire (Kongo) wohnen. Das Kikongo, Oberbegriff für zahlreiche Bantudialekte, wird von mehreren Millionen gesprochen. Die Erzählung stammt aus Laman 1907, 24–29. Die lautmalenden Wörter wie *jeje* (Quieken der Ratte), *keke* (Lockruf des Perlhuhns), *sadadada* (Ruf der Nachtschwalbe), *nibu* (Brummen der Hummel) lassen noch ahnen, wie lebendig diese Geschichte im erzählten Original geklungen haben muß.

36. *Das Märchen von der Tiergemeinde.* Märchen der Ngumba (Mvumbo), eines in Westkamerun und Rio Muni lebenden Volksstammes. Das Ngumba, eine nordwestliche Bantusprache der Makaagruppe, wird von etwa 10 000 Menschen gesprochen. Die Erzählung stammt aus Skolaster 1910, 106ff. Motivliche Anklänge vgl. in den Erzählungen 17, 22, 45.

37. *Eine Geschichte von der Schildkröte.* Märchen der Yaunde (Jaunde) oder Ewondo, eines bedeutenden Volks in Südkamerun, das auch der Hauptstadt Kameruns seinen Namen gegeben hat. Es gibt ca. 100 000 Muttersprachensprecher des Ewondo (NW-Bantu) zuzüglich ca. 200 000 Kameruner, die es als Zweitsprache verwenden. Die Erzählung stammt aus Nekes 1911, 252f.

38. *Der Leopard und die Schildkröte.* Märchen der Bakoko, eines kleinen Bantuvolksstammes in Südwestkamerun. Die Erzählung stammt aus Gehr 1914, 128ff. Wie in Nr. 37 ist auch hier die Schildkröte das kluge Tier.

39. *Die Nußdiebe.* Märchen der Duala, die mit ca. 23 000 Sprechern in Duala (Südkamerun) und der näheren Umgebung wohnen. Eine NW-Bantusprache. Die Erzählung stammt aus E. Meinhof 1889, 18; das Märchen findet sich in sehr ähnlicher Gestalt bei Schuler 1908, 202f. Dies ist ein Beispiel für eine sehr freie Wiedergabe des afrikanischen Originals. Meinhof schreibt dazu: »...frei wiedergegeben nach den Erzählungen, die ein Duala in deutscher Sprache gab. So ist auch das Original vielfach

gemildert (!)... Die ›Tante‹ Schildkröte ist im Original ein ›Onkel‹.«

40. *Zwei Brüder.* Märchen der Duala (wie 39), entnommen Lederbogen 1901, 125–128. Die Duala, ein Küstenvolk, haben seit Jahrhunderten Kontakt mit Europäern, das Märchen könnte daher europäischen Ursprungs sein.

41. *Die Landschildkröte und das Flußpferd.* Märchen der Duala (wie 39 und 40), entstammt Bufe 1915, 33f. Vgl. Nr. 16, ein anderes Wettmärchen.

42. *Der Leopard und die Antilope.* Märchen der Duala (wie 39–41), aus Lederbogen 1901, 62–65. Vgl. E. Meinhof 1889, 67–114. Die Sitte, die Zähne zuzuspitzen, ist in Afrika weit verbreitet und stellt ein Zeichen der Mannbarkeit dar. Vgl. auch Nr. 30.

43. *Das Chamäleon und der Erdsalamander.* Märchen der Bakwiri oder Kweli, die am SO- und O-Abhang des Kamerunberges und in Buea wohnen. Eine NW-Bantusprache der Dualagruppe. Die Erzählung stammt aus Schuler 1908, 205. Vgl. Nr. 44 für das Schlachten der Kinder.

44. *Mond und Sonne.* Märchen der Fon von Südbenin (Dahomey), deren Sprache zum Ewekreis gehört. Meinhof hat die Erzählung nach eigenen Worten von einem Mann aus dem damaligen Dahomey in Fon und Französisch aufgenommen und in einem Aufsatz (Meinhof 1916, 209–212) darauf Bezug genommen. Man beachte, daß im Ewe die Sterne als »Mondkinder« und speziell im Fon die Fische als »Sonnenkinder« bezeichnet werden.

45. *Ejevi.* Märchen der Ewe, die den Süden Togos und Benins sowie den Südosten Ghanas bewohnen. »Ejevi« (*èyè* oder *èyèvi*) heißt ›Spinne‹ und stellt die in Westafrika verbreitete, einfallsreiche und oft bösartige, gerissene Trickster-Figur dar. Wesentliche Züge der Erzählung sind vergleichbar mit einer Gizogeschichte der Hausa. Die Erzählung entstammt Schönhärl 1909, 58–63.

46. *Die Fabel von dem Königssohn Safudu Kwaku.* Märchen der

Ewe (wie 44 und 45), aus Spieth 1906, 572f. Eine ätiologische, mythische Erzählung. Das von Safudu Kwaku gesungene Lied ist in einer Sprachform gehalten, die bei der Aufnahme von den Ewe selbst nicht mehr verstanden wurde.

47. *Der Elefant und die Spinne.* Spinnentrickster-Märchen der Ewe (wie 44–46), aus Westermann 1907, 148f. Eingangs- und Schlußformel weisen die Erzählung als Aufzeichnung eines mündlichen Originaltextes aus. »Salzmund«, d.h. »du verstehst zu reden«; »Rundohrige«, d.h. »ihr versteht zu hören«.

48. *Die Wespe, die Spinne und die Ratte stehlen der Hyäne Honig.* Märchen der Dagomba, eines Volkes von ca. 400 000 Menschen in NO-Ghana und NW-Togo, die eine Gursprache, das Dagbane, sprechen. Die Erzählung entstammt Fisch 1913, 110f.

49. *Von vier Brüdern.* Märchen der Twi (Tschi) oder Akan, der mit ca. 3–4 Millionen bedeutendsten Volksgruppe und Sprachgemeinschaft im südlichen Ghana, hier speziell das Asante-Twi betreffend. Die Erzählung entstammt Adaye und Bellon 1914, 4–17. Vgl. Wolff 1905, 144 und die Geschichten Nr. 23 und 80 dieser Sammlung. Ein humanes Märchen voller außerordentlicher Wunder; im Mittelpunkt steht das Amulett Bodua, das zur Auferweckung vom Tode befähigt.

50. *Elefanten-Fabel.* Fabel der Vai, eines mandesprachigen Volkes mit ca. 100 000 Menschen in Liberia, entnommen Steinthal 1867, 268. Ein Beispiel für die Verwendung von Sekundärliteratur ohne Heranziehung des der Quelle zugrundeliegenden Originaltextes. Bei Steinthal steht »Reh« für »Antilope«.

51. *Raupe und Schmetterling.* Kurze, einfach strukturierte Fabel der Wolof, mit ca. 1,5 Millionen Menschen eine der größten Ethnien Senegals; die Sprache zählt zur westatlantischer Familie. Die Fabel entstammt Boilat 1858, 401.

52. *Geschichte des Königreichs Uagadu.* Geschichtliche Sagenerzählung der Soninke vom Ursprung einzelner Mandevolksstämme und vom Werden und Vergehen des Mandekönigreichs Wagadu. Die Soninke, eine knappe Million Menschen vor allem

in N-Mali, S-Mauretanien und O-Senegal umfassend, sprechen eine NW-Mandesprache. Die Geschichte ist genommen aus Delafosse 1913, 6–18. Wichtige Rolle der Schlange als Ahnengeist; vgl. Meinhof 1912, 77, 79. Islamische Einflüsse sind unverkennbar; der Großteil der Mandevölker ist seit Jahrhunderten islamisiert.

53. *Die Geschichte von dem Schakal und der Hyäne.* Tiergeschichte der Kanuri von Borno (Bornu), dem Reich bzw. heute nordostnigerianischen Bundesland im Südwesten des Tschadsees. Die Kanuri sind insgesamt dem Islam ergeben. Das Kanuri, eine saharische Sprache, wird von ca. 4 Millionen gesprochen. Die Erzählung stammt aus Koelle 1854, 162–168. Vgl. die Erzählung Nr. 32. Bemerkenswert ist hier die Charakterisierung des Schakals als Priester aller Tiere im Wald.

54. *Der Schakal.* Tiergeschichte der Hausa, die fast gänzlich islamisiert sind und deren Wohngebiete hauptsächlich in Nordnigeria und Südniger liegen. Das Hausa wird von ca. 25 Millionen Menschen gesprochen und zählt zur tschadischen Sprachfamilie. Die Erzählung entstammt Mischlich 1902, 102f. Man beachte, daß hier die Hyäne als Priester gilt, nicht der Schakal wie in der Erzählung 53.

55. *Die Geschichte von den zwei Mädchen, die dieselbe Mutter und denselben Vater hatten.* Märchen der Hausa (wie 54), aus Schön 1862, 176–188. Mit »Nix« ist das Hausawort *dòodóo*, »böser Geist, Spukgeist« wiedergegeben. Trommeln dienen in Afrika vielerorts zur Nachrichtenübermittlung. Zu dem Schönheitsneid vgl. Nr. 15, 31, 81. Für die Errettung der Verlorenen aus dem Wasser vgl. Wolff 1905, 145ff. und Jacottet 1908, 170. Für die Zeichen, ob Leute schlafen, vgl. 28.

56. *Die Pilgerfahrt nach Mekka.* Geschichte der Hausa (wie 54 und 55), aus Rattray 1913, 186–198. Eine offenbar islamisierte Version eines Motivs, das in Afrika weit verbreitet ist; vgl. 29 und 61.

57. *Das schlechte Mädchen und seine Strafe.* Märchen der Hausa (wie 54–56), aus Rattray 1913, 326–335. Hilfreiche Tiere, insbe-

sondere der Adler, und Erweckung vom Tode spielen hier eine zentrale Rolle.

58. *Geschichte von zwei jungen Männern und vier jungen Mädchen.* Märchen der Hausa (wie 54–57), aus Landeroin/Tilho 1909, 230–245. Die Geschichte ist aus afrikanischem und arabisch-islamischem Traditionsgut gemischt; vgl. die vier Mädchen als die vier rechtmäßigen Frauen eines Muslims; andererseits den in Afrika weitverbreiteten magischen Gebrauch des Speichels.

59. *Die Geschichte von dem Azbin-Pferde.* Märchen der Fulbe (Fulani, Fellata), eines in West- und Zentralafrika weitverbreiteten Volkes mit rund 8 Millionen Sprechern, großenteils Muslime. Die Sprache, das Fulfulde oder Ful (Fula), ist eine Klassensprache mit rund 25 Nominalklassen. Die Erzählung stammt aus Westermann 1909, 267f. Hier ist die Spinne nicht nur klug, schlau oder trickreich, sondern auch hilfreich; vgl. 47. Als Hausaversion findet sich die Geschichte bei Schön 1876, XXIVff.

60. *Der Mann und seine Frau und die Greisin.* Märchen der Fulbe (wie 59), aus Westermann 1913, 6–13. Bezüglich der List der Frau vgl. Velten 1898, 110f. und 128f.

61. *Der Ziegenbock auf der Pilgerfahrt.* Märchen der Fulbe (wie 59 und 60), aus Arensdorff 1913, 311–335. Vgl. 13, 17, 18, 56, 77.

62. *Geschichte eines Schaanbi und seiner Braut.* Geschichte der Tuareg, des südlichsten Volksstammes der Berber, die sich in ganz Nordafrika verbreitet finden. Die Erzählung, die auf Tatsachen beruht, stammt von den als räuberisch verschrienen Ihaggaren, den Leuten des Ahaggar-Berglandes im südlichen Algerien. Die Schaanba (Singular: Schaanbi) sind ein Araberstamm. Die Geschichte entstammt Hanoteau 1896, 152–169.

63. *Geschichte eines Sultans.* Kurze Geschichte der Schluh (Einzahl: Schilh), eines Berberstammes im südlichen Marokko, aus Justinard 1914, 43f. Vgl. Nr. 2.

64. *Fricha und die beiden kleinen Mädchen.* Märchen der Beni Snus aus dem Raume von Tlemcen in Nordwestalgerien. Die

Erzählung entstammt Destaing 1911, II. 167–172 und erinnert stark an das Grimmsche Märchen ›Frau Holle‹.

65. *Eine Diebsgeschichte.* Geschichte der Schenua-Berber, die einen Dialekt des Beni-Menaser zwischen Cherchel und Cartiglione, westlich von Alger, sprechen, entnommen Laoust 1912, 186ff.

66. *Die Wildente, der Fuchs und der Rabe.* Tierfabel der Nilnubier, aus Reinisch 1897, 213ff. Vgl. dazu die ganz ähnliche Namageschichte in Meinhof 1909, 158f. sowie für das Swahili Steere 1870, 371f., für das Herero Brincker 1886, 337 und für das Mbundu Chatelain 1894, 154f.

67. *Geschichten von Abu Nuwas.* Zwei Geschichten arabischen Ursprungs der Nubier, entnommen aus Almkvist 1911, 181. Vgl. weitere Beispiele dieser in ganz Ostafrika beliebten Abu-Nuwas-Geschichten bei Reinisch 1885, 14ff., Büttner 1894, 86ff., Velten 1907, 138ff. und 1898, 11ff. und Junod 1897, 291ff.

68. *Der unglückliche Hirte.* Geschichte der Bischarin, die als Hirtennomaden am rechten Nilufer oberhalb Assuans leben und eine kuschitische Sprache, das Beja oder Bedauye, sprechen. Der Originaltext wurde von Meinhof, wahrscheinlich während seiner Reise in den Sudan im Jahre 1914, von einem Bischari namens Karrar in Assuan aufgenommen, war aber 1917 noch nicht veröffentlicht.

69. *Die Maus, der Frosch und die Eidechse.* Tierfabel der islamischen Saho, die mit ca. 120000 Sprechern zusammen mit den Afar eine Dialektgemeinschaft im nordöstlichen Äthiopien bilden. Der Text entstammt Reinisch 1889, 230ff.

70. *Die dummen Eheleute.* Erzählung der Saho (wie 69), aus Reinisch 1889, 242f.

71. *Der Hase.* Kurze Tiergeschichte der christlichen Bogos in NO-Äthiopien, deren Sprache das kuschitische Bilin ist, entnommen aus Reinisch 1882, 127f.

72. *Zwei Freunde.* Geschichte der Afar (Danakil), eines ostkuschitischsprachigen Volkes mit ca. 300000 Menschen im Osten Äthiopiens und in Djibuti, aus Reinisch 1885, 68ff.

73. *Ein dummer Mann und eine kluge Frau.* Geschichte der christlichen Amharen, des mächtigsten Volks in Äthiopien mit semitischer Sprache, entnommen Mittwoch 1907, 229ff. Seltenes Loblied auf die Frau.

74. *Der Löwe der Steppe.* Erzählung der Somali – mit dem ursprünglichen Titel ›Wild der Einöde‹ –, eines kuschitischsprachigen Volkes mit 5–6 Millionen Menschen in Somalia, Äthiopien und Nordkenia, Jahn 1906, 58–70, entnommen.

75. *Der Löwe und die neun Hyänen.* Tiergeschichte der Somali (wie 74), aus Schleicher 1900, 77f. Eine auch u.a. im Tschad vorkommende Geschichte, in der schwache und dumme Tiere, die Hyänen, die Art und Weise, wie der Löwe rechnet und teilt, zwangsläufig akzeptieren müssen; vgl. Jungraithmayr 1981, 230–233 (Märchen Nr. 47).

76. *Bestrafung des Verführers.* Erzählung der Somali (wie 74 und 75), aus Reinisch 1904, 97ff. Formal sind hier die Liedeinlagen, in denen das Wesentliche in verhüllter Sprache gesagt wird, das Besondere.

77. *Der Hase.* Tiermärchen der Bari, eines Volksstammes mit ostnilotischer Sprache am oberen Weißen Nil, ca. 250000 Menschen umfassend; aus Mitterrutzner 1867, 10–15. Der Hase, wie so oft in Ostafrika, als kluges Tier. Wegen der mit Leim bestrichenen Figur vgl. Nr. 17.

78. *Die Geschichte von den Hyänen und ihrem Zauberdoktor.* Tierfabel der Nandi, eines Volksstammes der heute so genannten Kalenjin in Westkenia, die eine südnilotische Sprache sprechen, ca. 262000 Menschen umfassend; aus Hollis 1909, 104f. Der Nashornvogel ist nach Hollis *Bucorax caper.*

79. *Die Strafe Gottes.* Erzählung der Masai, eines in Kenia und Tanzania verbreiteten Nomadenvolkes mit ostnilotischer Sprache, aus Merker 1910, 227ff. Die Wandorobo sind ein benachbarter Jägerstamm.

80. *Die Geschichte von dem menschenfressenden Ungeheuer*

und dem Kinde. Verschlinge- und Heilbringermärchen der Masai (wie 79), aus Hollis 1905. Vgl. Dammann 1961.

81. *Ule und Lue.* Erzählung der Sandawe, eines kleinen Volksstammes in Zentraltanzania, sprachlich mit den im südlichen Afrika verbreiteten Khoisansprachen (Hottentotten- und Buschmannsprachen) verwandt. Die Erzählung entstammt Dempwolff 1916, 152ff. Vgl. die Nr. 15 und 31.

Bemerkungen zur Sprachenkarte

Bei dem Namen jeder Sprache steht zunächst die Ziffer, mit der die Sprache auf der Karte angedeutet ist. Diese Ziffer ist dieselbe, die das erste Märchen in der Sammlung trägt, also z. B. für Swahili 1, für Somali 74. Dahinter werden durch einen Buchstaben und eine Ziffer die Koordinaten angegeben, unter denen die jeweilige Sprache auf der Karte zu finden ist, z. B. Swahili F 5, d. h. zwischen 0° und 10° südlicher Breite und zwischen 30° und 40° östlicher Länge.

Die exakte Ausdehnung jedes einzelnen Sprachgebietes läßt sich nicht immer sicher bestimmen, sie ist deshalb auf der Karte nicht bezeichnet.

In der Liste sind bei den Sprachbezeichnungen mögliche Vorsilben weggelassen. Man suche also nicht Ki-Swahili oder Wa-Swahili, sondern Swahili, nicht Oci-Herero oder Ova-Herero, sondern Herero.

Sprachenliste	Nr.	Koordinaten
Afar (Danakil)	72	G 3
Akan s. Twi		
Amharisch	73	F 3
Bakoko s. Koko		
Bakwiri s. Kwiri		
Bari	77	F 4
Basotho s. Sotho		
Beja (Bedauye)	68	F 2
Beni Snus	64	B 1
Berberisch s. Beni Snus, Schilh, Tuareg		
Bilin	71	F 3
Bischarin s. Beja		
Buschmann	26	E 7
Dagbane	48	C 3, 4
Dagomba s. Dagbane		

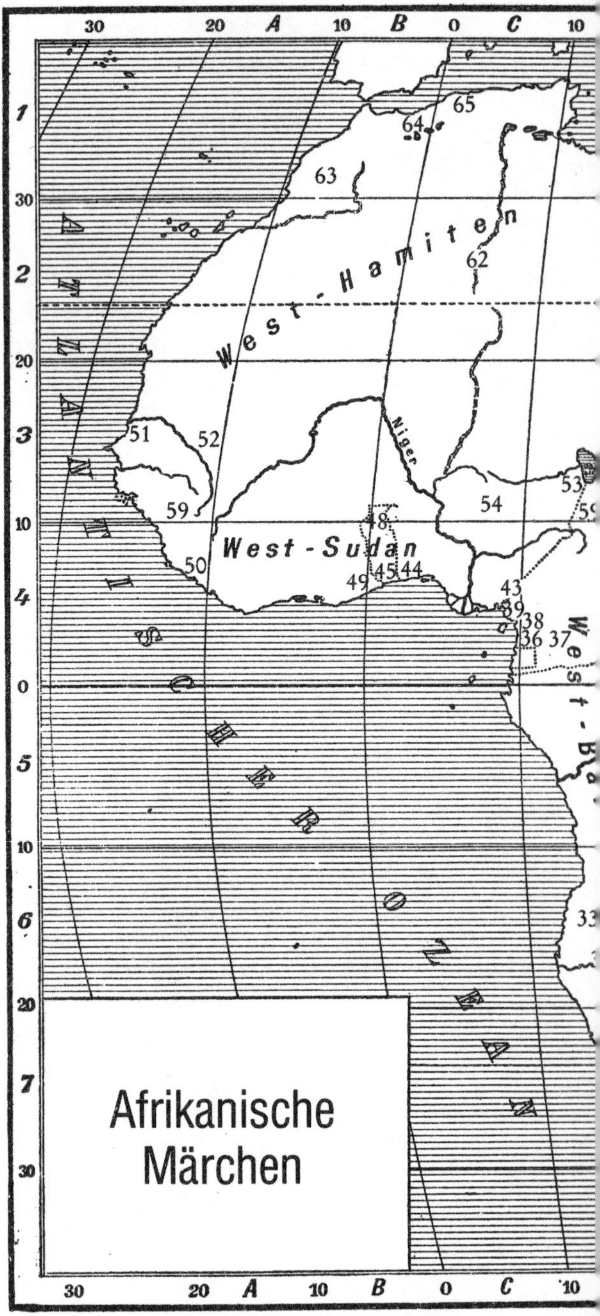

Afrikanische Märchen
West-Hamiten
West-Sudan
Niger
ATLANTISCHER OZEAN
63
64
65
62
51
52
59
50
48
49
45
44
54
53
43
39
38
36
37
33

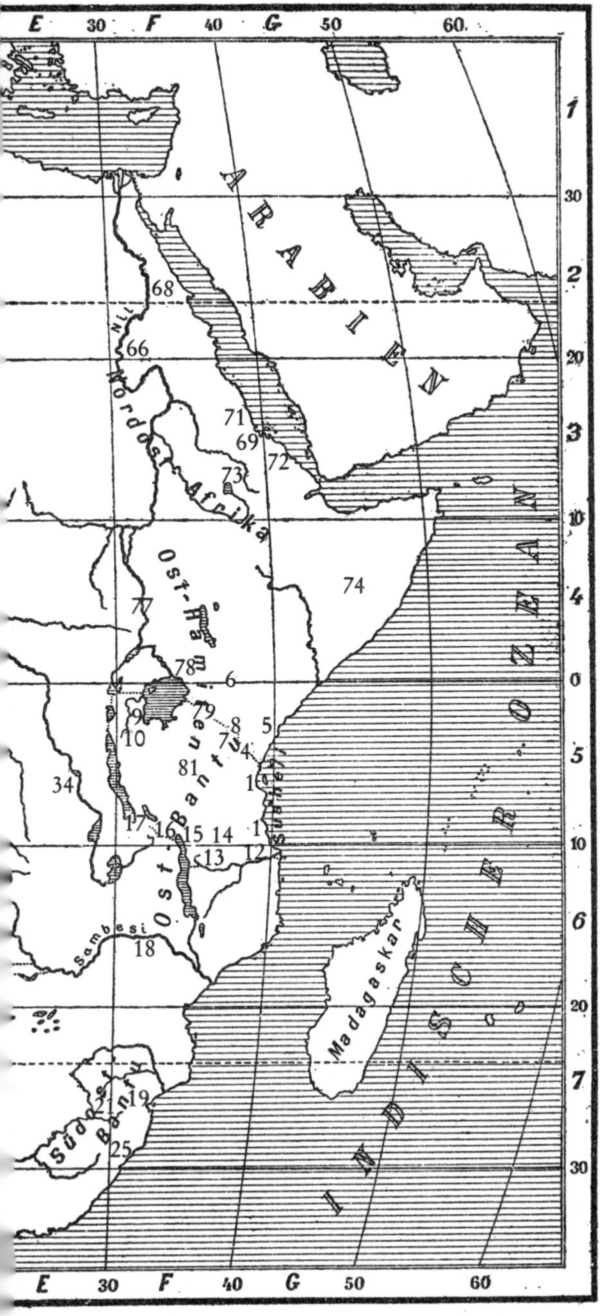

E 30 F 40 G 50 60
1
30
2
20
3
10
4
0
5
10
6
20
7
30
ARABIEN
Nil
68
66
Nordost-Afrika
71
69
72
73
74
Ost-Hamiten
77
78
6
9
79
10
8
5
7
4
81
34
Suaheli
Ost-Bantu
17
16
15
14
13
12
Sambesi
18
Madagaskar
INDISCHER OZEAN
Südost-Bantu
19
25
E 30 F 40 G 50 60

Literaturverzeichnis

Abkürzungen:
MSOS = Mitteilungen des Seminars für Orientalische Sprachen
ZK = Zeitschrift für Kolonialsprachen

Abraham, R. C.: Dictionary of the Hausa Language. London ²1962

Almkvist, H.: Nubische Studien im Sudan, 1877–1878. Hrsg. von K. V. Zetterstéen. Uppsala/Leipzig 1911

Arensdorff, L.: Manuel pratique de langue peulh. Paris 1913

Adaye, J., und Bellon: ›Märchen des Tschi-Volkes auf der Goldküste‹. MSOS XVII, 3 (Berlin 1914)

Augustiny, J.: Kurzer Abriß des Madschamedialekts. Berlin 1914 (Nachdr. Ridgewood, N. J. 1964)

Bachmann, T.: ›Nyiha-Märchen‹. ZK VI (Berlin 1915/16)

Bleek, W. H. I.: Reynard the Fox in South Africa; or, Hottentot Fables and Tales. London 1864

Bleek, W. H. I., and L. C. Lloyd: Specimens of Bushman Folklore. London 1911

Boilat, D.: Grammaire de la langue woloffe. Paris 1858

Bouquiaux, L.: Textes birom (Nigeria septentrional) avec traduction et commentaires. Paris 1970

Brincker, P. H.: Wörterbuch des Otjiherero. Leipzig 1886

Brutzer, E.: Der Geisterglaube bei den Kamba. Leipzig 1905

Büttner, C. G.: ›Märchen der Ova-Herero‹. Zeitschrift für Afrikanische Sprachen I (Berlin 1887/88)

Büttner, C. G.: Suaheli-Schriftstücke in arabischer Schrift. Stuttgart/Berlin 1892

Büttner, C. G.: Anthologie aus der Suaheli-Litteratur 1–2. Berlin 1894

Bufe, E.: ›Die Poesie der Duala-Neger in Kamerun‹. Archiv für Anthropologie XIII (Braunschweig 1915) 33–60

Calame-Griaule, G.: Le thème de l'arbre dans les contes africains 1–3. Paris 1969 (²1970, ³1974)

Callaway, H.: Nursery Tales, Traditions, and Histories of the Zulus. London 1868 (Nachdr. Nendeln 1970)

Chatelain, H.: Folk-Tales of Angola. Fifty Tales with Ki-

Mbundu Text, Literal English Translation, Introduction, and Notes. Boston/New York/London/Leipzig 1894 (Nachdr. New York 1969)
Christaller, J. G.: ›Negersagen von der Goldküste‹. Zeitschrift für Afrikanische Sprachen I (Berlin 1887/88)
Christaller, J. G.: Die Töne der Neger-Sprachen und ihre Bezeichnung. Basel 1893
Dammann, E.: ›Vai-Erzählungen‹. Zeitschrift für Eingeborenensprachen XXIII (Berlin 1932/33) 254–278
Dammann, E.: Dichtungen in der Lamu-Mundart des Suaheli. Hamburg 1940
Dammann, E.: ›Die ‚Urzeit' in afrikanischen Verschlingemythen‹. Fabula IV (1961)
Dammann, E., und T. E. Tirronen: Ndonga-Anthologie. Berlin 1975
De Clercq, A.: ›Vingt-deux contes Luba‹. ZK IV (Berlin 1913/14)
Delafosse, M.: Traditions historiques et légendaires du Soudan Occidentale. Paris 1913
Dempwolff, O.: Die Sandawe. Abhandlungen des Hamburgischen Kolonialinstituts (Hamburg 1916)
Destaing, E.: Étude sur le dialecte Berbère des Beni-Snous. Paris 1911
Ebert, K. H.: Sprache und Tradition der Kera (Tschad). 1: Texte. Berlin 1975
Edgar, F.: Litafi na Tatsuniyoyi na Hausa. Belfast 1910–13
Endemann, K.: Versuch einer Grammatik des Sotho. Berlin 1876
Endemann, K.: Mission und Pfarramt. Berlin 1910
Fisch, R.: Dagbane-Sprachproben. Beiheft zum Jahrbuch der Hamburgischen Wissenschaftlichen Anstalten, XXX, 1912 (Hamburg 1913)
Fokken, H. A.: ›Erzählungen und Märchen der Larusa‹. ZK VII (Berlin 1916/17)
Frobenius, L.: Volksmärchen und Volksdichtungen Afrikas 1–12. Jena 1921–28
Gehr, Ch.: ›Die Bakoko-Sprache‹. MSOS XVII, 3 (Berlin 1914)
Geider, T.: Die Figur des Oger in der traditionellen Literatur und Lebenswelt der Pokomo in Ost-Kenya 1–2. Köln 1990

Görög, V.: Littérature orale d' Afrique Noire. Bibliographie analytique. Paris 1981
Görög-Karady, V., u. a. (edd.): D'un conte... á l'autre. La variabilité dans la littérature orale. Paris 1990
Hallaire, J.: Des noms qui parlent. Hommes et femmes dans la société sar d'après les noms d'initiation. Sarh 1977
Hanoteau, A.: Essai de grammaire de la langue tamachek. Alger 1896 (Nachdr. Amsterdam 1976)
Hendle, J.: Die Sprache der Wapogoro (Deutsch-Ostafrika). Archiv für das Studium Deutscher Kolonialsprachen 6 (Berlin 1907)
Hoffmann, C.: Was der afrikanische Großvater seinen Enkeln erzählt. Berlin 1906
Hoffmann, C.: ›Märchen und Erzählungen der Eingeborenen in Nord-Transvaal‹. ZK VI (Berlin 1915/16)
Hollis, A. C.: The Masai. Their language and folklore. Oxford 1905
Hollis, A. C.: The Nandi. Their language and folklore. Oxford 1909 (Nachdr. Oxford 1969)
Jacottet, E.: The Treasury of Basuto Lore. London 1908
Jahn, A.: Somâlitexte. Wien 1906
Johannsen, E.: Ruanda. Bielefeld 1912
Jungraithmayr, H.: Märchen aus dem Tschad. Düsseldorf/Köln 1981
Jungraithmayr, H.: ›Vom Übersetzen aus afrikanischen Sprachen‹. Zeitschrift für Kulturaustausch 4 (Stuttgart 1986) 575–580
Jungraithmayr, H.: ›Märchen aus dem Tschad – Grenzen der Übersetzbarkeit afrikanischer Sprachen‹. In: Oberfeld, C./ Becker, J./Röth, D. (edd.): Märchen aus der Dritten Welt. Kassel 1987, pp. 39–52
Jungraithmayr, H., und W. J. G. Möhlig: Lexikon der Afrikanistik. Afrikanische Sprachen und ihre Erforschung. Berlin 1983
Junod, H. A.: Les Ba-Ronga. Neuchâtel 1898
Junod, H. A.: Les chants et les contes des Ba-Ronga. Lausanne 1897
Justinard, L. V.: Manuel de Berbère Marocain (Dialecte Chleuh). Paris 1914

Kientz, A.: Dieu et les génies / Récits étiologiques senoufo (Côte d'Ivoire). Avec la collaboration de Dossogmon Ouattara et Jacques Sassongo Silue. Paris 1979
Koelle, S. W.: African Native Literature or Proverbs, Tales, Fables and Historical Fragments in the Kanuri or Bornu Language. London 1854
Kreichgauer, P. Dam.: ›Meinhof, Karl [sic!], Afrikanische Märchen‹ [Rezens.] Anthropos XII–XIII (1917/18) 1156–1157
Kronenberg, A.: ›Jo Luo Tales‹. Kush VIII (1960) 237–251
Kronenberg, A. und W.: Nubische Märchen. Düsseldorf/Köln 1978
Krumm, B.: ›Grundriß einer Grammatik des Kimatumbi‹. MSOS XV, 3 (Berlin 1912)
Lademann, G., und A. Reuss: Tierfabeln und andere Erzählungen in Suaheli. Archiv für das Studium Deutscher Kolonialsprachen 12 (Berlin 1910)
Laman, K. E.: Om spraket i nedre Kongo. Etnografiska Bidrag af Svenska Missionären i Afrika. Utgifna af E. Nordenskjöld. Stockholm 1907
Landeroin, M., et A. J. Tilho: Grammaire et contes Haoussas. Paris 1909
Laoust, E.: Études sur le dialect Berbère du Chenoua. Paris 1912
Lederbogen, W.: Kameruner Märchen. Berlin 1901
Lorenz, A.: ›Entwurf einer Kimakonde-Grammatik‹. MSOS XVII, 3 (Berlin 1914)
Meinhof, C.: Grundriß einer Lautlehre der Bantusprachen nebst einer Anleitung zur Aufnahme von Bantusprachen. Leipzig 1899
Meinhof, C.: Grundzüge einer vergleichenden Grammatik der Bantusprachen. Berlin 1906
Meinhof, C.: Lehrbuch der Nama-Sprache. Berlin 1909
Meinhof, C.: Die moderne Sprachforschung in Afrika. Berlin 1910
Meinhof, C.: Die Dichtung der Afrikaner. Berlin 1911
Meinhof, C.: Afrikanische Religionen. Berlin 1912
Meinhof, C.: Afrikanische Rechtsgebräuche. Berlin 1914
Meinhof, C.: ›Wie man einem Mythus auf die Spur kommt‹. Die Literarische Gesellschaft (Hamburg 1916)

Meinhof, E.: Märchen aus Kamerun. Straßburg 1889
Merensky, A.: Beiträge zur Kenntnis Süd-Afrikas. Berlin 1875
Merker, M.: Die Masai. Berlin ([1]1904) [2]1910
Meyer, E.: ›Märchen in der Barisprache aus dem Grasland von Kamerun‹. Zeitschrift für Eingeborenensprachen XXXII (Berlin 1941/42)
Mischlich, A.: Lehrbuch der hausanischen Sprache. Archiv für das Studium Deutscher Kolonialsprachen 1 (Berlin 1902)
Mischlich, A.: Neue Märchen aus Afrika. Leipzig 1929
Mitterrutzner, J. C.: Die Sprache der Bari in Central-Afrika. Brixen 1867
Mittwoch, E.: ›Proben aus amharischem Volksmunde‹. MSOS IX, 2 (Berlin 1907)
Mohl, A. von der: ›Sammlung von kaffrischen Fabeln‹. MSOS VIII, 3 (Berlin 1905)
Möhlig, W. J. G., H. Jungraithmayr und J. F. Thiel (ed.): Die Oralliteratur in Afrika als Quelle zur Erforschung der traditionellen Kulturen. Berlin 1988
Nekes, H.: Lehrbuch der Jaunde-Sprache. Berlin 1911
Paulme, D.: La mère dévorante. Paris 1976
Raum, J.: Versuch einer Grammatik der Dschaggasprache. Archiv für das Studium Deutscher Kolonialsprachen 11 (Berlin 1909)
Reinisch, L.: Die Bilin-Sprache 1–2. Wien 1882/87
Reinisch, L.: Die Afar-Sprache. Wien 1885
Reinisch, L.: Die Saho-Sprache. Wien 1889
Reinisch, L.: Grammatik der Nubasprache. Wien 1897
Reinisch, L.: Der Dschäbärtidialekt der Somali-Sprache. Wien 1904
Rehse, H.: Kiziba, Land und Leute. Stuttgart 1910
Renker, H.: Rezeption afrikanischer Märchen in der deutschsprachigen Literatur. Frankfurt s. a. (Ms., Seminararbeit am Institut für historische Ethnologie der Johann Wolfgang Goethe-Universität)
Roehl, K.: Versuch einer systematischen Grammatik der Schambala-Sprache. Abhandlungen des Hamburgischen Kolonialinstituts (Hamburg 1911)
Routledge, W. S.: With a Prehistoric People. The Akikuyu of British East Africa. London 1910

Schild, U.: Westafrikanische Märchen. Düsseldorf/Köln 1975
Schleicher, A. W.: Somalitexte. Hrsg. v. L. Reinisch. Wien 1900
Schmidt, S.: Märchen aus Namibia. Volkserzählungen der Nama und Dama. Düsseldorf/Köln 1980
Schön, J. F.: Grammar of the Hausa Language. London 1862
Schön, J. F.: Dictionary of the Hausa Language. London 1876
Schön, J. F.: Magana Hausa. London 1885
Schönhärl, J.: Volkskundliches aus Togo. Märchen und Fabeln, Sprichwörter und Rätsel, Lieder und Spiele, Sagen und Täuschungsspiele der Ewe-Neger von Togo. Dresden/Leipzig 1909
Schott, R.: Aus Leben und Dichtung eines westafrikanischen Bauernvolkes. Düsseldorf/Köln 1970
Schott, R.: Afrikanische Erzählungen als religionsethnologische Quellen – dargestellt am Beispiel von Erzählungen der Bulsa in Nordghana. Opladen 1990
Schuler, C.: ›Die Sprache der Bakwiri‹. MSOS XI, 3 (Berlin 1908)
Schultze, L.: Aus Namaland und Kalahari. Jena 1907
Schumann, C.: ›Grundriß einer Grammatik der Kondesprache‹. MSOS II, 3 (Berlin 1899)
Seiler-Dietrich, A.: Märchen der Bantu. Düsseldorf/Köln 1980
Seydou, C.: Contes et fables des veillées. Paris 1976
Skolaster, H.: ›Die Ngumbasprache‹. MSOS XII, 3 (Berlin 1910)
Spieth, J.: Die Ewe-Stämme. Berlin 1906
Steere, E.: Swahili tales, as told by natives of Zanzibar. London (1870) ^{2}1889
Steinbrich, S.: Gazelle und Büffelkuh. Frauen in Erzählungen der Fulbe und Haussa. Hohenschäftlarn 1982
Steinthal, H.: Die Mande-Negersprachen. Berlin 1867
Struck, B.: ›Das Chamäleon in der afrikanischen Mythologie‹. Globus 96, Nr. 11 (1909) 174–177
Thomas, J. M. C.: Contes, proverbes, devinettes ou énigmes, chants et prières ngbaka-ma'bo (République Centreafricaine). Paris 1970
Tönjes, H.: Ovamboland. Berlin 1911
Tremearne, A. J. N.: Hausa Superstitions and Customs. London 1913
Turay, A., und W. J. G. Möhlig: Temne Stories. Köln 1989

Velten, C.: Märchen und Erzählungen der Suaheli. Stuttgart/ Berlin 1898
Velten, C.: Prosa und Poesie der Suaheli. Berlin 1907
Wandres, C.: ›Nama-Texte‹. In: Meinhof 1909, 149–177
Werner, A.: The Bantu Element in Suaheli Folklore. Folklore (1909)
Westermann, D.: Erzählungen der Fulfulde. Berlin 1913
Westermann, D.: Grammatik der Ewe-Sprache. Berlin 1907
Westermann, D.: Handbuch der Fulsprache. Berlin 1909
Westermann, D.: Die Sudansprachen. Eine sprachvergleichende Studie. Hamburg 1911
Westermann, D.: Die westlichen Sudansprachen und ihre Beziehungen zum Bantu. Berlin 1927
Wolff, E.: Sprachkunst der Lamang. Glückstadt 1980
Wolff, R.: Grammatik der Kingasprache. Berlin 1905
Zetterstéen, K. V.: ›Afrikanische Märchen, hrsg. von Carl Meinhof‹ [Rezens.] Le Monde Oriental 11 (Uppsala 1917) 173–174
Zwernemann, J.: Erzählungen aus der westafrikanischen Savanne (Gurma, Moba, Kassena, Nuna). Stuttgart 1985

Typen- und Motivregister

erstellt von Dr. Hans-Jörg Uther, Göttingen

Vorbemerkung: Die Klassifizierung der Erzählungen erfolgte in Anlehnung an die international gebräuchlichen und leicht zugänglichen Kataloge AaTh und Mot., die weitere Texte mit Literaturhinweisen enthalten. Bei den AaTh-Typen sind die Stichwortbezeichnungen aus der ENZYKLOPÄDIE DES MÄRCHENS (EM) – mit Ausnahme von Nr. 17, 36, 42, 76 – übernommen.

AaTh = Aarne, A./Thompson, S.: The Types of the Folktale. Second Revision (FFC 184). Helsinki 1967 u. ö.

EM = Enzyklopädie des Märchens. Handwörterbuch zur historischen und vergleichenden Erzählforschung. ed. R. W. Brednich u. a. Berlin/New York 1977 ff. (bisher sind die Artikel Aarne-Hyäne erschienen, Stand 1990).

Mot. = Thompson, S.: Motif-Index of Folk Literature. Bd. 1–6. Kopenhagen 1955–1958 u. ö.

Schmidt = Schmidt, S.: Katalog der Khoisan-Erzählungen des südlichen Afrikas. Bd. 1–2. Hamburg 1990.

In Spezialkatalogen für den afrikanischen Kontinent sind weitere Texte erfaßt:

Arewa, E. O.: A Classification of the Folktales of the Northern East African Cattle Area by Types. Diss. Univ. of California, Berkeley 1966.

Clarke, K. W.: A Motif Index of the Folktales of Culture Area V, West Africa. Diss. Indiana Univ. 1957.

Coetzee, A. (u. a.): Tiperegister van die Afrikaanse Volksverhaal. In: Tydskrif vir Volkskunde en Volkstaal 23 (1967) 1–90.

Haring, L: Malagasy Tale Index (FFC 231). Helsinki 1982.

Klipple, M. A.: African Tales with Foreign Analogues. Ann Arbor, Michigan 1938.

Lambrecht, W.: A Tale Type Index for Central Africa. Diss. Univ. of California, Berkeley 1967.

Nr. 1 = Todesprophezeihung verhilft Frau zur unfreiwilligen Abmagerungskur (Mot. K 1955.1)
Nr. 2 = vgl. AaTh 670: Tiersprachenkundiger Mensch
Nr. 5 = Chamäleon und Webervogel als Todesboten (Mot. A 1335, A 1335.1; vgl. EM 2, 1215)
Nr. 8 = vgl. AaTh 460 A, B: Reise zu Gott (zum Glück)
Nr. 9 = vgl. AaTh 9: Partner: Der unreelle Partner
Nr. 10 = vgl. AaTh 555: Fischer und seine Frau (hier: der unvernünftige Mann)
Nr. 11 = Erklärung für Unfruchtbarkeit der Frau (Mot. Q 553.3.0.1)
Nr. 12 = Erklärung für das Zusammenleben von Menschen und Ziegen (vgl. Mot. A 2433.8)
Nr. 13 = Mot. K. 171: Betrügerische Beuteteilung + AaTh 15: Gevatter stehen
Nr. 14 = Erklärung für Feindschaft des Löwen mit anderen Tieren (vgl. Mot. A 1494)
Nr. 15 = AaTh 780: Singender Knochen
Nr. 16 = AaTh 1074: Wettlauf der Tiere (Elefant und Schildkröte)
Nr. 17 = vgl. AaTh 122: Befreiung aus Gefangenschaft
Nr. 18 = AaTh 56: Fuchs und Vogeljunge (hier: Hase und Maus)
Nr. 19 = Pelops-Motiv
Nr. 22 = vgl. AaTh 9: Partner: Der unreelle P. + AaTh 8 A: Schönheitskur + vgl. AaTh 15: Gevatter stehen + AaTh 37: Fuchs als Kindermagd (hier: Schildkröte) + Schildkröte in Löwenfell erschreckt Hyänen (vgl. Mot. K 362.5, Schmidt 496)
Nr. 23 = vgl. AaTh 650 A: Starker Hans
Nr. 24 = AaTh 311: Mädchenmörder
Nr. 25 = AaTh 313: Magische Flucht
Nr. 26 = Schmidt 378 A: Schildkröte als Schädigerin des Jägers
Nr. 27 = Schmidt 374 A: Schakal tötet Sonnenschaf, kann nicht mehr trinken
Nr. 28 = Schmidt 925: Elefant düpiert durch Brüder der Ehefrau
Nr. 29 = AaTh 72: Kranker trägt den Gesunden (Schmidt 435) (hier Hyäne/Schakal)

Nr. 30 = Schmidt 470, 474, 552: Wolf und Fuchs im Streit
Nr. 31 = Mot. M 341: Schönes Mädchen sagt eigenen Tod voraus
Nr. 32 = Schmidt 532, 534: Schakal überlistet Hyäne + AaTh 6: Überreden zum Sprechen, etc. + AaTh 64: Schwanzlose Tiere
Nr. 33 = Mot. B 493: Frosch als hilfreicher und listiger Bote
Nr. 34 = AaTh 325: Zauberer und Schüler
Nr. 35 = Mot. H 226: Wahrheitsprobe durch Laufen auf einer Schnur
Nr. 36 = Mot. A 2311.8: Erklärung für unebene Haut des Frosches + Mot. B 243.3, vgl. C 460: Lachen unter Androhung des Todes als Tabu + Aa Th 122 Z: Befreiung aus Gefangenschaft
Nr. 37 = u. a. AaTh 1062: Wettstreit mit dem Unhold (Vogel statt Stein geworfen)
Nr. 38 = Mot. K 171: Betrügerische Beuteteilung (Schildkröte betrügt Leopard)
Nr. 39 = Mot. K 563.2: Schildkröte entkommt aus der Gefangenschaft des Tigers
Nr. 40 = AaTh 613: Wanderer: Die beiden W.
Nr. 41 = AaTh 291: Seilziehen der Tiere
Nr. 42 = vgl. Mot. G 512.3.1, K 721.1: Zähne der Antilope ausgeschlagen + AaTh 5: Biß in die Wurzel + AaTh 122 Z: Antilope verliert Beute
Nr. 43 = Mot. A 2494.16.2: Feindschaft zwischen Chamäleon und Salamander (vgl. EM 2, 1215)
Nr. 44 = vgl. Mot. A 736.1.4.1.1: Feindschaft zwischen Sonne und Mond
Nr. 45 = vgl. AaTh 160: Dankbare Tiere, undankbarer Mensch + AaTh 8 A: Schönheitskur + Mot. K 362.5: Tiere durch Einkleidung in andere Tierhaut getäuscht
Nr. 46 = Mot. A 737.8.1: Erklärung für bestimmte Gestalt der Sonne
Nr. 47 = Mot. A 2433.5.3.1: Erklärung für Wohnort der Spinne unter Steinen
Nr. 49 = vgl. AaTh 590: Mutter: Die treulose M. + vgl. AaTh 551: Wasser des Lebens

Nr. 51 = vgl. Mot. A 2041: Prahlerischer Schmetterling
Nr. 53 = Mot. A 2494.3.2: Ursache für Feindschaft zwischen Schakal und Hyäne (Mot. K 171: ungerechte Beuteteilung)
Nr. 54 = vgl. AaTh 105: Listensack des Fuchses (hier: Schakal und Hund)
Nr. 55 = vgl. AaTh 461: Haare: Drei H. vom Bart des Teufels (hier: Frau muß Schwanz eines Löwen besorgen)
Nr. 56 = vgl. Schmidt 435: Schakal nimmt Hyäne als Reittier
Nr. 57 = vgl. AaTh 318: Brüdermärchen: Das ägyptische B.
Nr. 58 = Mot. H 62: Rätselmärchen
Nr. 59 = vgl. AaTh 327 B: Däumling und Menschenfresser + AaTh 313: Magische Flucht
Nr. 60 = Mot. K 1860: Frau macht Mann glauben, daß sie tot sei + AaTh 926: Salomonisches Urteil
Nr. 61 = AaTh 50: Löwe: Der kranke L.
Nr. 62 = vgl. AaTh 400: Mann auf der Suche nach der verlorenen Frau
Nr. 63 = Mot. B 569, J 21.37: Eule rät, nicht den Rat der Ehefrau zu befolgen
Nr. 64 = AaTh 480: Mädchen: Das gute und das schlechte M.
Nr. 65 = AaTh 950: Rhampsinitus
Nr. 66 = AaTh 56, 56 A: Fuchs und Vogeljunge + AaTh 122 Z: Wolf (hier: Fuchs) verliert seine Beute
Nr. 67 = Mot. J 1369: Beleidigter gibt Spott zurück
Nr. 68 = AaTh 1681 B: Mißverständnisse (Dummkopf als Hüter macht alles verkehrt)
Nr. 70 = Mot. J 1701, J 1702, J 1713: Die dummen Eheleute
Nr. 71 = Mot. J 1790: Hase hält seinen Schatten für übergroßes Tier
Nr. 72 = vgl. Mot. P 431: Der aufrechte Schuldner
Nr. 73 = AaTh 875: Bauerntochter: Die kluge B.
Nr. 75 = AaTh 51: Löwenanteil
Nr. 76 = AaTh 1359: Ehemann durchschaut Liebhaber seiner Frau und tötet ihn
Nr. 77 = AaTh 15: Gevatter stehen + AaTh 1: Fischdiebstahl (hier: Früchte)
Nr. 78 = Mot. A 2494.3: Erklärung für Feindschaft zwischen

Hyäne und Nashornvogel + Mot. A 2425: Erklärung für den Ruf des Feldhuhns

Nr. 79 = Mot. K 2116.1.1, S 410, S 301, S 142: Des Kindermordes fälschlich beschuldigte Frau nimmt mit Hilfe ihrer wiedergefundenen Kinder Rache

Nr. 80 = vgl. Mot. A 530: Kulturheros als Begründer von Mensch und Vieh

Nr. 81 = Mot. K 2211, K 1931.4, Q 262: Wegen versuchten Brudermordes von anderem Bruder getötet

Die Märchen der Weltliteratur – das kostbarste, was Völker besitzen

Diese Märchensammlung, die die traditionsreichste im deutschsprachigen Raum ist, hat im jährlichen Erscheinungsrhythmus, seit 1912, mehr als 100 Bände herausgebracht. Die nach Ländern geordneten Ausgaben bestechen durch ihre bibliophile Ausstattung ebenso wie durch die kompetente Auswahl der aufgenommenen Texte.
Ausführliche Informationen über wiederkehrende Erzählmotive, über Erzähler und Märchensammler als Träger der Volksüberlieferung, sowie Kommentare und Hinweise auf weiterführende Literatur machen diese Buchreihe zu einer Fundgrube für jeden Märchenfreund.

EUGEN
DIEDERICHS
VERLAG

Die Märchen der Weltliteratur

Begründet von Friedrich von der Leyen
Herausgegeben von Hans Jörg Uther

INDISCHE MÄRCHEN
Johannes Hertel, 424 Seiten

IRISCHE VOLKSMÄRCHEN
Käte Müller-Lisowski, 360 Seiten

MÄRCHEN AUS ISLAND
Kurt Schier, 288 Seiten

MÄRCHEN AUS ISRAEL
Heda Jason, 312 Seiten

JAPANISCHE VOLKSMÄRCHEN
Horst Hammitzsch, 336 Seiten

MÄRCHEN AUS DER KARIBIK
Felix Karlinger/Johannes Pögl, 272 Seiten

KATALANISCHE MÄRCHEN
Felix Karlinger/Johannes Pögl, 295 Seiten

MÄRCHEN AUS DEM KAUKASUS
Isidor Levin/Gisela Schenkowitz, 320 Seiten

MÄRCHEN AUS KOREA
Hans-Jürgen Zaborowski, 288 Seiten

LETTISCHE VOLKSMÄRCHEN
O. Ambainis/B. Spielhaus, 528 Seiten

LITAUISCHE VOLKSMÄRCHEN
Jochen D. Range, 288 Seiten

LOTHRINGER MÄRCHEN
Angelika Merckelbach-Pinck, 336 Seiten

MÄRCHEN AUS MADAGASKAR
Moks N. Razafindramiandra, 240 Seiten

MÄRCHEN AUS DER MANDSCHUREI
Jörg Bäcker, 288 Seiten

MAZEDONISCHE MÄRCHEN
Wolfgang Eschker, 280 Seiten

MÄRCHEN AUS MEXIKO
Felix Karlinger/Maria Antonia Espadinha, 256 Seiten

MÄRCHEN AUS NAMIBIA
Sigrid Schmidt, 288 Seiten

MÄRCHEN AUS NEPAL
Günter Unbescheid, 240 Seiten

MÄRCHEN AUS NEUSEELAND
Erika Jakubassa, 288 Seiten

MÄRCHEN DER NIEDERLANDE
A.M.A. Cox-Leick/H. L. Cox, 272 Seiten

NORDAMERIKANISCHE INDIANERMÄRCHEN
Gustav A. Konitzky, 300 Seiten

NORWEGISCHE VOLKSMÄRCHEN
Klara Stroebe/Reidhar Th. Christiansen, 332 Seiten

EUGEN DIEDERICHS VERLAG

Die Märchen der Weltliteratur

Begründet von Friedrich von der Leyen
Herausgegeben von Hans-Jörg Uther

MÄRCHEN AUS DEM PANDSCHAB
Helmtraut Sheik-Dilthey, 280 Seiten

MÄRCHEN AUS PAPUA–NEUGUINEA
Ulla Schild, 272 Seiten

PERSISCHE MÄRCHEN
Arthur Christiansen, 312 Seiten

PLATTDEUTSCHE MÄRCHEN
Wilhelm Wisser, 312 Seiten

POLNISCHE MÄRCHEN
Ewa Bukowska-Grosse/Erwin Koschmieder, 312 Seiten

PROVENZALISCHE MÄRCHEN
Felix Karlinger/Gertrude Gréciano, 280 Seiten

RÄTOROMANISCHE MÄRCHEN
Leza Uffer, 288 Seiten

MÄRCHEN DER RUMÄNIENDEUTSCHEN
Claus Stephani, 384 Seiten

RUSSISCHE VOLKSMÄRCHEN
August von Löwis of Menar/Reinhold Olesch, 340 Seiten

MÄRCHEN AUS SCHOTTLAND
Hanna Aitken/Ruth Michaelis-Jena, 384 Seiten

SCHWEDISCHE VOLKSMÄRCHEN
Kurt Schier, 296 Seiten

SCHWEIZER VOLKSMÄRCHEN
Robert Wildhaber/Leza Uffer, 280 Seiten

SIBIRISCHE MÄRCHEN II
Gerhard Doerfer, 288 Seiten

MÄRCHEN AUS SINKIANG
Karl Reichl, 272 Seiten

SPANISCHE MÄRCHEN
Harro Meier/Felix Karlinger, 328 Seiten

MÄRCHEN AUS SRI LANKA
Eckard Schlehberger, 288 Seiten

SÜDAMERIKANISCHE INDIANERMÄRCHEN
Felix Karlinger/Elisabeth Zacherl, 320 Seiten

SÜDSEE-MÄRCHEN
Paul Hambruch, 288 Seiten

MÄRCHEN AUS DEM TESSIN
Pia Todorović-Strähl, 288 Seiten

MÄRCHEN AUS TIBET
Helmut Hoffmann, 256 Seiten

MÄRCHEN AUS DEM TSCHAD
Herrmann Jungraithmayr, 288 Seiten

TÜRKISCHE MÄRCHEN
Otto Spies, 336 Seiten

MÄRCHEN DER USBEKEN
Ilse Laude-Cirtautas, 288 Seiten

ZIGEUNERMÄRCHEN
Walter Aichele/Martin Block, 392 Seiten